中国民营经济发展报告

No.18（2020—2021）

ANNUAL REPORT ON NON-STATE-OWNED ECONOMY IN CHINA No.18(2020—2021)

中华全国工商业联合会

主编/高云龙

主审/徐乐江

2021版

中华工商联合出版社

图书在版编目（CIP）数据

中国民营经济发展报告. No.18, 2020-2021 / 高云龙主编. -- 北京：中华工商联合出版社，2022.5

ISBN 978-7-5158-3466-5

Ⅰ. ①中… Ⅱ. ①高… Ⅲ. ①民营经济—经济发展—研究报告—中国—2020-2021 Ⅳ. ①F121.23

中国版本图书馆CIP 数据核字（2022）第097711 号

中国民营经济发展报告 No.18（2020—2021）

主　　编： 高云龙
主　　审： 徐乐江
出 品 人： 刘　刚
责任编辑： 李红霞　孟　丹
装帧设计： 周　琼
责任审读： 李　征
责任印制： 迈致红
出版发行： 中华工商联合出版社有限责任公司
印　　刷： 北京毅峰迅捷印刷有限公司
版　　次： 2022 年 11 月第 1 版
印　　次： 2022 年 11 月第 1 次印刷
开　　本： 710mm × 1000mm　1/16
字　　数： 271 千字
印　　张： 19
书　　号： ISBN 978-7-5158-3466-5
定　　价： 79.00 元

服务热线： 010—58301130—0（前台）
销售热线： 010—58302977（网店部）
010—58302166（门店部）
010—58302837（馆配部、新媒体部）
010—58302813（团购部）
地址邮编： 北京市西城区西环广场 A 座
19—20 层，100044
http://www.chgslcbs.cn
投稿热线： 010—58302907（总编室）
投稿邮箱： 1621239583@qq.com

编辑委员会

前　言

《中国民营经济发展报告》是由全国工商联编写，连续多年反映民营经济发展情况的文献资料类书籍，主要供从事民营经济理论研究、政策制定和工商联工作的同志们学习参考。自2003年至今，该书每年发行一次，至今已出版发行17本，具有较高的理论价值和社会影响力。

本书以习近平新时代中国特色社会主义思想为指导，紧紧围绕促进“两个健康”主题，结合大量数据系统分析，力图真实、全面地反映我国民营经济在新时代的发展现状，深入剖析民营经济领域存在的问题，并提出有建设性的对策建议。本书共分四个部分：一是民营企业500强报告，主要分析全国工商联上规模民营企业调研中营业收入前500位的民营企业发展情况；二是专题报告4份，主要分析我国民营上市公司、民营企业融资、民营经济税收、民营企业对外贸易投资等多个领域的民营经济发展状况；三是区域报告10份，主要分析京津冀地区、东北地区、中部地区、西南地区、西北地区、长三角地区、粤港澳大湾区7个区域和福建、海南、广西3个省区的民营经济发展情况；四是行业报告4份，主要分析房地产、新能源、珠宝、民间文物艺术品行业发展情况和趋势。书中在不同地方使用了私营企业、民营企业、个体工商户、个体经营、民营经济、民营上市公司等多个概念，这些称谓从内涵和外延上略有差异，主要是不同部门工作和研究中的习惯用法不尽一致，对于有些概念在数据统计上的关系书中已做相应注释。

本书的编写得到了政府有关部门、社会研究机构、各级工商联和商会组织的大力支持与帮助，在此表示感谢！

编　者

2022年6月

目　　录

民营企业500强报告

专　题　报　告

区　域　报　告

行　业　报　告

民营企业500强报告

2022中国民营企业500强调研分析报告[①]

摘要：2021年，中国民营企业500强[②]认真贯彻落实党中央决策部署，聚焦主业、做精实业，坚持创新驱动发展，实施数字化转型，对标双碳任务目标，加快绿色低碳发展，维护产业链供应链稳定；主动统筹疫情防控和企业生产经营，防范化解各类风险隐患，努力做到规范健康发展；正确认识和把握实现共同富裕的战略目标，主动参与公益慈善事业，投身乡村振兴战略和"万企兴万村"行动，稳岗促就业，积极履行社会责任；整体规模稳步提升，产业结构调整优化，纳税总额小幅上涨，科技创新和品牌培育持续加力，依法合规诚信经营能力不断增强。但是受世纪疫情冲击和"三重压力"影响，民营企业500强的个别经营指标出现波动，生产经营、市场化融资等方面仍面临不少困难，需要进一步稳定预期、提升抵御风险的能力。

一、民营企业500强整体规模稳步提升

2021年，民营企业500强门槛为263.67亿元（见图1）。

① 调研数据的起止时间为2021年1月1日—2021年12月31日。
② 指全国工商联上规模民营企业调研中营业收入前500位的民营企业。

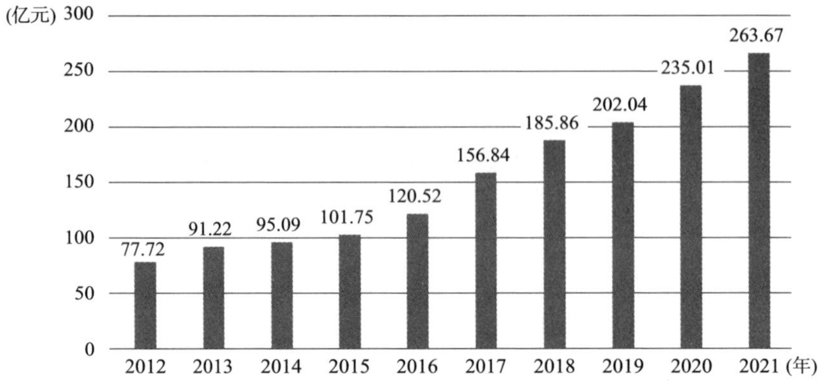

图 1　2012—2021 年民营企业 500 强入围门槛

2021 年，民营企业 500 强的营业收入总额合计为 383 218.10 亿元，户均 766.44 亿元（见图 2）。

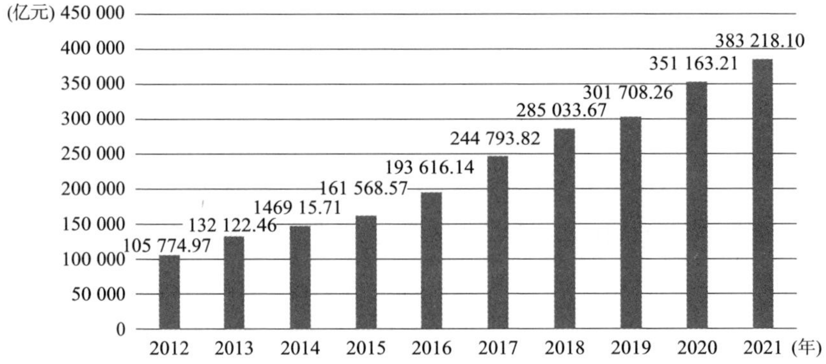

图 2　2012—2021 年民营企业 500 强营业收入总额

2021 年年末，民营企业 500 强的资产总额合计为 416 401.37 亿元，户均 832.80 亿元，较上年年末有所下降（见图 3）。

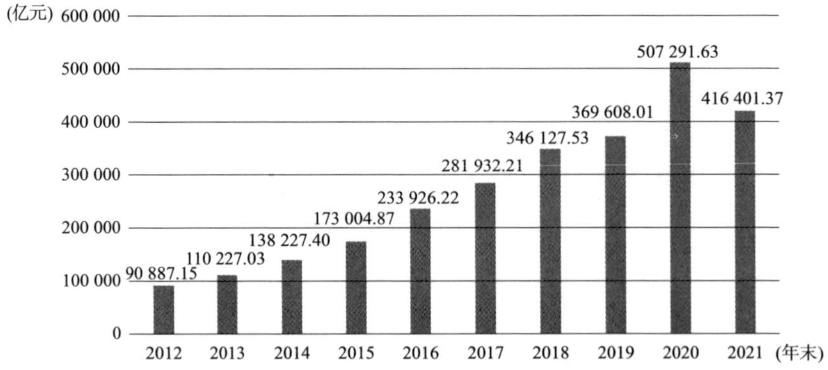

图 3　2012—2021 年年末民营企业 500 强资产总额

2021 年，有 87 家企业营业收入总额超过 1 000 亿元（含）、118 家企业营业收入总额在 500 亿 ~1 000 亿元、295 家企业营业收入总额在 100 亿 ~500 亿元（见表 1）。2021 年民营企业 500 强营业收入前 20 家情况见表 2。

表 1　2019—2021 年民营企业 500 强营业收入结构

营业收入（亿元）	2021 年企业数量（家）	2020 年企业数量（家）	2019 年企业数量（家）
≥ 1 000	87	78	57
500~1 000①	118	116	106
100~500	295	306	337
合计	500	500	500

表 2　2021 年民营企业 500 强营业收入前 20 家

单位：亿元

2021 年排名	2020 年排名	企业名称	所属行业	所在省份	2021 年营业收入	2020 年营业收入
1	2	京东集团	互联网和相关服务	北京市	9 515.92	7 686.24
2	5	阿里巴巴（中国）有限公司	互联网和相关服务	浙江省	8 364.05	6 442.08
3	3	恒力集团有限公司	石油、煤炭及其他燃料加工业	江苏省	7 323.45	6 953.36
4	4	正威国际集团有限公司	有色金属冶炼和压延加工业	广东省	7 227.54	6 919.37
5	1	华为投资控股有限公司	计算机、通信和其他电子设备制造业	广东省	6 368.07	8 913.68
6	6	腾讯控股有限公司	互联网和相关服务	广东省	5 601.18	4 820.64
7	7	碧桂园控股有限公司	房地产业	广东省	5 230.64	4 628.56
8	9	联想控股股份有限公司	计算机、通信和其他电子设备制造业	北京市	4 898.72	4 175.67
9	8	万科企业股份有限公司	房地产业	广东省	4 527.98	4 191.12
10	13	浙江荣盛控股集团有限公司	化学原料和化学制品制造业	浙江省	4 483.18	3 086.09
11	15	山东魏桥创业集团有限公司	有色金属冶炼和压延加工业	山东省	4 111.35	2 889.65
12	11	浙江吉利控股集团有限公司	汽车制造业	浙江省	3 603.16	3 269.40
13	14	青山控股集团有限公司	黑色金属冶炼和压延加工业	浙江省	3 520.18	2 928.92
14	12	国美控股集团有限公司	零售业	北京市	3 500.54	3 104.77

① 区间范围包含下限值，不含上限值。下同。

续表

2021 年排名	2020 年排名	企业名称	所属行业	所在省份	2021 年营业收入	2020 年营业收入
15	19	盛虹控股集团有限公司	化学原料和化学制品制造业	江苏省	3 479.79	2 652.37
16	16	美的集团股份有限公司	电气机械和器材制造业	广东省	3 433.61	2 857.10
17	18	浙江恒逸集团有限公司	化学纤维制造业	浙江省	3 288.00	2 660.76
18	22	小米通讯技术有限公司	计算机、通信和其他电子设备制造业	北京市	3 283.09	2 458.66
19	17	江苏沙钢集团有限公司	黑色金属冶炼和压延加工业	江苏省	3 027.56	2 667.86
20	23	泰康保险集团股份有限公司	保险业	北京市	2 619.33	2 447.82

2021 年年末，资产总额超过 1 000 亿元的企业有 88 家、资产总额在 100 亿 ~1 000 亿元的有 336 家、资产总额在 50 亿 ~100 亿元的有 48 家、资产总额小于 50 亿元的有 28 家（见表 3）。其中，碧桂园控股有限公司、万科企业股份有限公司、阿里巴巴（中国）有限公司、腾讯控股有限公司、泰康保险集团股份有限公司 5 家企业资产总额均超过万亿元。碧桂园控股有限公司以 19 483.65 亿元的资产规模，位居民营企业 500 强资产总额榜首（见表 4）。

表 3　2019—2021 年年末民营企业 500 强资产总额结构

资产总额（亿元）	2021 年年末企业数量（家）	2020 年年末企业数量（家）	2019 年年末企业数量（家）
≥ 1000	88	98	80
100~1 000	336	332	336
50~100	48	47	53
<50	28	23	31
合计	500	500	500

表 4　2021 年年末民营企业 500 强资产总额前 20 家

单位：亿元

2021 年排名	2020 年排名	企业名称	所属行业	所在省份	2021 年年末资产总额	2020 年年末资产总额
1	2	碧桂园控股有限公司	房地产业	广东省	19 483.65	20 158.09
2	3	万科企业股份有限公司	房地产业	广东省	19 386.38	18 691.77
3	4	阿里巴巴（中国）有限公司	互联网和相关服务	浙江省	17 605.67	16 352.66
4	5	腾讯控股有限公司	互联网和相关服务	广东省	16 123.64	13 334.25

续表

2021年排名	2020年排名	企业名称	所属行业	所在省份	2021年年末资产总额	2020年年末资产总额
5	6	泰康保险集团股份有限公司	保险业	北京市	13 297.78	11 296.16
6	8	华为投资控股有限公司	计算机、通信和其他电子设备制造业	广东省	9 829.71	8 768.54
7	10	龙湖集团控股有限公司	房地产业	重庆市	8 756.51	7 651.59
8	9	复星国际有限公司	综合	上海市	8 063.72	7 676.81
9	11	联想控股股份有限公司	计算机、通信和其他电子设备制造业	北京市	6 806.86	6 517.33
10	12	新城控股集团股份有限公司	房地产业	上海市	5 342.93	5 377.53
11	15	浙江吉利控股集团有限公司	汽车制造业	浙江省	5 182.29	4 932.75
12	14	京东集团	互联网和相关服务	北京市	4 965.07	4 906.25
13	—	蚂蚁科技集团股份有限公司①	互联网和相关服务	浙江省	4 899.98	3 769.67
14	18	阳光保险集团股份有限公司	保险业	广东省	4 416.24	4 054.80
15	24	TCL（集团）	计算机、通信和其他电子设备制造业	广东省	3 952.54	3 263.09
16	26	旭辉集团股份有限公司	房地产业	上海市	3 904.91	3 243.91
17	21	中南控股集团有限公司	房地产业	江苏省	3 890.00	3 838.22
18	22	美的集团股份有限公司	电气机械和器材制造业	广东省	3 879.46	3 603.83
19	20	重庆市金科投资控股（集团）有限责任公司	房地产业	重庆市	3 809.02	3 905.93
20	23	百度公司	互联网和相关服务	北京市	3 800.34	3 327.08

入围2022年《财富》杂志世界500强榜单的中国内地民营企业共有33家，较上年减少1家，分别是：中国平安保险（集团）股份有限公司②、京东集团、阿里巴巴（中国）有限公司、恒力集团有限公司、正威国际集团有限公司、华为投资控股有限公司、腾讯控股有限公司、碧桂园控股有限公司、太平洋建设集团有限公司③、联想集团有限公司、万科企业股份有限公司、浙江荣盛控股集团有限公司、山东魏桥创业集团有限公司、浙江吉利控股集团有限公司、青山控股集团有限公司、盛虹控股集团有限公司、美的集团股份有限公司、浙江恒逸集团有限公司、小米通讯技术有限公司、江苏沙钢集团有限

① 蚂蚁科技集团股份有限公司为今年新入围企业。下同。
② 中国平安保险（集团）股份有限公司未参加民营企业500强排序，在世界500强中排第25位。
③ 太平洋建设集团有限公司未参加民营企业500强排序，在世界500强中排第150位。

公司、苏商建设集团有限公司①、泰康保险集团股份有限公司、新希望控股集团有限公司、北京建龙重工集团有限公司、敬业集团有限公司②、海尔智家股份有限公司③、龙湖集团控股有限公司、比亚迪股份有限公司、顺丰控股股份有限公司、新疆广汇实业投资（集团）有限责任公司、海亮集团有限公司、上海德龙钢铁集团有限公司④、珠海格力电器股份有限公司。其中 28 家企业入围今年的民营企业 500 强，排名和营业收入总体较上年均有所提升（见表 5）。

表 5　进入 2022 年世界 500 强的民营企业 500 强名单

单位：亿美元

2022年排名	2021年排名	企业名称	2021年度营业收入	2020年度营业收入	所属行业
46	59	京东集团	1 475.26	1 080.87	互联网和相关服务
55	63	阿里巴巴（中国）有限公司	1329.36	1 058.66	互联网和相关服务
75	67	恒力集团有限公司	1 135.36	1 007.73	石油、煤炭及其他燃料加工业
76	68	正威国际集团有限公司	1 120.49	1 002.81	有色金属冶炼和压延加工业
96	44	华为投资控股有限公司	987.25	1 291.84	计算机、通信和其他电子设备制造业
121	132	腾讯控股有限公司	868.36	698.64	互联网和相关服务
138	139	碧桂园控股有限公司	810.91	670.80	房地产业
171	159	联想控股股份有限公司	716.18	607.42	计算机、通信和其他电子设备制造业
178	160	万科企业股份有限公司	701.98	607.41	房地产业
180	255	浙江荣盛控股集团有限公司	695.03	447.26	化学原料和化学制品制造业
199	282	山东魏桥创业集团有限公司	637.39	418.79	有色金属冶炼和压延加工业
229	239	浙江吉利控股集团有限公司	558.60	471.91	汽车制造业
238	279	青山控股集团有限公司	545.74	424.48	黑色金属冶炼和压延加工业
241	311	盛虹控股集团有限公司	539.48	384.40	化学原料和化学制品制造业
245	288	美的集团股份有限公司	532.32	414.07	电气机械和器材制造业
264	309	浙江恒逸集团有限公司	509.74	385.62	化学纤维制造业
266	338	小米通讯技术有限公司	508.98	356.33	计算机、通信和其他电子设备制造业
291	308	江苏沙钢集团有限公司	470.72	386.65	黑色金属冶炼和压延加工业

① 苏商建设集团有限公司未参加民营企业 500 强排序，在世界 500 强中排第 299 位。
② 敬业集团有限公司未参加民营企业 500 强排序，在世界 500 强中排第 386 位。
③ 海尔智家股份有限公司未参加民营企业 500 强排序，在世界 500 强中排第 405 位。
④ 其唯一且 100% 持股的子公司德龙钢铁有限公司在民营企业 500 强中排第 31 位。

续表

2022年排名	2021年排名	企业名称	2021年度营业收入	2020年度营业收入	所属行业
346	343	泰康保险集团股份有限公司	406.08	354.76	保险业
356	390	新希望控股集团有限公司	391.69	316.06	农业
363	431	北京建龙重工集团有限公司	383.57	283.62	黑色金属冶炼和压延加工业
412	456	龙湖集团控股有限公司	346.30	267.46	房地产业
436	—	比亚迪股份有限公司①	327.58	—	汽车制造业
441	—	顺丰控股股份有限公司②	321.20	—	邮政业
453	444	新疆广汇实业投资（集团）有限责任公司	315.06	274.48	零售业
459	428	海亮集团有限公司	310.49	284.67	有色金属冶炼和压延加工业
469	—	上海德龙钢铁集团有限公司	303.43	—	黑色金属冶炼和压延加工业
487	488	珠海格力电器股份有限公司	294.02	247.10	电气机械和器材制造业

二、民营企业 500 强利润水平有所回落

2021 年，民营企业 500 强人均营业收入、总资产周转率有所提升，税后净利润、销售净利率、资产净利率、净资产收益率、人均净利润水平均出现不同程度下降，亏损企业数量明显增加。

1. 税后净利润小幅下滑

2021 年，民营企业 500 强税后净利润为 17 277.93 亿元（见图 4）。

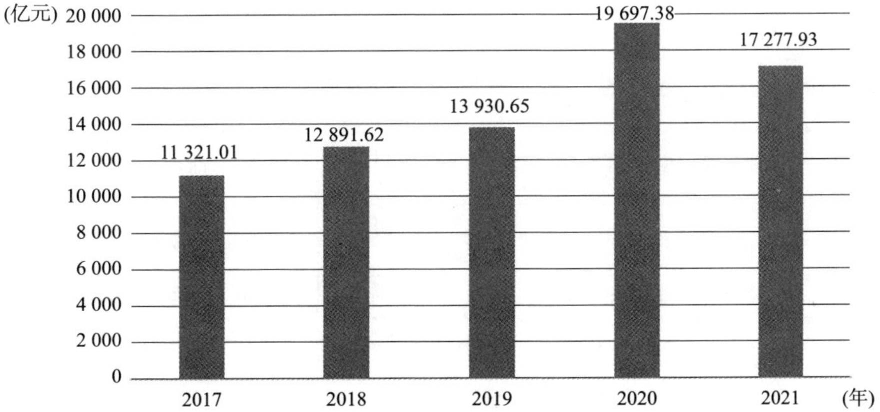

图 4　2017—2021 年民营企业 500 强税后净利润情况

① 比亚迪股份有限公司未入围 2021 年世界 500 强榜单。
② 顺丰控股股份有限公司未入围 2021 年世界 500 强榜单。

2021 年，民营企业 500 强税后净利润超百亿元的有 37 家（较上年增加 4 家），其中，超过 200 亿元的企业为腾讯控股有限公司、华为投资控股有限公司、阿里巴巴（中国）有限公司、蚂蚁科技集团股份有限公司、碧桂园控股有限公司、万科企业股份有限公司、龙湖集团控股有限公司、美的集团股份有限公司、恒力集团有限公司、青山控股集团有限公司、江苏沙钢集团有限公司、泰康保险集团股份有限公司、浙江荣盛控股集团有限公司、珠海格力电器股份有限公司（见表 6）。

表 6　2021 年民营企业 500 强税后净利润超过百亿元的企业

单位：亿元

2021 年排名	2020 年排名	企业名称	所属行业	所在省份	2021 年营业收入	2021 年税后净利润	2020 年税后净利润
1	1	腾讯控股有限公司	互联网和相关服务	广东省	5 601.18	1 237.88	1 227.42
2	3	华为投资控股有限公司	计算机、通信和其他电子设备制造业	广东省	6 368.07	1 137.18	646.49
3	2	阿里巴巴（中国）有限公司	互联网和相关服务	浙江省	8 364.05	577.82	1 512.86
4	—	蚂蚁科技集团股份有限公司	互联网和相关服务	浙江省	1 887.21	506.42	457.76
5	5	碧桂园控股有限公司	房地产业	广东省	5 230.64	409.82	541.18
6	4	万科企业股份有限公司	房地产业	广东省	4 527.98	380.70	592.98
7	10	龙湖集团控股有限公司	房地产业	重庆市	2 233.75	317.88	288.40
8	11	美的集团股份有限公司	电气机械和器材制造业	广东省	3 433.61	290.15	275.07
9	12	恒力集团有限公司	石油、煤炭及其他燃料加工业	江苏省	7 323.45	256.69	240.38
10	22	青山控股集团有限公司	黑色金属冶炼和压延加工业	浙江省	3 520.18	255.89	133.70
11	21	江苏沙钢集团有限公司	黑色金属冶炼和压延加工业	江苏省	3 027.56	253.98	126.18
12	13	泰康保险集团股份有限公司	保险业	北京市	2 619.33	244.48	237.01
13	24	浙江荣盛控股集团有限公司	化学原料和化学制品制造业	浙江省	4 483.18	239.22	130.29
14	14	珠海格力电器股份有限公司	电气机械和器材制造业	广东省	1 896.54	228.32	222.79
15	15	小米通讯技术有限公司	计算机、通信和其他电子设备制造业	北京市	3 283.09	192.83	203.13

续表

2021年排名	2020年排名	企业名称	所属行业	所在省份	2021年营业收入	2021年税后净利润	2020年税后净利润
16	66	宁德时代新能源科技股份有限公司	电气机械和器材制造业	福建省	1 303.56	178.61	61.04
17	28	山东魏桥创业集团有限公司	有色金属冶炼和压延加工业	山东省	4 111.35	176.74	119.88
18	49	TCL（集团）	计算机、通信和其他电子设备制造业	广东省	2 523.50	170.91	74.61
19	30	复星国际有限公司	综合	上海市	1 612.91	170.86	111.04
20	26	网易（杭州）网络有限公司	互联网和相关服务	浙江省	876.06	169.76	123.30
21	74	东方希望集团有限公司	有色金属冶炼和压延加工业	上海市	1 845.21	166.04	58.54
22	40	联想控股股份有限公司	计算机、通信和其他电子设备制造业	北京市	4 898.72	160.49	90.18
23	—	上海寻梦信息技术有限公司①	软件和信息技术服务业	上海市	715.00	146.93	35.59
24	17	三一集团有限公司	专用设备制造业	湖南省	1 545.60	141.93	182.98
25	20	正威国际集团有限公司	有色金属冶炼和压延加工业	广东省	7 227.54	138.53	135.29
26	19	新城控股集团股份有限公司	房地产业	上海市	1 682.32	137.60	164.66
27	23	浙江吉利控股集团有限公司	汽车制造业	浙江省	3 603.16	115.23	127.15
28	137	远景能源有限公司	通用设备制造业	江苏省	615.69	111.20	31.88
29	111	新疆特变电工集团有限公司	电气机械和器材制造业	新疆维吾尔自治区	756.95	110.42	39.20
30	492	内蒙古伊泰集团有限公司	煤炭开采和洗选业	内蒙古自治区	520.98	109.84	-3.50
31	149	华峰集团有限公司	化学原料和化学制品制造业	浙江省	575.11	109.63	29.23
32	33	河北新华联合冶金控股集团有限公司	黑色金属冶炼和压延加工业	河北省	1 903.93	108.34	100.74
33	35	旭辉集团股份有限公司	房地产业	上海市	975.09	107.47	97.25
34	—	内蒙古汇能煤电集团有限公司②	煤炭开采和洗选业	内蒙古自治区	320.44	106.81	36.25
35	41	辽宁方大集团实业有限公司	黑色金属冶炼和压延加工业	辽宁省	1 337.03	105.38	82.97

① 上海寻梦信息技术有限公司为今年新入围企业。
② 内蒙古汇能煤电集团有限公司为今年新入围企业。

续表

2021 年排名	2020 年排名	企业名称	所属行业	所在省份	2021 年营业收入	2021 年税后净利润	2020 年税后净利润
36	39	新奥集团股份有限公司	燃气生产和供应业	河北省	1 606.00	103.00	90.60
37	—	重庆智飞生物制品股份有限公司[①]	医药制造业	重庆市	306.52	102.09	33.01

2. 盈利能力和经营效率整体有所下降

从盈利能力来看，2021 年（年末）民营企业 500 强销售净利率为 4.51%、资产净利率为 3.74%、净资产收益率为 11.44%，较上年均有明显下降（见图 5）。

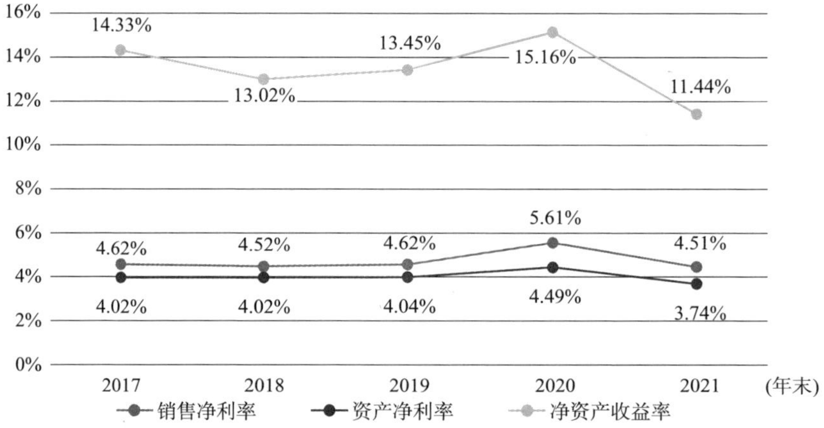

图 5　2017—2021 年（年末）民营企业 500 强盈利能力情况

从经营效率来看，民营企业 500 强人均营业收入、总资产周转率较上年均有所增加，而人均净利润较上年出现下降。2021 年（年末），民营企业 500 强人均营业收入为 350.24 万元、人均净利润为 15.79 万元、总资产周转率为 82.98%（见图 6）。

2021 年，民营企业 500 强共有 22 家企业出现亏损，较上年增加 11 家。亏损总额为 1 344.07 亿元，较上年增加 1 043.29 亿元，亏损情况明显加重，亏损企业户均亏损额为 61.09 亿元。亏损企业所属行业分别为零售业，互联网和相关服务，畜牧业，房地产业，汽车制造业，软件和信息技术服务业，建筑装饰、装修和其他建筑业，农副食品加工业，有色金属冶炼和压延加工业，

① 重庆智飞生物制品股份有限公司为今年新入围企业。

农业，电气机械和器材制造业，综合，保险业（见表 7）。

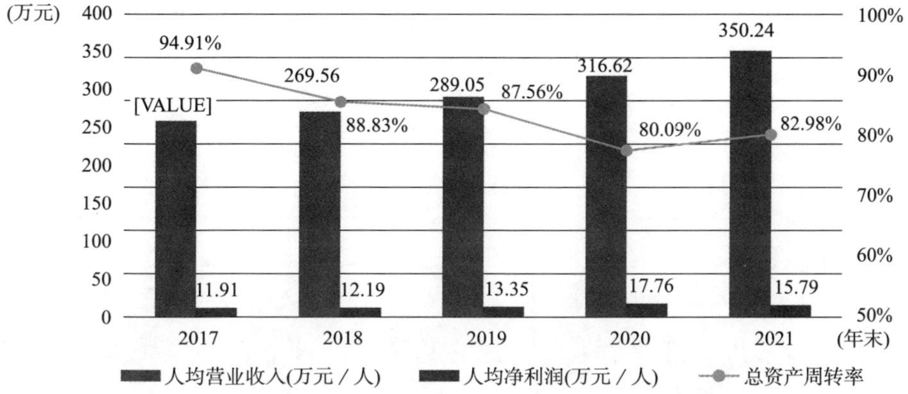

图 6　2017—2021 年（年末）民营企业 500 强经营效率情况

表 7　2021 年民营企业 500 强亏损企业情况

所属行业	税后净利润（亿元）	亏损企业数量（家）	亏损企业平均亏损额（亿元）	本行业 500 强企业数量（家）
零售业	−477.59	2	−238.80	17
互联网和相关服务	−364.82	5	−72.96	15
畜牧业	−135.48	1	−135.48	2
房地产业	−121.32	3	−40.44	25
汽车制造业	−78.16	2	−39.08	9
软件和信息技术服务业	−61.09	1	−61.09	5
建筑装饰、装修和其他建筑业	−50.06	1	−50.06	2
农副食品加工业	−15.18	2	−7.59	12
有色金属冶炼和压延加工业	−11.82	1	−11.82	20
农业	−9.38	1	−9.38	2
电气机械和器材制造业	−8.41	1	−8.41	28
综合	−5.52	1	−5.52	36
保险业	−5.24	1	−5.24	4
合计	−1344.07	22	−61.09	177

三、民营企业 500 强社会贡献稳中有降

2021 年，民营企业 500 强纳税总额较上年小幅上涨，纳税总额占全国税收总额比重、就业人数较上年均有小幅下降。

1. 纳税总额小幅上涨，但占比有所下降

民营企业 500 强纳税总额较上年小幅上涨，但占全国税收总额[①]的比重降至 8% 以下。2021 年，民营企业 500 强纳税总额达 13 665.45 亿元，增幅为 0.17%，占全国税收总额的比重为 7.91%，较上年下降 0.93 个百分点（见图 7）。

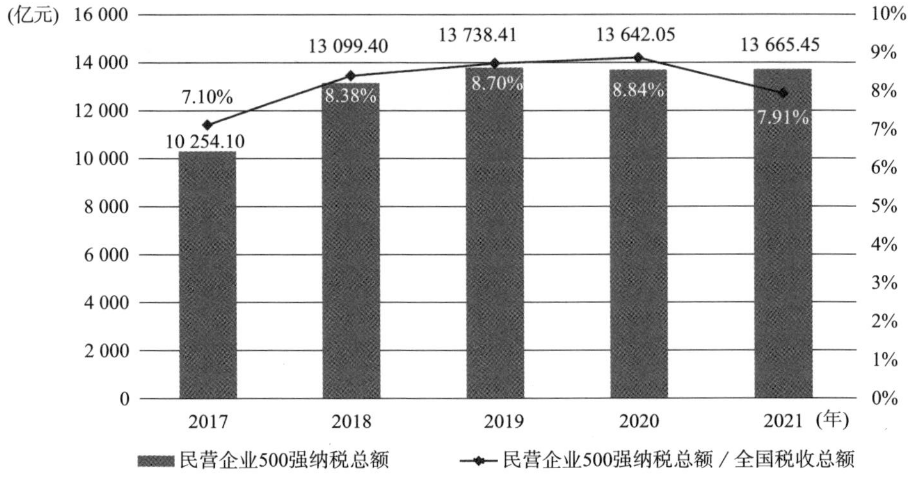

图 7 2017—2021 年民营企业 500 强纳税情况

从纳税额结构分布看，2021 年，纳税额 1 亿元以上的 500 强企业有 478 家，较上年增加 3 家，占 500 强比例为 95.60%；纳税额超过 20 亿元（含）的企业有 161 家，较上年增加 10 家，占 500 强比例为 32.20%（见表 8）。

表 8 2019—2021 年民营企业 500 强纳税额结构分布

纳税额（亿元）	2021 年		2020 年		2019 年	
	企业数量（家）	占 500 强比例	企业数量（家）	占 500 强比例	企业数量（家）	占 500 强比例
≥ 20	161	32.20%	151	30.20%	152	30.40%
10~20	110	22.00%	98	19.60%	105	21.00%
1~10	207	41.40%	226	45.20%	225	45.00%
<1	22	4.40%	23	4.60%	18	3.60%
合计	500	100%	498[②]	99.60%	500	100%

① 全国税收数据来自国家统计局统计数据，计算民营企业纳税总额占全国税收总额的比重已根据国家统计局调整后的相应年度全国纳税总额数据进行了调整。

② 2020 年个别企业数据通过公开渠道未获得，详见《2021 中国民营企业 500 强调研分析报告》。

万科企业股份有限公司位居民营企业500强纳税额榜首。万科企业股份有限公司、华为投资控股有限公司、碧桂园控股有限公司纳税额超过500亿元，分别为754.01亿元、672.00亿元、617.70亿元。浙江吉利控股集团有限公司、腾讯控股有限公司、浙江荣盛控股集团有限公司、龙湖集团控股有限公司、新城控股集团股份有限公司、恒力集团有限公司纳税额均超过200亿元，分别为436.07亿元、391.13亿元、298.94亿元、261.55亿元、253.12亿元、212.53亿元（见表9）。

表9　2021年民营企业500强纳税额前20家

2021年排名	2020年排名	企业名称	所属行业	所在省份	2021年纳税额（亿元）	2020年纳税额（亿元）
1	2	万科企业股份有限公司	房地产业	广东省	754.01	819.82
2	1	华为投资控股有限公司	计算机、通信和其他电子设备制造业	广东省	672.00	903.00
3	3	碧桂园控股有限公司	房地产业	广东省	617.70	653.00
4	6	浙江吉利控股集团有限公司	汽车制造业	浙江省	436.07	319.14
5	10	腾讯控股有限公司	互联网和相关服务	广东省	391.13	284.25
6	45	浙江荣盛控股集团有限公司	化学原料和化学制品制造业	浙江省	298.94	145.24
7	8	龙湖集团控股有限公司	房地产业	重庆市	261.55	248.14
8	7	新城控股集团股份有限公司	房地产业	上海市	253.12	250.10
9	5	恒力集团有限公司	石油、煤炭及其他燃料加工业	江苏省	212.53	363.16
10	12	美的集团股份有限公司	电气机械和器材制造业	广东省	174.00	175.00
11	—	蚂蚁科技集团股份有限公司	互联网和相关服务	浙江省	170.17	101.22
12	26	山东魏桥创业集团有限公司	有色金属冶炼和压延加工业	山东省	156.71	91.91
13	16	联想控股股份有限公司	计算机、通信和其他电子设备制造业	北京市	133.96	109.32
14	21	TCL（集团）	计算机、通信和其他电子设备制造业	广东省	131.68	96.72
15	37	山东东明石化集团有限公司	石油、煤炭及其他燃料加工业	山东省	127.90	65.83
16	17	中南控股集团有限公司	房地产业	江苏省	108.82	106.04
17	14	重庆市金科投资控股（集团）有限责任公司	房地产业	重庆市	107.35	144.71
18	33	江苏沙钢集团有限公司	黑色金属冶炼和压延加工业	江苏省	94.98	67.48
19	23	复星国际有限公司	综合	上海市	90.01	96.60
20	18	荣盛控股股份有限公司	房地产业	河北省	89.40	102.84

分行业看，2021 年民营企业 500 强纳税总额排名前五的行业分别为房地产业，计算机、通信和其他电子设备制造业，黑色金属冶炼和压延加工业，互联网和相关服务，石油、煤炭及其他燃料加工业。其中，房地产业有 25 家企业入围，纳税总额位居榜首，占 500 强纳税总额的 21.50%。前五大行业纳税总额为 7 200.60 亿元，较上年减少 1 064.91 亿元，降幅为 12.88%（见表 10）。

表 10　2021 年民营企业 500 强纳税前五大行业情况

排名	所属行业	纳税总额（亿元）	入围企业数量（家）	户均纳税额（亿元）	占 500 强纳税总额比例
1	房地产业	2 937.60	25	117.50	21.50%
2	计算机、通信和其他电子设备制造业	1 281.44	27	47.46	9.38%
3	黑色金属冶炼和压延加工业	1 054.76	65	16.23	7.72%
4	互联网和相关服务	1 051.32	15	70.09	7.69%
5	石油、煤炭及其他燃料加工业	875.48	25	35.02	6.41%

2. *就业总数有所减少*

2021 年民营企业 500 强就业总数为 1 094.15 万人，降幅为 1.35%，占全国就业人员比例为 1.47%，较上年下降 0.01 个百分点（见图 8）。京东集团就业人数位居榜首，达 38.54 万人；比亚迪股份有限公司位居第二，达 28.82 万人（见表 11）。

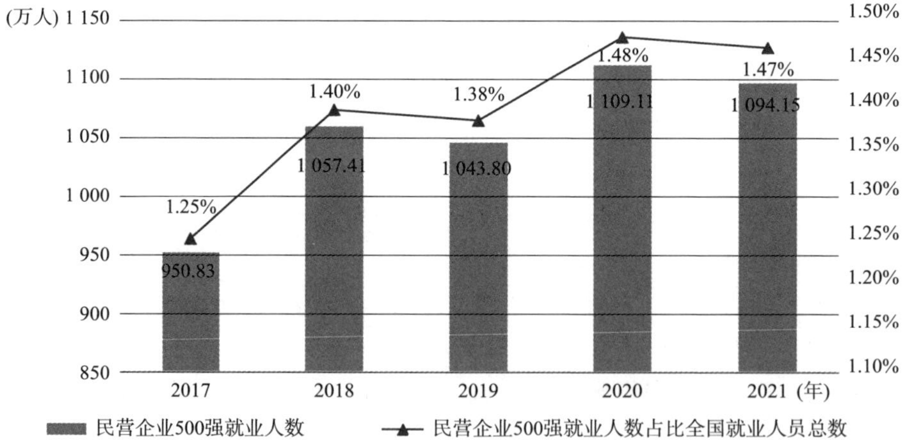

图 8　2017—2021 年民营企业 500 强就业情况[①]

① 民营企业 500 强就业人数占比全国就业人员总数，已根据国家统计局调整后的相应年度全国就业人员数据进行了调整。

表 11　2021 年民营企业 500 强就业人数排名前 20 家

2021 年排名	2020 年排名	企业名称	所属行业	所在省份	2021 年就业人数（万人）	2020 年就业人数（万人）
1	1	京东集团	互联网和相关服务	北京市	38.54	31.49
2	3	比亚迪股份有限公司	汽车制造业	广东省	28.82	22.43
3	5	立讯精密工业股份有限公司	计算机、通信和其他电子设备制造业	广东省	22.82	17.24
4	4	华为投资控股有限公司	计算机、通信和其他电子设备制造业	广东省	19.52	19.70
5	14	顺丰控股股份有限公司	邮政业	广东省	17.71	12.19
6	8	美的集团股份有限公司	电气机械和器材制造业	广东省	16.58	14.92
7	20	蓝思科技集团	计算机、通信和其他电子设备制造业	湖南省	15.69	11.19
8	33	德邦物流股份有限公司	邮政业	上海市	15.18	16.14
9	10	万科企业股份有限公司	房地产业	广东省	13.95	14.06
10	9	新希望控股集团有限公司	农业	四川省	13.81	14.27
11	13	牧原实业集团有限公司	畜牧业	河南省	13.75	12.45
12	11	浙江吉利控股集团有限公司	汽车制造业	浙江省	12.89	12.58
13	6	南通四建集团有限公司	房屋建筑业	江苏省	12.60	11.80
14	17	TCL（集团）	计算机、通信和其他电子设备制造业	广东省	12.41	11.40
15	15	永辉超市股份有限公司	零售业	福建省	12.38	12.07
16	19	河北千喜鹤饮食股份有限公司	餐饮业	河北省	12.22	11.51
17	18	恒力集团有限公司	石油、煤炭及其他燃料加工业	江苏省	12.14	11.85
18	29	腾讯控股有限公司	互联网和相关服务	广东省	11.28	8.59
19	21	广厦控股集团有限公司	房屋建筑业	浙江省	11.16	11.19
20	16	贝壳控股有限公司	互联网和相关服务	北京市	11.00	11.92

2021 年，民营企业 500 强就业人员总数前五大行业分别为计算机、通信和其他电子设备制造业，房屋建筑业，互联网和相关服务，电气机械和器材制造业，黑色金属冶炼和压延加工业，就业人员合计为 480.90 万人，占 500 强就业总数的 43.95%。其中，计算机、通信和其他电子设备制造业位居就业人数榜首，达 129.51 万人，较上年增加 22.55 万人，占 500 强就业总数的 11.84%（见表 12）。

表 12　2021 年民营企业 500 强就业人数前五大行业情况

序号	所属行业	2021 年就业人数（万人）	入围企业数量（家）	平均就业人数（万人）	占 500 强就业比例
1	计算机、通信和其他电子设备制造业	129.51	27	4.80	11.84%
2	房屋建筑业	103.56	29	3.57	9.46%
3	互联网和相关服务	94.79	15	6.32	8.66%
4	电气机械和器材制造业	78.73	28	2.81	7.20%
5	黑色金属冶炼和压延加工业	74.31	65	1.14	6.79%
合计		480.90	164	2.93	43.95%

四、民营企业 500 强产业结构调整优化

民营企业 500 强产业结构分布仍以第二产业为主。2021 年，第二产业各项指标较上年有较大增长；制造业仍是民营企业 500 强的主导产业，黑色金属冶炼和压延加工业连续多年位居行业榜首。行业经营效益出现分化。

1. 第二产业比重显著提升

2021 年，第一产业入围企业数量为 4 家，与上年持平；第二产业入围企业数量 342 家，较上年增加 23 家；第三产业入围企业数量 154 家，较上年减少 23 家（见图 9）。

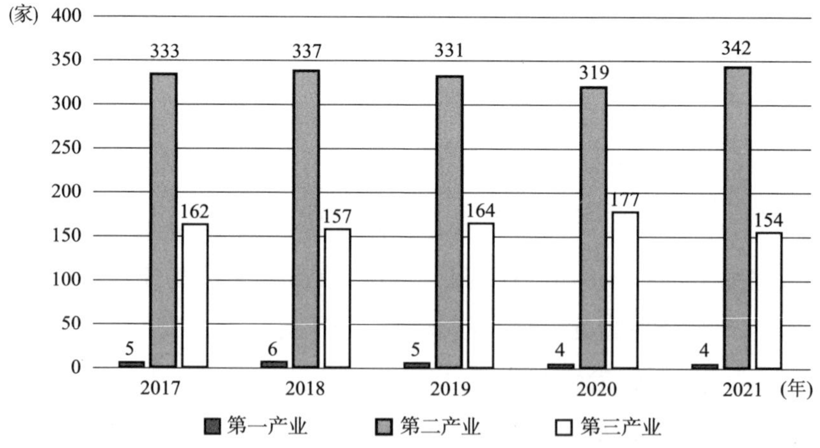

图 9　2017—2021 年民营企业 500 强三次产业入围企业数量

第二产业营业收入总额和资产总额出现不同程度上涨，第三产业出现小

幅下滑。2021 年（年末），第二产业 500 强企业营业收入总额为 244 825.35 亿元，占 500 强比例为 63.89%，较上年增加 3.92 个百分点；资产总额为 190 134.65 亿元，占 500 强比例为 45.66%，较上年增加 13.16 个百分点。第三产业 500 强企业营业收入总额为 134 070.54 亿元，占 500 强比例为 34.99%，较上年减少 3.90 个百分点；资产总额为 219 370.38 亿元，占 500 强比例为 52.68%，较上年下降 13.67 个百分点（见表 13）。

表 13　2021 年民营企业 500 强三次产业经营情况

产业	入围企业		营业收入		资产	
	数量（家）	占 500 强比例	总额（亿元）	占 500 强比例	总额（亿元）	占 500 强比例
第一产业	4	0.80%	4 322.21	1.13%	6 896.35	1.66%
第二产业	342	68.40%	244 825.35	63.89%	190 134.65	45.66%
第三产业	154	30.80%	134 070.54	34.99%	219 370.38	52.68%
合计	500	100%	383 218.10	100%	416 401.37	100%

2. 六成 500 强企业为制造业

2021 年，民营企业 500 强仍以制造业为主，企业数量 301 家，较上年增加 24 家，占 500 强比例增加 4.80 个百分点。民营企业 500 强中的制造业企业，其营业收入总额、资产总额、税后净利润、纳税总额、就业人数等指标及各指标占 500 强比例较上年均出现不同程度上涨；研发费用占 500 强比例较上年有所下降。

制造业企业营业收入总额、资产总额、纳税总额、税后净利润、就业人数占 500 强比例较上年分别增加 5.70 个、13.57 个、10.41 个、21.87 个、6.35 个百分点；研发费用较上年增加 796.51 亿元，占 500 强比例下降 3.94 个百分点（见表 14）。

表 14　2019—2021 年（年末）民营企业 500 强中制造业企业的经营状况

项目		企业数量（家）	营业收入总额（亿元）	资产总额（亿元）	纳税总额（亿元）	税后净利润（亿元）	就业人数（万人）	研发费用（亿元）
2021 年（年末）	制造业企业	301	225 319.89	174 211.20	7 340.19	10 950.33	585.54	5 171.06
	占 500 强比例	60.20%	58.80%	41.84%	53.71%	63.38%	53.52%	63.36%

续表

项目		企业数量（家）	营业收入总额（亿元）	资产总额（亿元）	纳税总额（亿元）	税后净利润（亿元）	就业人数（万人）	研发费用（亿元）
2020年（年末）	制造业企业	277	190 792.47	150 301.44	6 089.74	8 310.98	539.85	4 374.55
	占500强比例	55.40%	53.10%	28.27%	43.30%	41.51%	47.17%	67.30%
2019年（年末）	制造业企业	288	169 320.91	132 468.07	6 647.70	7 073.14	509.79	3 885.92
	占500强比例	57.60%	56.12%	35.84%	48.39%	50.77%	48.84%	82.33%

3. 前十大行业分布小幅调整

2021年，民营企业500强前十大行业共包括12个细分行业、307家企业，较上年减少8家企业。行业分布结构有所变化，黑色金属冶炼和压延加工业继续位居第一，综合从第三升至第二，建筑业从第四升至第三，电气机械和器材制造业，计算机、通信和其他电子设备子制造业分别由上年的第六、第七升至第五、第六位。从入围企业数量看，黑色金属冶炼和压延加工业，电气机械和器材制造业，计算机、通信和其他电子设备制造业，石油、煤炭及其他燃料加工业，有色金属冶炼和压延加工业，化学原料和化学制品制造业6个行业入围企业数量较上年均有所上升；综合、建筑业、房地产业3个行业入围企业数量较上年均有所下降（见表15）。2021年制造业、服务业及建筑业民营企业前20家情况见表16至表18。

表15　2017—2021年民营企业500强前十大行业分布

单位：家

序号	所属行业	2021年	2020年	2019年	2018年	2017年
1	黑色金属冶炼和压延加工业	65	59	61	55	45
2	综合	36	41	36	43	41
3	建筑业*	34	37	38	37	39
4	批发业	29	29	27	22	26
5	电气机械和器材制造业	28	26	24	24	22
6	计算机、通信和其他电子设备制造业	27	23	23	24	23
7	石油、煤炭及其他燃料加工业	25	22	27	26	21
8	房地产业	25	44	45	39	36

续表

序号	所属行业	2021 年	2020 年	2019 年	2018 年	2017 年
9	有色金属冶炼和压延加工业	20	18	19	21	24
10	化学原料和化学制品制造业	18	16	15	21	23
合计		307	315	315	312	300

* 注：建筑业包含房屋建筑业，土木工程建筑业，建筑安装业，建筑装饰、装修和其他建筑业。下同。

表 16　2021 年制造业民营企业前 20 家

2021 年排名	2020 年排名	企业名称	所属行业	所在省份	营业收入（亿元）
1	2	恒力集团有限公司	石油、煤炭及其他燃料加工业	江苏省	7 323.45
2	3	正威国际集团有限公司	有色金属冶炼和压延加工业	广东省	7 227.54
3	1	华为投资控股有限公司	计算机、通信和其他电子设备制造业	广东省	6 368.07
4	4	联想控股股份有限公司	计算机、通信和其他电子设备制造业	北京市	4 898.72
5	6	浙江荣盛控股集团有限公司	化学原料和化学制品制造业	浙江省	4 483.18
6	8	山东魏桥创业集团有限公司	有色金属冶炼和压延加工业	山东省	4 111.35
7	5	浙江吉利控股集团有限公司	汽车制造业	浙江省	3 603.16
8	7	青山控股集团有限公司	黑色金属冶炼和压延加工业	浙江省	3 520.18
9	12	盛虹控股集团有限公司	化学原料和化学制品制造业	江苏省	3 479.79
10	9	美的集团股份有限公司	电气机械和器材制造业	广东省	3 433.61
11	11	浙江恒逸集团有限公司	化学纤维制造业	浙江省	3 288.00
12	13	小米通讯技术有限公司	计算机、通信和其他电子设备制造业	北京市	3 283.09
13	10	江苏沙钢集团有限公司	黑色金属冶炼和压延加工业	江苏省	3 027.56
14	22	TCL（集团）	计算机、通信和其他电子设备制造业	广东省	2 523.50
15	17	北京建龙重工集团有限公司	黑色金属冶炼和压延加工业	北京市	2 474.12
16	21	比亚迪股份有限公司	汽车制造业	广东省	2 161.42
17	16	海亮集团有限公司	有色金属冶炼和压延加工业	浙江省	2 002.74
18	31	德龙钢铁有限公司	黑色金属冶炼和压延加工业	河北省	1 957.22
19	23	河北新华联合冶金控股集团有限公司	黑色金属冶炼和压延加工业	河北省	1 903.93
20	24	中天钢铁集团有限公司	黑色金属冶炼和压延加工业	江苏省	1 903.82

表 17　2021 年服务业民营企业前 20 家

2021 年排名	2020 年排名	企业名称	所属行业	所在省份	营业收入（亿元）
1	1	京东集团	互联网和相关服务	北京市	9 515.92
2	2	阿里巴巴（中国）有限公司	互联网和相关服务	浙江省	8 364.05
3	3	腾讯控股有限公司	互联网和相关服务	广东省	5 601.18
4	4	碧桂园控股有限公司	房地产业	广东省	5 230.64
5	5	万科企业股份有限公司	房地产业	广东省	4 527.98
6	7	国美控股集团有限公司	零售业	北京市	3 500.54
7	10	泰康保险集团股份有限公司	保险业	北京市	2 619.33
8	6	中南控股集团有限公司	房地产业	江苏省	2 602.58
9	15	龙湖集团控股有限公司	房地产业	重庆市	2 233.75
10	16	顺丰控股股份有限公司	邮政业	广东省	2 071.87
11	13	新疆广汇实业投资（集团）有限责任公司	零售业	新疆维吾尔自治区	2 032.23
12	—	蚂蚁科技集团股份有限公司	互联网和相关服务	浙江省	1 887.21
13	12	重庆市金科投资控股（集团）有限责任公司	房地产业	重庆市	1 856.37
14	23	北京三快在线科技有限公司（美团）	互联网和相关服务	北京市	1 791.28
15	17	新城控股集团股份有限公司	房地产业	上海市	1 682.32
16	21	上海找钢网信息科技股份有限公司	互联网和相关服务	上海市	1 645.35
17	19	西安迈科金属国际集团有限公司	批发业	陕西省	1 598.78
18	24	传化集团有限公司	其他服务业	浙江省	1 444.44
19	8	苏宁易购集团股份有限公司	零售业	江苏省	1 389.04
20	20	东岭集团股份有限公司	批发业	陕西省	1 327.66

表 18　2021 年建筑业民营企业前 20 家

2021 年排名	2020 年排名	企业名称	所属行业	所在省份	营业收入（亿元）
1	2	中天控股集团有限公司	房屋建筑业	浙江省	1 312.14
2	3	江苏南通二建集团有限公司	房屋建筑业	江苏省	809.47
3	4	南通四建集团有限公司	房屋建筑业	江苏省	783.05
4	6	青建集团股份公司	房屋建筑业	山东省	680.77
5	8	天元建设集团有限公司	土木工程建筑业	山东省	613.62

续表

2021 年排名	2020 年排名	企业名称	所属行业	所在省份	营业收入（亿元）
6	5	广厦控股集团有限公司	房屋建筑业	浙江省	580.64
7	9	龙信建设集团有限公司	房屋建筑业	江苏省	539.15
8	11	通州建总集团有限公司	房屋建筑业	江苏省	501.25
9	12	浙江中成控股集团有限公司	房屋建筑业	浙江省	475.66
10	15	浙江宝业建设集团有限公司	房屋建筑业	浙江省	426.84
11	13	山东科达集团有限公司	土木工程建筑业	山东省	425.20
12	14	山河控股集团有限公司	房屋建筑业	湖北省	411.01
13	24	万洋集团有限公司	房屋建筑业	浙江省	372.81
14	19	江苏江都建设集团有限公司	房屋建筑业	江苏省	366.12
15	21	鸿翔控股集团有限公司	房屋建筑业	浙江省	338.19
16	28	浙江中南建设集团有限公司	房屋建筑业	浙江省	327.18
17	18	亚厦控股有限公司	建筑装饰、装修和其他建筑业	浙江省	326.88
18	—	正太集团有限公司①	房屋建筑业	江苏省	310.94
19	26	中亿丰控股集团有限公司②	房屋建筑业	江苏省	310.69
20	22	江苏江中集团有限公司	房屋建筑业	江苏省	309.85

4. 行业经营效益出现分化

2021 年，民营企业 500 强整体销售净利率、资产净利率、净资产收益率较上年均有小幅下降。分行业来看，500 强企业共涉及 46 个行业、48 个细分领域，近半数行业③销售净利率、资产收益率、净资产收益率水平较上年有所降低；共 18 个行业销售净利率、资产净利率、净资产收益率较上年均出现上涨；共 18 个行业均出现下降。其中，其他服务业，有色金属矿采选业，餐饮业，通用设备制造业，其他制造业等 10 个行业④的销售净利率、资产净利率、净资产收益率等指标增长较为明显。

① 正太集团有限公司为今年新入围企业。

② 中亿丰控股集团有限公司控股子公司中亿丰建设集团股份有限公司入围 2021 中国民营企业 500 强。

③ 2021 年（年末）销售净利率、资产收益率、净资产收益率较上年（年末）下降的行业数量分别有 20 个、22 个、24 个。

④ 10 个行业分别为其他服务业，有色金属矿采选业，餐饮业，通用设备制造业，其他制造业，酒、饮料和精制茶制造业，有色金属冶炼和压延加工业，化学原料和化学制品制造业，计算机、通信和其他电子设备制造业，商务服务业。

从销售净利率来看，2021 年民营企业 500 强的销售净利率为 4.51%，较上年减少 1.10 个百分点。共有 24 个行业该项指标高于 4.51% 的整体水平，其中有 3 个行业的销售净利率超过 10%，较上年减少 3 个行业。

与上年相比，销售净利率超过 10% 的 500 强企业所属行业变化较大。除皮革、毛皮、羽毛及其制品和制鞋业为上年入围行业外，煤炭开采和洗选业、通用设备制造业 2 个行业均为新入围行业（见表 19）。

表 19　2021 年民营企业 500 强中销售净利率超过 10% 的行业

所属行业	企业数量（家）	营业收入（亿元）	税后净利润（亿元）	销售净利率
煤炭开采和洗选业	2	841.43	216.66	25.75%
皮革、毛皮、羽毛及其制品和制鞋业	2	788.38	105.50	13.38%
通用设备制造业	3	1 298.80	167.23	12.88%

2021 年有 6 个行业销售净利率不足 2%，较上年减少 1 家，分别为商务服务业、农副食品加工业、批发业、农业、零售业、畜牧业（见表 20）。

表 20　2021 年民营企业 500 强销售净利率不足 2% 的行业

所属行业	企业数量（家）	营业收入（亿元）	税后净利润（亿元）	销售净利率
商务服务业	14	7 039.51	118.70	1.69%
农副食品加工业	12	6 548.89	101.79	1.55%
批发业	29	16 118.94	117.65	0.73%
农业	2	2 839.81	−7.06	−0.25%
零售业	17	14 116.82	−253.57	−1.80%
畜牧业	2	1 482.40	−64.55	−4.35%

从资产净利率来看，2021 年年末民营企业 500 强资产净利率为 3.74%，较上年末下降 0.75 个百分点，共 34 个行业该项指标高于 3.74% 的整体水平，其中有 4 个行业资产净利率超过 10%，较上年减少 2 个行业。酒、饮料和精制茶制造业，煤炭开采和洗选业，通用设备制造业为新入围行业；上年年末资产净利率超过 10% 的畜牧业，废弃资源综合利用业，文教、工美、体育和娱乐用品制造业，食品制造业，互联网和相关服务，2021 年年末均未达 10%（见表 21）。

表 21 2021 年年末民营企业 500 强资产净利率超过 10% 的行业

所属行业	企业数量（家）	资产总额（亿元）	税后净利润（亿元）	资产净利率
酒、饮料和精制茶制造业	4	1 105.70	156.85	14.19%
皮革、毛皮、羽毛及其制品和制鞋业	2	791.47	105.50	13.33%
煤炭开采和洗选业	2	2 011.95	216.66	10.77%
通用设备制造业	3	1 672.31	167.23	10.00%

2021 年年末，家具制造业，汽车制造业，保险业，电力、热力生产和供应业，农业，零售业，畜牧业 7 个行业的资产净利率不足 2%，较上年增加 2 个行业（见表 22）。上年年末资产净利率不足 2% 的煤炭开采和洗选业、有色金属矿采选业，在 2021 年年末均超过 2%，分别为 10.77%、4.83%。

表 22 2021 年年末民营企业 500 强资产净利率不足 2% 的行业

所属行业	企业数量（家）	资产总额（亿元）	税后净利润（亿元）	资产净利率
家具制造业	1	1 031.42	18.00	1.74%
汽车制造业	9	13 232.12	213.31	1.61%
保险业	4	21 854.97	308.50	1.41%
电力、热力生产和供应业	1	1 043.06	8.81	0.84%
农业	2	4 013.29	–7.06	–0.18%
零售业	17	11 615.31	–253.57	–2.18%
畜牧业	2	2 883.06	–64.55	–2.24%

从净资产收益率来看，2021 年年末，民营企业 500 强净资产收益率为 11.44%，较上年年末减少 3.72 个百分点。共有 28 个行业净资产收益率超过了 11.44% 的整体水平，较上年年末增加 10 个行业。其中，有 6 个行业净资产收益率超过 20%，较上年减少 1 个行业。软件和信息技术服务业，其他服务业，酒、饮料和精制茶制造业，化学原料和化学制品制造业 4 个行业为新入围行业。上年年末净资产收益率超过 20% 的食品制造业，专用设备制造业，文教、工美、体育和娱乐用品制造业，在 2021 年年末略有下降（见表 23）。

表 23　2021 年年末民营企业 500 强净资产收益率超过 20% 的行业

所属行业	企业数量（家）	净资产总额（亿元）	税后净利润（亿元）	净资产收益率
皮革、毛皮、羽毛及其制品和制鞋业	2	393.97	105.50	26.78%
软件和信息技术服务业	5	486.75	128.45	26.39%
通用设备制造业	3	640.53	167.23	26.11%
其他服务业	1	294.35	75.69	25.71%
酒、饮料和精制茶制造业	4	715.56	156.85	21.92%
化学原料和化学制品制造业	18	4 272.46	871.73	20.40%

2021 年年末，民营企业 500 强中有 13 个行业净资产收益率低于 10%，较上年增加 2 个行业（见表 24）。2021 年年末，民营企业 500 强分行业经营情况见表 25。

表 24　2021 年年末民营企业 500 强净资产收益率不足 10% 的行业

所属行业	企业数量（家）	净资产总额（亿元）	税后净利润（亿元）	净资产收益率
餐饮业	1	129.08	12.58	9.75%
批发业	29	1 225.54	117.65	9.60%
综合	36	9 938.84	798.56	8.03%
互联网和相关服务	15	31 027.82	2 223.68	7.17%
邮政业	6	1 942.01	127.10	6.54%
装卸搬运和仓储业	1	132.41	7.92	5.98%
农副食品加工业	12	1 909.57	101.79	5.33%
汽车制造业	9	4 599.90	213.31	4.64%
家具制造业	1	424.89	18.00	4.24%
电力、热力生产和供应业	1	461.02	8.81	1.91%
农业	2	1 122.12	–7.06	–0.63%
畜牧业	2	1 091.81	–64.55	–5.91%
零售业	17	3 594.66	–253.57	–7.05%

表 25　2021 年（年末）民营企业 500 强分行业经营指标

单位：家、亿元、万人

所属行业	入围企业数量		营业收入	税后净利润	资产总额	净资产总额	纳税总额	就业人数	销售净利率	资产净利率	净资产收益率
	2021 年	2020年									
黑色金属冶炼和压延加工业	65	59	50 477.52	2 067.03	27 106.25	12 462.52	1 054.76	74.31	4.09%	7.63%	16.59%
综合	36	41	21 729.83	798.56	28 867.79	9 938.84	606.53	50.92	3.67%	2.77%	8.03%

续表

所属行业	入围企业数量		营业收入	税后净利润	资产总额	净资产总额	纳税总额	就业人数	销售净利率	资产净利率	净资产收益率
	2021年	2020年									
建筑业	34	37	14 244.29	351.01	8 546.04	3 180.46	483.33	109.19	2.46%	4.11%	11.04%
批发业	29	29	16 118.94	117.65	4 176.13	1 225.54	127.07	9.12	0.73%	2.82%	9.60%
电气机械和器材制造业	28	26	22 284.38	1 246.64	24 280.54	8 912.98	688.20	78.73	5.59%	5.13%	13.99%
计算机、通信和其他电子设备制造业	27	23	30 235.24	2 258.26	34 437.21	12 691.58	1281.44	129.51	7.47%	6.56%	17.79%
石油、煤炭及其他燃料加工业	25	22	20 426.24	641.11	10 168.89	4215.33	875.48	24.26	3.14%	6.30%	15.21%
房地产业	25	44	27 653.32	1 928.92	89 492.35	18 499.21	2 937.60	70.37	6.98%	2.16%	10.43%
有色金属冶炼和压延加工业	20	18	23 857.21	779.38	12 102.22	6 263.00	481.11	30.71	3.27%	6.44%	12.44%
化学原料和化学制品制造业	18	16	14 144.09	871.73	10 583.66	4 272.46	606.66	18.85	6.16%	8.24%	20.40%
零售业	17	16	14 116.82	−253.57	11 615.31	3 594.66	274.54	54.53	−1.80%	−2.18%	−7.05%
互联网和相关服务	15	11	34 461.67	2 223.68	53 315.47	31 027.82	1 051.32	94.79	6.45%	4.17%	7.17%
商务服务业	14	15	7 039.51	118.70	2 632.01	917.50	94.87	6.08	1.69%	4.51%	12.94%
医药制造业	13	13	5 614.98	537.56	6 046.76	3 363.57	315.87	29.10	9.57%	8.89%	15.98%
农副食品加工业	12	12	6 548.89	101.79	4 102.91	1 909.57	117.69	18.92	1.55%	2.48%	5.33%
金属制品业	12	11	4 985.53	120.31	2 328.33	1 104.30	98.64	9.46	2.41%	5.17%	10.89%
纺织服装、服饰业	11	10	5 919.72	246.82	4 234.08	2 334.89	150.21	21.40	4.17%	5.83%	10.57%
汽车制造业	9	9	10 658.68	213.31	13 232.12	4 599.90	621.96	64.77	2.00%	1.61%	4.64%
化学纤维制造业	8	8	7 188.28	197.84	3 683.75	1 295.12	60.12	7.81	2.75%	5.37%	15.28%
橡胶和塑料制品业	7	6	2 942.44	156.90	2 271.38	1 301.95	87.16	10.07	5.33%	6.91%	12.05%
邮政业	6	6	3 835.86	127.10	3 699.35	1 942.01	139.19	38.41	3.31%	3.44%	6.54%
专用设备制造业	6	4	3 335.15	276.28	4 328.49	1 589.10	128.79	9.48	8.28%	6.38%	17.39%
软件和信息技术服务业	5	3	2 316.35	128.45	2 531.03	486.75	81.42	4.79	5.55%	5.07%	26.39%
造纸和纸制品业	5	5	2 863.91	154.88	2 518.77	1 320.54	108.27	6.36	5.41%	6.15%	11.73%
非金属矿物制品业	5	3	2 139.25	201.13	2 216.52	1 184.78	127.91	8.12	9.40%	9.07%	16.98%
纺织业	5	5	1 660.38	40.02	626.59	335.79	25.56	3.37	2.41%	6.39%	11.92%

续表

所属行业	入围企业数量		营业收入	税后净利润	资产总额	净资产总额	纳税总额	就业人数	销售净利率	资产净利率	净资产收益率
	2021 年	2020年									
酒、饮料和精制茶制造业	4	3	1 720.63	156.85	1 105.70	715.56	113.43	6.69	9.12%	14.19%	21.92%
保险业	4	7	4 649.43	308.50	21 854.97	2 251.91	103.77	12.74	6.64%	1.41%	13.70%
铁路、船舶、航空航天和其他运输设备制造业	3	2	1 145.63	92.06	1 696.57	608.67	30.98	4.48	8.04%	5.43%	15.12%
食品制造业	3	3	1 848.40	132.31	1 484.91	746.92	75.60	9.49	7.16%	8.91%	17.71%
通用设备制造业	3	6	1 298.80	167.23	1 672.31	640.53	56.68	3.75	12.88%	10.00%	26.11%
其他制造业	3	5	962.06	68.05	978.56	612.16	54.10	2.93	7.07%	6.95%	11.12%
废弃资源综合利用业	3	3	877.41	46.90	507.10	317.05	26.33	1.70	5.34%	9.25%	14.79%
木材加工和木、竹、藤、棕、草制品业	2	2	601.24	22.72	279.80	122.51	15.61	1.93	3.78%	8.12%	18.55%
煤炭开采和洗选业	2	1	841.43	216.66	2 011.95	1 127.38	144.91	1.41	25.75%	10.77%	19.22%
皮革、毛皮、羽毛及其制品和制鞋业	2	2	788.38	105.50	791.47	393.97	72.63	6.18	13.38%	13.33%	26.78%
农业	2	1	2 839.81	−7.06	4 013.29	1 122.12	73.80	15.82	−0.25%	−0.18%	−0.63%
有色金属矿采选业	2	2	2 190.99	79.59	1 647.96	620.37	14.57	1.79	3.63%	4.83%	12.83%
畜牧业	2	3	1 482.40	−64.55	2 883.06	1 091.81	8.39	18.15	−4.35%	−2.24%	−5.91%
燃气生产和供应业	2	2	1 957.95	148.96	2 674.44	991.95	83.26	6.00	7.61%	5.57%	15.02%
其他服务业	1	2	1 444.44	75.69	785.13	294.35	62.03	1.27	5.24%	9.64%	25.71%
电力、热力生产和供应业	1	—	270.80	8.81	1 043.06	461.02	22.04	0.86	3.25%	0.84%	1.91%
家具制造业	1	—	392.61	18.00	1 031.42	424.89	31.19	1.37	4.58%	1.74%	4.24%
文教、工美、体育和娱乐用品制造业	1	1	402.84	29.74	394.88	174.25	33.82	1.79	7.38%	7.53%	17.07%
餐饮业	1	1	410.39	12.58	190.84	129.08	11.29	12.22	3.07%	6.59%	9.75%
装卸搬运和仓储业	1	1	293.97	7.92	210.00	132.41	5.32	0.13	2.69%	3.77%	5.98%

五、民营企业 500 强审慎开展投融资活动

2021 年，民营企业 500 强积极参与乡村振兴战略、“一带一路”建设、“两新一重”建设等国家重大决策部署，助力区域协调发展。并购重组活动总体平稳，境外并购重组较上年活跃。债务融资类型以银行贷款为主。

1. 民营企业 500 强新增投资主要源于自有资金和银行贷款，直接融资力度进一步减缓

2021 年，民营企业 500 强新增投资资金依靠自有资金和银行贷款的企业数量降幅较为明显。其中，新增投资资金来自自有资金的企业有 276 家，较上年减少 180 家，降幅为 39.47%；来自银行贷款的企业有 207 家，较上年减少 141 家，降幅为 40.52%；来自资本市场融资[①]的企业有 129 家，较上年减少 66 家，降幅为 33.85%；引入战略投资者的企业有 55 家，较上年减少 33 家，降幅为 37.50%；获得政策性资金的企业有 30 家，较上年减少 2 家，降幅为 6.25%；来自民间借贷的企业有 1 家，较上年减少 3 家，降幅为 75.00%。仅来自自有资金的企业 47 家，较上年减少 35 家，降幅为 42.68%（见图 10）。

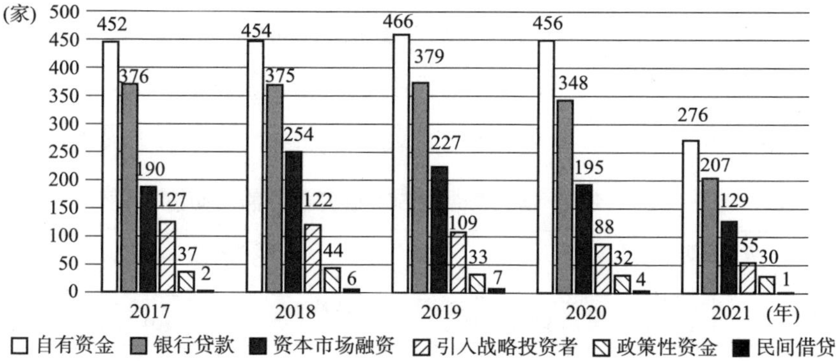

图 10　2017—2021 年民营企业 500 强新增投资的资金来源

2021 年，30 家实际填报的 500 强企业中，境外上市的企业有 13 家，较上年减少 7 家，降幅为 35.00%；国内上市的企业有 17 家，较上年减少 6 家，降幅为 26.09%（见表 26）。

① 资本市场融资主要包括股票市场融资和债券市场融资。

表 26　2019—2021 年民营企业 500 强上市情况

企业上市地 / 板块	2021 年企业数量（家）	2020 年企业数量（家）	2019 年企业数量（家）
主板	8	12	4
科创板	4	6	—
中小板	1	2	3
创业板	2	1	0
新三板	1	2	4
北京证券交易所	1	—	—
境外	13	20	7

2. 民营企业 500 强并购重组活动总体平稳，境外并购较上年活跃

2021 年，民营企业 500 强共发生了 154 起并购事件，与上年持平。其中，境内并购 120 起，较上年减少 6 起；境外并购 34 起，较上年增加 6 起。

从规模来看，企业开展境内并购活动的交易对价在 2 亿 ~5 亿元、1 000 万 ~5 000 万元的分别为 20 起、17 起，较上年分别增加 3 起、1 起；交易对价在 500 万 ~1 000 万元的并购活动与上年持平；交易对价超过 5 亿元、5 000 万 ~2 亿元、小于 500 万元的分别为 46 起、23 起、12 起，较上年分别减少了 3 起、2 起、5 起。境外并购活动的交易对价超过 5 000 万美元、1 000 万 ~5 000 万美元、100 万 ~ 500 万美元的分别为 12 起、10 起、4 起，分别较上年增加 1 起、4 起、2 起；交易对价小于 100 万美元的为 7 起，与上年持平；交易对价在 500 万 ~1 000 万美元的为 1 起，较上年减少 1 起（见表 27）。

表 27　2021 年民营企业 500 强开展并购活动情况

境内并购（人民币）			境外并购（美元）		
交易对价	企业数量（家）	占实施境内并购的 500 强比例	交易对价	企业数量（家）	占实施境外并购的 500 强比例
>5 亿元	46	38.33%	—	—	—
2 亿 ~5 亿元	20	16.67%	>5 000 万美元	12	35.29%
5 000 万 ~2 亿元	23	19.17%	1 000 万 ~5 000 万美元	10	29.41%
1 000 万 ~5 000 万元	17	14.17%	500 万 ~1 000 万美元	1	2.94%
500 万 ~1 000 万元	2	1.67%	100 万 ~500 万美元	4	11.76%
<500 万元	12	10.00%	<100 万美元	7	20.59%
合计	120	100%	合计	34	100%

分行业看，开展并购活动最为频繁的 5 个行业与上年一致，但结构发生变化。黑色金属冶炼和压延加工业，计算机、通信和其他电子设备制造业，电气机械和器材制造业并购活动较上年频繁，涉及企业数量也有所增加，分别由上年的第五、第三、第四位上升至第一、第二、第三位（见表 28）。

表 28　2021 年民营企业 500 强发生并购重组前五的行业

所属行业	并购事件（起）	涉及企业数量（家）
黑色金属冶炼和压延加工业	18	18
计算机、通信和其他电子设备制造业	18	11
电气机械和器材制造业	16	12
综合	12	9
房地产业	11	10
合计	75	60

3. 多数 500 强企业保持稳健投资，参与国家重大决策部署和区域协调发展

2021 年，477 家实际填报的 500 强企业中，认为“企业具有独特优势，经济下行压力下继续保持积极投资”的企业 293 家，占填报企业的比例为 61.43%；认为“企业运行较为平稳，但投资意愿不强”“企业内外部风险加大，减少投资，优先确保当前生产经营稳定”的企业分别为 98 家、86 家，占填报企业的比例分别为 20.55%、18.03%。民营企业 500 强整体投资信心和投资意愿与上年持平（见表 29）。

表 29　2021 年民营企业 500 强投资意愿情况

项目	企业具有独特优势，经济下行压力下继续保持积极投资	企业运行较为平稳，但投资意愿不强	企业内外部风险加大，减少投资，优先确保当前生产经营稳定
企业数量（家）	293	98	86
占填报企业比例	61.43%	20.55%	18.03%
占 500 强比例	58.60%	19.60%	17.20%

2021 年民营企业 500 强中参与防范化解重大风险、污染防治的企业数量分别为 467 家、426 家，占 500 强比例分别为 93.40%、85.20%。参与“一带一路”建设、“两新一重”建设、混合所有制改革的企业数量分别为 195 家、270 家、186 家，较上年分别增加 4 家、24 家、3 家，增幅分别为 2.09%、9.76%、

1.64%；参与乡村振兴战略的企业数量为 348 家，较上年减少 6 家，降幅为 1.69%（见表 30）。

表 30　2017—2021 年民营企业 500 强参与国家重大决策部署情况

单位：家

类型	2021 年企业数量	2020 年企业数量	2019 年企业数量	2018 年企业数量	2017 年企业数量
防范化解重大风险	467	471	475	470	446
污染防治	426	409	403	382	341
乡村振兴战略	348	354	291	277	227
“一带一路”建设	195	191	191	179	181
“两新一重”建设	270	246	—	—	—
混合所有制改革	186	183	185	183	171

2021 年，参与乡村振兴战略的 500 强企业中，237 家企业参与巩固脱贫成果、改善民生保障，占 500 强比例为 47.40%；225 家企业参与促进产业兴旺、带动农民增收，占 500 强比例为 45.00%；186 家参与保护青山绿水、美化人居环境，占 500 强比例为 37.20%；135 家企业参与强化基层党建、提升治理能力，占 500 强比例为 27.00%；参与繁荣农村文化、培育文明新风，引进优秀人才、培育新型农民的企业分别为 99 家、89 家，占 500 强比例分别为 19.80%、17.80%（见表 31）。

表 31　2021 年民营企业 500 强参与乡村振兴战略情况

参与形式	巩固脱贫成果，改善民生保障	促进产业兴旺，带动农民增收	保护青山绿水，美化人居环境	强化基层党建，提升治理能力	繁荣农村文化，培育文明新风	引进优秀人才，培育新型农民
企业数量（家）	237	225	186	135	99	89
占参与乡村振兴战略 500 强企业比例	68.10%	64.66%	53.45%	38.79%	28.45%	25.57%
占 500 强比例	47.40%	45.00%	37.20%	27.00%	19.80%	17.80%
参与企业数量（家）	348					

2021 年，参与“两新一重”建设的 500 强企业中，176 家企业参与新型基础设施建设，占 500 强比例为 35.20%；174 家企业参与新型城镇化建设，占 500 强比例为 34.80%；91 家企业参与交通、水利等重大工程建设，占 500 强比例为 18.20%（见表 32）。

表 32　2021 年民营企业 500 强参与“两新一重”建设情况

类型	新型基础设施建设	新型城镇化建设	交通、水利等重大工程建设
企业数量（家）	176	174	91
占参与“两新一重”500 强企业比例	65.19%	64.44%	33.70%
占 500 强比例	35.20%	34.80%	18.20%
参与企业数量（家）	270		

2021 年，186 家 500 强企业参与混合所有制改革，其中通过参股、控股形式参与国有企业混合所有制改革的企业数量分别为 19 家、79 家，占 500 强比例分别为 3.80%、15.80%；98 家企业与国有企业共同发起设立新企业，占 500 强比例为 19.60%；54 家企业引入国有资本，占 500 强比例为 10.80%（见表 33）。

表 33　2021 年民营企业 500 强参与混合所有制改革情况

参与混合所有制改革	已控股国有企业	已参股国有企业	与国有企业共同发起设立新企业	国有资本入股本企业
企业数量（家）	19	79	98	54
占参与混合所有制改革 500 强企业比例	10.22%	42.47%	52.69%	29.03%
占 500 强比例	3.80%	15.80%	19.60%	10.80%
参与企业数量（家）	186			

参与混合所有制改革的 500 强企业中，前五大领域主要为冶金矿业、仓储物流、建筑、商贸、石油石化，企业数量合计为 133 家，占参与混合所有制改革 500 强企业的 71.51%，占 500 强比例为 26.60%；进入交通运输、电力领域的企业数量分别为 18 家、16 家，占 500 强比例分别为 3.60%、3.20%；进入天然气、通信、军工、民航、铁路领域的企业较少（见表 34）。

表 34　2021 年民营企业 500 强参与混合所有制改革的主要领域

领域	企业数量（家）	占参与混合所有制改革 500 强企业比例	占 500 强比例
冶金矿业	29	15.59%	5.80%
仓储物流	28	15.05%	5.60%
建筑	26	13.98%	5.20%
商贸	26	13.98%	5.20%

续表

领域	企业数量（家）	占参与混合所有制改革 500 强企业比例	占 500 强比例
石油石化	24	12.90%	4.80%
交通运输	18	9.68%	3.60%
电力	16	8.60%	3.20%
天然气	8	4.30%	1.60%
通信	7	3.76%	1.40%
军工	6	3.23%	1.20%
民航	3	1.61%	0.60%
铁路	3	1.61%	0.60%
其他	70	37.63%	14.00%

2021 年，378 家 500 强企业参与区域协调发展战略，占 500 强比例为 75.60%。其中，参与长三角一体化发展的企业数量最多，为 195 家，较上年增加 25 家，占参与区域协调发展战略 500 强企业的 51.59%；参与长江经济带发展、西部大开发、京津冀协同发展、粤港澳大湾区建设、中部地区崛起的企业数量分别为 176 家、131 家、125 家、119 家、117 家，分别占参与区域协调发展战略 500 强企业的 46.56%、34.66%、33.07%、31.48%、30.95%；参与东北振兴、革命老区振兴、黄河流域生态保护和高质量发展，雄安新区建设的企业数量分别为 78 家、58 家、55 家、31 家，分别占参与区域协调发展战略 500 强企业的 20.63%、15.34%、14.55%、8.20%（见表 35）。

表 35　2021 年民营企业 500 强参与区域协调发展战略情况

单位：家

类型	长三角一体化发展	长江经济带发展	西部大开发	京津冀协同发展	粤港澳大湾区建设	中部地区崛起	东北振兴	革命老区振兴	黄河流域生态保护和高质量发展	雄安新区建设
企业数量	195	176	131	125	119	117	78	58	55	31
占参与区域协调发展战略 500 强企业比例	51.59%	46.56%	34.66%	33.07%	31.48%	30.95%	20.63%	15.34%	14.55%	8.20%
占 500 强比例	39.00%	35.20%	26.20%	25.00%	23.80%	23.40%	15.60%	11.60%	11.00%	6.20%

4. 民营企业 500 强把握机遇积极融入新发展格局

2021 年，实际填报的 500 强企业中，认为新发展格局下企业将迎来“国内超大规模市场带来的机遇”“科技创新带来的机遇”的企业数量分别为 318 家、317 家，占 500 强比例分别为 63.60%、63.40%，较上年分别增加 16 家、8 家；其次是“重大工程、重大项目建设带来的机遇”“新型城镇化和城乡区域协调发展带来的机遇”，分别为 253 家、252 家，占 500 强比例分别为 50.60%、50.40%（见表 36）。认为面临的主要挑战是“新冠肺炎疫情持续蔓延”“产业链供应链风险加大”的企业数量，与上年保持一致，分别为 374 家、269 家，占 500 强比例分别为 74.80%、53.80%；其次是“科技竞争日益加剧”“逆全球化的冲击”“企业自身在创新、人才、管理等方面尚存在短板”，分别为 185 家、161 家、147 家，占 500 强比例分别为 37.00%、32.20%、29.40%（见表 37）。新发展格局下，民营企业 500 强积极、动态调整企业发展战略，“聚焦实业、做精主业、防范化解风险”“进一步加强创新，参与或实施关键领域核心技术攻坚”“实施数字化转型，培育新业态、新模式”的企业数量分别为 375 家、361 家、345 家，占 500 强比例分别为 75.00%、72.20%、69.00%（见表 38）。

表 36　2021 年新发展格局下民营企业 500 强迎来的机遇

项目	国内超大规模市场带来的机遇	科技创新带来的机遇	重大工程、重大项目建设带来的机遇	新型城镇化和城乡区域协调发展带来的机遇	实施国际化、融入全球经济带来的机遇	金融更好服务实体经济带来的机遇	消费潜力释放带来的机遇	构建现代物流体系带来的机遇
企业数量（家）	318	317	253	252	207	206	197	182
占填报企业比例	67.37%	67.16%	53.60%	53.39%	43.86%	43.64%	41.74%	38.56%
占 500 强比例	63.60%	63.40%	50.60%	50.40%	41.40%	41.20%	39.40%	36.40%
填报企业数量（家）	472							

表 37　2021 年新发展格局下民营企业 500 强面临的挑战

项目	新冠肺炎疫情持续蔓延	产业链供应链风险加大	科技竞争日益加剧	逆全球化的冲击	企业自身在创新、人才、管理等方面尚存在短板	供求脱节，国内有效需求不足	我国生产体系内部循环不畅
企业数量（家）	374	269	185	161	147	107	59

续表

项目	新冠肺炎疫情持续蔓延	产业链供应链风险加大	科技竞争日益加剧	逆全球化的冲击	企业自身在创新、人才、管理等方面尚存在短板	供求脱节，国内有效需求不足	我国生产体系内部循环不畅
占填报企业比例	79.24%	56.99%	39.19%	34.11%	31.14%	22.67%	12.50%
占 500 强比例	74.80%	53.80%	37.00%	32.20%	29.40%	21.40%	11.80%
填报企业数量（家）	472						

表 38　2021 年民营企业 500 强适应新发展格局调整企业发展战略情况

项目	聚焦实业、做精主业，防范化解风险	进一步加强创新，参与或实施关键领域核心技术攻坚	实施数字化转型，培育新业态、新模式	积极扩大有效投资，实现自身结构调整	充分利用国内国际两个市场两种资源，实现高质量引进来和高水平走出去	积极参与新型城镇化和城乡区域协调发展
企业数量（家）	375	361	345	294	219	187
占填报企业比例	79.45%	76.48%	73.09%	62.29%	46.40%	39.62%
占 500 强比例	75.00%	72.20%	69.00%	58.80%	43.80%	37.40%
填报企业数量（家）	472					

5. 绝大多数 500 强企业对“十四五”期间企业发展前景保持乐观

2021 年，实际填报的 500 强企业中，“坚持创新驱动发展，全面塑造发展新优势”“加快发展现代产业体系，巩固壮大实体经济根基”“形成强大国内市场，构建新发展格局”是企业重点关注的“十四五”规划《纲要》内容，企业数量分别为 354 家、284 家、213 家，占 500 强比例分别为 70.80%、56.80%、42.60%；其次是“加快数字化发展，建设数字中国”“推动绿色发展，促进人与自然和谐共生”，企业数量分别为 181 家、167 家，占 500 强比例分别为 36.20%、33.40%（见表 39）。

表 39　2021 年民营企业 500 强对国家“十四五”规划《纲要》关注的内容

项目	企业数量（家）	占填报企业比例	占 500 强比例
坚持创新驱动发展，全面塑造发展新优势	354	75.00%	70.80%
加快发展现代产业体系，巩固壮大实体经济根基	284	60.17%	56.80%
形成强大国内市场，构建新发展格局	213	45.13%	42.60%
加快数字化发展，建设数字中国	181	38.35%	36.20%
推动绿色发展，促进人与自然和谐共生	167	35.38%	33.40%

续表

项目	企业数量（家）	占填报企业比例	占 500 强比例
优化区域经济布局，促进区域协调发展	84	17.80%	16.80%
坚持农业农村优先发展，全面推进乡村振兴	66	13.98%	13.20%
全面深化改革，构建高水平社会主义市场经济体制	66	13.98%	13.20%
完善新型城镇化战略，提升城镇化发展质量	59	12.50%	11.80%
实行高水平对外开放，开拓合作共赢新局面	55	11.65%	11.00%
增进民生福祉，提升共建共至共享水平	31	6.57%	6.20%
填报企业数量	472	100%	94.40%

民营企业 500 强结合“十四五”规划《纲要》和专项规划，主动制订或调整企业发展规划和投资计划。2021 年，共有 438 家 500 强企业制订或调整本企业的发展规划和投资计划，占 500 强比例为 87.60%。

民营企业 500 强对“十四五”期间企业发展前景保持乐观。2021 年，对企业发展前景有信心的500强企业共436家，占500强比例为87.20%。其中，认为“乐观”和“非常乐观”的企业数量分别为 321 家、115 家，占 500 强比例分别为 64.20%、23.00%（见表 40）。

表 40　2021 年民营企业 500 强对“十四五”期间企业发展前景的预判

项目	企业数量（家）	占填报企业比例	占 500 强比例
非常乐观	115	24.36%	23.00%
乐观	321	68.01%	64.20%
一般	34	7.20%	6.80%
悲观	2	0.42%	0.40%
非常悲观	0	0.00%	0.00%
填报企业数量	472	100%	94.40%

6. 500 强企业债务融资主要通过银行贷款

2021 年，实际填报的民营企业 500 强中，364 家存在债务融资，占 500 强比例为 72.80%。民营企业 500 强主要通过银行贷款进行债务融资，企业数量为 336 家，占 500 强比例为 67.20%；其次为企业债券、融资租赁、非银机构融资，企业数量分别为 98 家、80 家、75 家，占 500 强比例分别为 19.60%、16.00%、15.00%（见表 41）。

表 41　2021 年民营企业 500 强债务融资类型

项目	企业数量（家）	占填报企业比例	占 500 强比例
银行贷款	336	71.95%	67.20%
企业债券	98	20.99%	19.60%
融资租赁	80	17.13%	16.00%
非银机构融资	75	16.06%	15.00%
股东借款	30	6.42%	6.00%
其他	41	8.78%	8.20%
填报企业数量	467	100%	93.40%

2021 年年末，通过银行贷款进行债务融资的 500 强企业共涉及 45 个行业、27 个省份。分行业看，前十个行业分别为房地产业，计算机、通信和其他电子设备制造业，综合，化学原料和化学制品制造业，黑色金属冶炼和压延加工业，电气机械和器材制造业，石油、煤炭及其他燃料加工业，零售业，汽车制造业，农业，共 181 家，前十个行业 2021 年年末银行贷款余额合计 33 279.08 亿元，占 500 强企业银行贷款余额的 56.51%（见表 42）。分地区看，主要集中在广东省、浙江省、江苏省、上海市、重庆市、山东省、北京市、河北省、四川省、河南省等 10 个省份，企业数量 272 家，十个省份 500 强企业 2021 年年末银行贷款余额合计 39 874.42 亿元，占 500 强企业银行贷款余额比例为 67.71%（见表 43）。

表 42　2021 年年末通过银行贷款进行债务融资的民营企业 500 强主要行业分布

所属行业	企业数量（家）	本行业银行贷款[①]（亿元）	占 500 强银行贷款比例	本行业负债总额[②]（亿元）	占 500 强负债总额比例
房地产业	20	8 897.88	15.11%	54 102.95	20.54%
计算机、通信和其他电子设备制造业	19	5 393.39	9.16%	18 460.07	7.01%
综合	24	4 060.98	6.90%	14 753.95	5.60%
化学原料和化学制品制造业	11	3 014.60	5.12%	5 711.10	2.17%
黑色金属冶炼和压延加工业	45	2 862.60	4.86%	10 522.16	3.99%
电气机械和器材制造业	25	2 814.15	4.78%	13 817.33	5.24%
石油、煤炭及其他燃料加工业	16	2 261.97	3.84%	4 860.63	1.84%

① 本行业银行贷款、500 强银行贷款，均为年末银行贷款余额。下同。
② 本行业负债总额、500 强负债总额，均为年末负债总额余额。下同。

续表

所属行业	企业数量（家）	本行业银行贷款[①]（亿元）	占 500 强银行贷款比例	本行业负债总额[②]（亿元）	占 500 强负债总额比例
零售业	13	1 661.01	2.82%	5 500.68	2.09%
汽车制造业	6	1 218.91	2.07%	5 434.38	2.06%
农业	2	1 093.58	1.86%	2 891.17	1.10%
合计	181	33 279.08	56.51%	136 054.42	51.64%

表 43　2021 年年末通过银行贷款进行债务融资的民营企业 500 强主要区域分布

所在省份	企业数量（家）	本地区银行贷款（亿元）	占 500 强银行贷款总额比例	本地区负债总额（亿元）	占 500 强负债总额比例
广东省	37	10 021.41	17.02%	45 480.15	17.26%
浙江省	76	8 734.17	14.83%	26 519.41	10.07%
江苏省	56	5 644.27	9.58%	18 051.87	6.85%
上海市	14	3 007.28	5.11%	15 563.43	5.91%
重庆市	8	2 811.12	4.77%	12 282.43	4.66%
山东省	30	2 594.83	4.41%	7 496.73	2.85%
北京市	10	2 110.42	3.58%	10 821.82	4.11%
河北省	22	1 988.98	3.38%	7 604.66	2.89%
四川省	7	1 551.77	2.63%	4 469.43	1.70%
河南省	12	1 410.18	2.39%	6 104.72	2.32%
合计	272	39 874.42	67.71%	154 394.66	58.60%

2021 年年末，实际填报的 500 强企业中，银行贷款余额占企业融资总额比例在 30% 以下的企业数量为 115 家，占 500 强比例为 23.00%。银行贷款余额占企业融资总额比例在 50% 以上的企业数量为 270 家，占 500 强比例为 54.00%（见表 44）。

表 44　2021 年年末民营企业 500 强银行贷款余额占企业融资总额的比例

项目	企业数量（家）	占填报企业比例	占 500 强比例
0%	24	5.63%	4.80%
<10%	48	11.27%	9.60%
10%~30%	43	10.09%	8.60%
30%~50%	41	9.62%	8.20%

① 本行业银行贷款、500 强银行贷款，均为年末银行贷款余额。下同。
② 本行业负债总额、500 强负债总额，均为年末负债总额余额。下同。

续表

项目	企业数量（家）	占填报企业比例	占 500 强比例
50%~70%	56	13.15%	11.20%
70% 以上	214	50.23%	42.80%
填报企业数量	426	100%	85.20%

六、民营企业 500 强持续加力科技创新和品牌培育

2021 年，在创新支持政策引导下，民营企业 500 强坚持企业创新主体地位，进一步加大研发投入力度，提高研发产出率，持续深化产学研合作，主动实施数字化转型和绿色低碳发展，切实发挥创新在企业高质量发展中的引领作用。

1. 民营企业 500 强进一步强化研发投入

从研发人员情况看，研发人员占员工总数的比例超过 10%、3%~10% 的 500 强企业数量分别为 158 家、130 家，较上年分别增加 38 家、21 家；占比在 1%~3%、小于 1% 的企业数量分别为 58 家、45 家，较上年分别减少 1 家、7 家。

从研发经费投入强度看，研发经费投入强度大于 10% 的 500 强企业有 6 家，较上年减少 1 家；3%~10%、1%~3% 的企业分别为 74 家、118 家，较上年分别增加 19 家、12 家；小于 1% 的企业 255 家，较上年减少 16 家（见表 45）。

表 45　2017—2021 年民营企业 500 强研发人员占比及研发经费投入强度情况

单位：家

比例	研发人员占比					研发经费投入强度				
	2021 年企业数量	2020 年企业数量	2019 年企业数量	2018 年企业数量	2017 年企业数量	2021 年企业数量	2020 年企业数量	2019 年企业数量	2018 年企业数量	2017 年企业数量
≥ 10%	158	120	186	184	189	6	7	5	6	6
3%~10%	130	109	135	144	116	74	55	54	63	65
1%~3%	58	59	69	54	64	118	106	106	116	111
<1%	45	52	24	27	26	255	271	242	229	223
合计	391	340	414	409	395	453	439	407	414	405

2021 年，研发费用排名前五位的 500 强企业涉及计算机、通信和其他

电子设备制造业，互联网和相关服务，汽车制造业 3 个行业，与上年保持一致。其中，华为投资控股有限公司以 1 427.00 亿元继续位居榜首，阿里巴巴（中国）有限公司、腾讯控股有限公司、百度公司、浙江吉利控股集团有限公司 4 家企业研发投入较上年均出现上涨（见表 46）。

表 46 2021 年民营企业 500 强研发费用前五的企业

2021 年排名	2020 年排名	企业名称	所属行业	所在省份	研发费用（亿元）	研发经费投入强度
1	1	华为投资控股有限公司	计算机、通信和其他电子设备制造业	广东省	1 427.00	22.41%
2	2	阿里巴巴（中国）有限公司	互联网和相关服务	浙江省	578.23	6.91%
3	3	腾讯控股有限公司	互联网和相关服务	广东省	518.80	9.26%
4	5	百度公司	互联网和相关服务	北京市	249.38	20.03%
5	4	浙江吉利控股集团有限公司	汽车制造业	浙江省	226.17	6.28%

从研发费用来源看，民营企业 500 强研发费用仍主要来自企业内部，获取外部经费支持较低。2021 年，226 家 500 强企业获取了外部经费。其中，获取外部经费占企业研发费用比例超过 30% 的企业有 7 家；占比在 10%~30% 的企业有 45 家；占比小于 10% 的企业有 174 家，占获取外部经费企业数量的比例为 76.99%。

民营企业 500 强继续加大与高校、科研院所等外单位的研发合作。2021 年，220 家 500 强企业向高校、科研院所等外单位支付研发经费。其中，支付的研发经费占企业研发费用比例超过 10% 的企业有 57 家，占支付外单位研发经费企业数量的 25.91%（见表 47）。

表 47 2021 年民营企业 500 强获取外部研发经费及支付外单位研发经费情况

获取或支付的研发经费占比企业研发费用	获取外部研发经费相应占比的企业数量（家）	占获取外部研发经费企业比例	支付外单位研发经费相应占比的企业数量（家）	占支付外单位研发经费企业比例
≥ 30%	7	3.10%	10	4.55%
10%~30%	45	19.91%	47	21.36%
5%~10%	45	19.91%	32	14.55%
1%~5%	87	38.50%	64	29.09%
<1%	42	18.58%	67	30.45%
合计	226	100%	220	100%

2021年，民营企业500强获取外部经费的前十大行业为黑色金属冶炼和压延加工业，电气机械和器材制造业，计算机、通信和其他电子设备制造业，综合，有色金属冶炼和压延加工业等行业，共涉及137家企业，占获取外部经费企业数量的60.62%（见表48）。民营企业500强支付外单位研发经费的前十大行业为黑色金属冶炼和压延加工业，电气机械和器材制造业，房屋建筑业，综合，石油、煤炭及其他燃料加工业等行业，共涉及142家企业，占支付外单位研发经费企业数量的64.55%（见表49）。

表48 2021年民营企业500强获取外部经费的前十大行业

序号	所属行业	获取外部经费的企业数量（家）	本行业500强企业数量（家）	占本行业500强企业比例
1	黑色金属冶炼和压延加工业	31	65	47.69%
2	电气机械和器材制造业	22	28	78.57%
3	计算机、通信和其他电子设备制造业	16	27	59.26%
4	综合	12	36	33.33%
5	有色金属冶炼和压延加工业	11	20	55.00%
6	化学原料和化学制品制造业	10	18	55.56%
7	房屋建筑业	10	29	34.48%
8	石油、煤炭及其他燃料加工业	10	25	40.00%
9	医药制造业	8	13	61.54%
10	农副食品加工业	7	12	58.33%

表49 2021年民营企业500强支付高校、科研院所等外单位研发经费的前十大行业

序号	所属行业	支付外单位研发经费的企业数量（家）	本行业500强企业数量（家）	占本行业500强企业比例
1	黑色金属冶炼和压延加工业	37	65	56.92%
2	电气机械和器材制造业	22	28	78.57%
3	房屋建筑业	14	29	48.28%
4	综合	13	36	36.11%
5	石油、煤炭及其他燃料加工业	12	25	48.00%
6	有色金属冶炼和压延加工业	11	20	55.00%
7	计算机、通信和其他电子设备制造业	10	27	37.04%
8	化学原料和化学制品制造业	9	18	50.00%
9	金属制品业	7	12	58.33%
10	医药制造业	7	13	53.85%

2021 年，与高校、科研院所开展合作的 500 强企业有 420 家，较上年增加 27 家，增幅为 6.87%。从合作方式看，仍以开展项目合作为主，企业数量 361 家，较上年增加 13 家，增幅 3.74%；197 家企业共建研发机构，较上年增加 6 家，增幅 3.14%；72 家企业共建学科专业，较上年增加 6 家，增幅 9.09%（见图 11）。

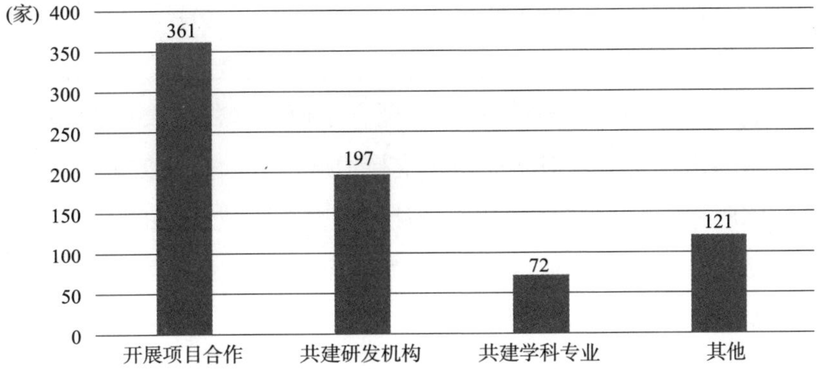

图 11　2021 年民营企业 500 强与高校、科研院所的合作形式

在产学研合作方面，实际填报的 500 强企业中，305 家企业认为合作产生的作用很大，占 500 强比例为 61.00%；105 家企业认为合作产生的作用一般，占 500 强比例为 21.00%（见表 50）。

表 50　2020—2021 年产学研合作对民营企业 500 强技术创新的支持作用

产学研合作对创新的作用	2021 年			2020 年		
	作用很大	作用一般	无	作用很大	作用一般	无
企业数量（家）	305	105	1	295	94	10
占填报企业比例	74.21%	25.55%	0.24%	75.06%	23.92%	2.54%
占 500 强比例	61.00%	21.00%	0.20%	59.00%	18.80%	2.00%
填报企业数量（家）	411			393		

2021 年，未与高校、科研院所开展合作的 500 强企业中，认为“信息不对称”的企业有 14 家，占未开展合作企业数量的 29.17%，占 500 强比例为 2.80%；认为“企业不需要”的有 7 家，占未开展合作企业数量的 14.58%，占 500 强比例为 1.40%（见表 51）。

表 51　2020—2021 年民营企业 500 强未与科研院校、高等院校开展合作的原因

项目	2021 年			2020 年		
	信息不对称	企业不需要	科研院所和高校无积极性	信息不对称	企业不需要	科研院所和高校无积极性
企业数量（家）	14	7	3	20	10	0
占未开展合作 500 强企业比例	29.17%	14.58%	6.25%	28.99%	14.49%	0.00%
占 500 强比例	2.80%	1.40%	0.60%	4.00%	2.00%	0.00%
填报企业数量（家）	48			69		

2021 年，影响民营企业 500 强开展产学研合作的主要因素中，认为高校院所技术与市场脱节、对企业研发支持力度不大的企业数量均为 119 家，占 500 强比例为 23.80%；认为技术转让费用高、科技成果的所有权不清晰、与高校院所沟通不畅的企业数量分别为 87 家、62 家、39 家，占 500 强比例分别为 17.40%、12.40%、7.80%（见表 52）。

表 52　2021 年影响民营企业 500 强产学研合作的主要因素

影响产学研合作的因素	高校院所技术与市场脱节	对企业研发支持力度不大	技术转让费用高	科技成果的所有权不清晰	与高校院所沟通不畅
企业数量（家）	119	119	87	62	39
占填报企业比例	25.43%	25.43%	18.59%	13.25%	8.33%
占 500 强比例	23.80%	23.80%	17.40%	12.40%	7.80%

2. 民营企业 500 强不断提升创新成果产出

在企业关键技术来源方面，458 家实际填报的 500 强企业中，采取自主开发与研制、引进技术或人才、产学研合作、企业并购或合资的企业数量分别为 406 家、358 家、329 家、105 家，较上年均有所上涨（见表 53）。

表 53　2017—2021 年民营企业 500 强关键技术来源情况

单位：家

<table>
<tr><th>序号</th><th colspan="2">关键技术来源</th><th>2021 年</th><th>2020 年</th><th>2019 年</th><th>2018 年</th><th>2017 年</th></tr>
<tr><td>1</td><td colspan="2">自主开发与研制</td><td>406</td><td>394</td><td>402</td><td>402</td><td>401</td></tr>
<tr><td>2</td><td rowspan="2">引进技术或人才</td><td>引进人才</td><td rowspan="2">358</td><td rowspan="2">343</td><td>335</td><td>345</td><td>346</td></tr>
<tr><td>3</td><td>引进技术</td><td>265</td><td>306</td><td>291</td></tr>
<tr><td>4</td><td colspan="2">产学研合作</td><td>329</td><td>321</td><td>316</td><td>334</td><td>323</td></tr>
<tr><td>5</td><td rowspan="2">企业并购或合资</td><td>并购企业</td><td rowspan="2">105</td><td rowspan="2">101</td><td>73</td><td>93</td><td>95</td></tr>
<tr><td>6</td><td>设立合资企业</td><td>59</td><td>74</td><td>74</td></tr>
</table>

2021 年，民营企业 500 强共申请国内专利 126 740 项，其中发明专利 69 789 项；国内专利授权量 121 209 项，其中发明专利授权量 36 339 项。民营企业 500 强国内外有效专利合计为 633 922 项，较上年增幅为 53.60%。其中，国内有效专利 499 265 项，增幅 28.25%；国际有效专利 134 657 项，增幅为 474.65%（见表 54）。

表 54　2017—2021 年民营企业 500 强有效专利情况

项目	2021 年	增长率	2020 年	2019 年	2018 年	2017 年
国内专利（项）	499 265	28.25%	389 289	277 697	301 321	211 122
国际专利（项）	134 657	474.65%	23 433	120 518	65 836	30 891
合计	633 922	53.60%	412 722	398 215	367 157	242 013

2021 年，有效专利数量排名前三的 500 强企业分别为华为投资控股有限公司、美的集团股份有限公司、珠海格力电器股份有限公司。其中，华为投资控股有限公司有效专利数量为 117 380 项（见表 55）。

表 55　2020—2021 年民营企业 500 强有效专利数量前三的企业

企业名称	有效专利（项）		发明专利（项）		所属行业	所在省份
	2021 年	2020 年	2021 年	2020 年		
华为投资控股有限公司	117 380	100 000	111 334	90 000	计算机、通信和其他电子设备制造业	广东省
美的集团股份有限公司	101 000	92 900	45 000	38 880	电气机械和器材制造业	广东省
珠海格力电器股份有限公司	46 456	39 035	13 465	10 353	电气机械和器材制造业	广东省

在参与标准制定方面，394 家实际填报的 500 强企业中，主导或参与的国际标准、国家标准、行业标准、团体标准分别为 1 197 项、7 179 项、5 069 项、3 304 项；在“企业标准信息公共服务平台”公开标准 8 850 项（见表 56）。

表 56　2021 年民营企业 500 强主导或参与国际、国家、行业、团体标准情况

标准	国际标准	国家标准	行业标准	团体标准	平台公开
主导或参与的标准数量（项）	1 197	7 179	5 069	3 304	8 850

在参与科技创新平台建设方面，414 家实际填报的 500 强企业中，参与“国家重点实验室”的企业 55 家，参与“国家工程研究中心”的企业 52 家，参与“领

域类国家科技创新中心”的企业 42 家；近五年获得国家级科技奖励[①]的企业 64 家，拥有经认定的省部级研发机构 1 288 个（见图 12）。

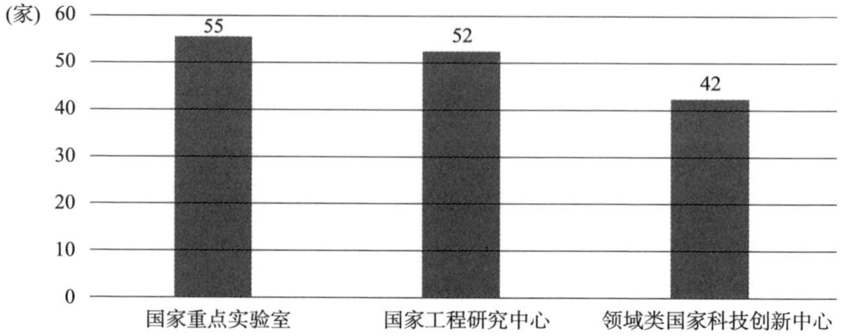

图 12　2021 年民营企业 500 强参与国家科技创新平台建设情况

3. 对民营企业 500 强科技创新和成果转化的政策支持力度不断增强

民营企业 500 强科技成果转化资金仍以自筹为主，政策性资金支持持续提升。2021 年，实际填报的 500 强企业中，科技成果转化资金来源于自筹资金、银行贷款、政策性资金的企业数量分别为 426 家、124 家、119 家，占填报企业的比例分别为 95.73%、27.87%、26.74%；来源于合作方资金投入、风险投资公司投入的企业分别为 55 家、6 家，较上年分别减少 14 家、1 家（见表 57）。

表 57　2020—2021 年民营企业 500 强科技成果转化资金来源情况

资金来源	2021 年			2020 年		
	企业数量（家）	占填报企业比例	占 500 强比例	企业数量（家）	占填报企业比例	占 500 强比例
自筹资金	426	95.73%	85.20%	409	95.34%	81.80%
银行贷款	124	27.87%	24.80%	130	30.30%	26.00%
政策性资金	119	26.74%	23.80%	104	24.24%	20.80%
合作方资金投入	55	12.36%	11.00%	69	16.08%	13.80%
风险投资公司投入	6	1.35%	1.20%	7	1.63%	1.40%
以上都是	13	2.92%	2.60%	14	3.26%	2.80%
填报企业数量	445	100%	89.00%	429	100%	85.80%

民营企业 500 强在科技成果转化方面获得的支持仍以专项资金支持或财

① 指近五年企业获得位列获奖单位前三名的国家级科技奖励。

政补贴、税收减免、人才引进与培养为主，与上年保持一致。2021 年，实际填报的 500 强企业中，获得专项资金支持或财政补贴、税收减免、人才引进与培养、知识产权质押贷款等支持的企业数量分别为 313 家、252 家、184 家、18 家，较上年分别增加 5 家、20 家、12 家、2 家，增幅分别为 1.62%、8.62%、6.98%、12.50%；获得用地等要素保障，信用担保、科技保险支持的企业分别为 41 家、13 家，较上年分别减少 6 家、2 家，降幅分别为 12.77%、13.33%（见表 58）。

表 58　2020—2021 年民营企业 500 强科技成果转化中获得的政策支持情况

支持政策	2021 年			2020 年		
	企业数量（家）	占填报企业比例	占 500 强比例	企业数量（家）	占填报企业比例	占 500 强比例
专项资金支持或财政补贴	313	70.34%	62.60%	308	71.79%	61.60%
税收减免	252	56.63%	50.40%	232	54.08%	46.40%
人才引进与培养	184	41.35%	36.80%	172	40.09%	34.40%
用地等要素保障	41	9.21%	8.20%	47	10.96%	9.40%
知识产权质押贷款	18	4.04%	3.60%	16	3.73%	3.20%
信用担保、科技保险	13	2.92%	2.60%	15	3.50%	3.00%
填报企业数量	445	100%	89.00%	429	100%	85.80%

在支持企业创新政策效应方面，民营企业 500 强继续认为税收减免政策作用最为显著。2021 年，实际填报的 500 强企业中，认为“税收减免政策”发挥作用的企业数量最多，为 430 家，较上年增加 21 家，增幅为 5.13%；认为“科技人才奖励政策”发挥作用的企业 291 家，较上年增加 7 家，增幅为 2.46%；认为“产业政策”“知识产权保护”“政府采购”发挥作用的企业数量，分别为 298 家、233 家、75 家，较上年分别减少 1 家、7 家、7 家，降幅分别为 0.33%、2.92%、8.54%（见表 59）。

表 59　2020—2021 年支持民营企业 500 强创新的政策效应情况

项目	2021 年			2020 年		
	企业数量（家）	占填报企业比例	占 500 强比例	企业数量（家）	占填报企业比例	占 500 强比例
税收减免政策	430	92.87%	86.00%	409	89.30%	81.80%
产业政策	298	64.36%	59.60%	299	65.28%	59.80%

续表

项目	2021 年			2020 年		
	企业数量（家）	占填报企业比例	占 500 强比例	企业数量（家）	占填报企业比例	占 500 强比例
科技人才奖励政策	291	62.85%	58.20%	284	62.01%	56.80%
知识产权保护	233	50.32%	46.60%	240	52.40%	48.00%
政府采购	75	16.20%	15.00%	82	17.90%	16.40%
填报企业数量	463	100%	92.60%	458	100%	91.60%

制约民营企业 500 强科技创新的主要外部因素仍是技术成果产业化困难、外部市场不确定性大。2021 年，实际填报的 500 强企业中，认为“技术成果产业化困难”“外部市场不确定性大”的企业数量分别为 235 家、200 家，占填报企业的比例分别为 53.29%、45.35%；认为“缺少技术创新服务平台”“相关政策落实不到位”“技术市场不健全”的企业数量分别为 166 家、160 家、154 家，占填报企业的比例分别为 37.64%、36.28%、34.92%（见表 60）。

表 60　2020—2021 年制约民营企业 500 强科技创新的主要外部因素

制约科技创新的外部因素	2021 年			2020 年		
	企业数量（家）	占填报企业比例	占 500 强比例	企业数量（家）	占填报企业比例	占 500 强比例
技术成果产业化困难	235	53.29%	47.00%	238	56.40%	47.60%
外部市场不确定性大	200	45.35%	40.00%	157	37.20%	31.40%
缺少技术创新服务平台	166	37.64%	33.20%	177	41.94%	35.40%
相关政策落实不到位	160	36.28%	32.00%	153	36.26%	30.60%
技术市场不健全	154	34.92%	30.80%	142	33.65%	28.40%
支持创新的氛围不够	112	25.40%	22.40%	91	21.56%	18.20%
知识产权保护力度不够	111	25.17%	22.20%	102	24.17%	20.40%
缺乏公平的竞争环境	81	18.37%	16.20%	76	18.01%	15.20%
填报企业数量	441	100%	88.20%	422	100%	84.40%

在新技术、新产品应用中希望得到的支持方面，民营企业 500 强希望政府提供新产品新技术对接平台、应用试点。2021 年，实际填报的 500 强企业中，希望获得新产品新技术对接平台、新技术新产品应用试点、政府优先采购公司产品服务支持的企业数量分别为 314 家、271 家、232 家，占 500 强比例分别为 62.80%、54.20%、46.40%（见表 61）。

表 61　2021 年民营企业 500 强希望政府提供新技术新产品应用方面的支持

项目	企业数量（家）	占填报企业比例	占 500 强比例
新产品新技术对接平台	314	72.52%	62.80%
新技术新产品应用试点	271	62.59%	54.20%
政府优先采购公司产品服务支持	232	53.58%	46.40%
国内外行业展会参展支持	149	34.41%	29.80%
公众体验展示中心	105	24.25%	21.00%
其他	38	8.78%	7.60%
填报企业数量	433	100%	86.60%

4. 绝大多数民营企业 500 强实施数字化转型和绿色低碳发展

民营企业 500 强顺应数字技术与实体经济融合发展趋势，加快实施数字化转型。2021 年，实际填报的 500 强企业中，九成左右的企业在战略层面、管理层面、人才层面已实施或计划实施数字化转型工作。战略层面，已制定或着手制定数字化转型战略规划的企业数量分别为 267 家、164 家，占 500 强比例分别为 53.40%、32.80%；管理层面，根据数字化转型需要进行整体布局或局部布局的企业数量分别为 241 家、174 家，占 500 强比例分别为 48.20%、34.80%；人才层面，已有数字化专业人才、拟培养和引进数字化专业人才的企业数量分别为 253 家、181 家，占 500 强比例分别为 50.60%、36.20%；业务层面，已实现降本增效的企业 290 家，占 500 强比例为 58.00%（见表 62）。

表 62　2021 年民营企业 500 强数字化转型状况

措施		企业数量（家）	占填报企业比例	占 500 强比例
战略层面	已制定数字化转型战略规划	267	59.07%	53.40%
	着手制定数字化转型战略规划	164	36.28%	32.80%
	尚未考虑	18	3.98%	3.60%
管理层面	已根据数字化转型需要进行整体布局	241	53.32%	48.20%
	已进行局部布局	174	38.50%	34.80%
	尚未布局	27	5.97%	5.40%
人才层面	已有数字化专业人才	253	55.97%	50.60%
	拟培养和引进数字化专业人才	181	40.04%	36.20%
	尚未考虑	18	3.98%	3.60%

续表

措施		企业数量（家）	占填报企业比例	占 500 强比例
业务层面	已实现降本增效	290	64.16%	58.00%
	成效不明显	29	6.42%	5.80%
	投入期尚未见成效	100	22.12%	20.00%
	尚未投入	23	5.09%	4.60%
填报企业数量		452	100%	90.40%

在数字化转型的实施途径上，2021 年，通过“加强企业数字化人才队伍建设”“依托工业互联网平台等数字化服务商，实现企业生产、获客、销售、物流等业务数字化转型”“推进智能制造，实现网络化协同、个性化定制、服务化延伸、数字化管理”的企业数量最多，分别为 331 家、323 家、312 家，占 500 强比例分别为 66.20%、64.60%、62.40%（见表 63）。

表 63　2021 年民营企业 500 强实施数字化转型的主要途径

途径	企业数量（家）	占填报企业比例	占 500 强比例
加强企业数字化人才队伍建设	331	73.88%	66.20%
依托工业互联网平台等数字化服务商，实现企业生产、获客、销售、物流等业务数字化转型	323	72.10%	64.60%
推进智能制造，实现网络化协同、个性化定制、服务化延伸、数字化管理	312	69.64%	62.40%
应用数字化产品和服务	310	69.20%	62.00%
加快大数据、云计算和人工智能等技术应用，探索发展新业态、新模式	258	57.59%	51.60%
实施设备上云和业务系统向云端迁移	195	43.53%	39.00%
通过设备共享、产能对接、生产协同，促进中小企业深度融入大型企业的供应链、创新链	171	38.17%	34.20%
企业不断积累数字资产并创造价值	170	37.95%	34.00%
填报企业数量	448	100%	89.60%

民营企业 500 强对标碳达峰、碳中和目标任务，主动实施绿色低碳转型发展。2021 年，实际填报的 500 强企业中，采取“实施技术改造和设备更新，应用绿色低碳技术与设备”“推动产业链绿色协同发展，共建绿色产业生态”“开展全要素全流程的‘绿色化 + 智能化’改造，促进数字经济与绿色经济深度融合”等举措实施绿色低碳转型发展的企业数量最多，分别为 308 家、238 家、217 家，占 500 强比例分别为 61.60%、47.60%、43.40%（见表 64）。

表 64　2021 年民营企业 500 强实施绿色低碳转型发展的具体举措

项目	企业数量（家）	占实施绿色低碳转型 500 强企业比例	占 500 强比例
实施技术改造和设备更新，应用绿色低碳技术与设备	308	77.78%	61.60%
推动产业链绿色协同发展，共建绿色产业生态	238	60.10%	47.60%
开展全要素全流程的“绿色化 + 智能化”改造，促进数字经济与绿色经济深度融合	217	54.80%	43.40%
开展碳排放测算	193	48.74%	38.60%
引进和培养绿色低碳技术人才	168	42.42%	33.60%
开展绿色低碳共性关键技术、前沿引领技术、颠覆性技术和相关设施装备攻关	165	41.67%	33.00%
研究确定碳减排路径，明确实现碳达峰、碳中和的时间表和路线图	156	39.39%	31.20%
参与生态修复和国土绿化，积极履行社会责任	117	29.55%	23.40%
实施绿色低碳转型企业数量	396	100%	79.20%

5. 民营企业 500 强持续加强品牌培育

2021 年，民营企业 500 强国内有效商标注册量为 230 313 个，较上年增加 46 615 个，增幅为 25.38%；马德里国际商标注册量 17 014 个，较上年增加 7503 个，增幅为 78.89%。2021 年，平均每个企业拥有的国内有效商标注册量达到 460 个，较上年增加 93 个（见图 13）。

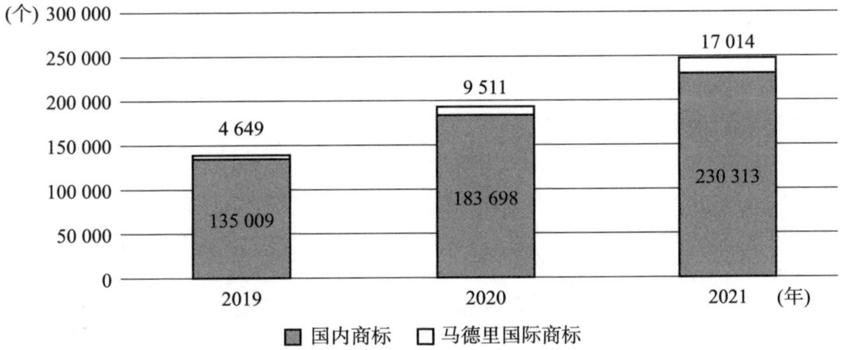

图 13　2019—2021 年民营企业 500 强有效商标注册情况

七、民营企业 500 强积极稳妥实施国际化经营

2021 年，民营企业 500 强出口总额和对全国出口总额的贡献率持续提升；

投资于“一带一路”的企业数量与上年基本持平，海外投资项目数量有较大增长。

1. 民营企业500强出口总额及其对我国出口贸易贡献均有持续提升

2021年，我国货物进出口总额[①]为39.10万亿元，较上年增长21.35%，规模进一步提升。其中，出口总额为217 348.00亿元，较上年增长21.23%；进口总额为173 661.00亿元，较上年增长21.50%。

2021年，民营企业500强中的出口企业有240家，较上年增加35家；出口总额为2 454.30亿美元，较上年增长1 131.08亿美元，增幅为85.48%；民营企业500强出口总额占全国出口总额的比例为7.30%，较上年增加2.19个百分点（见图14、图15）。

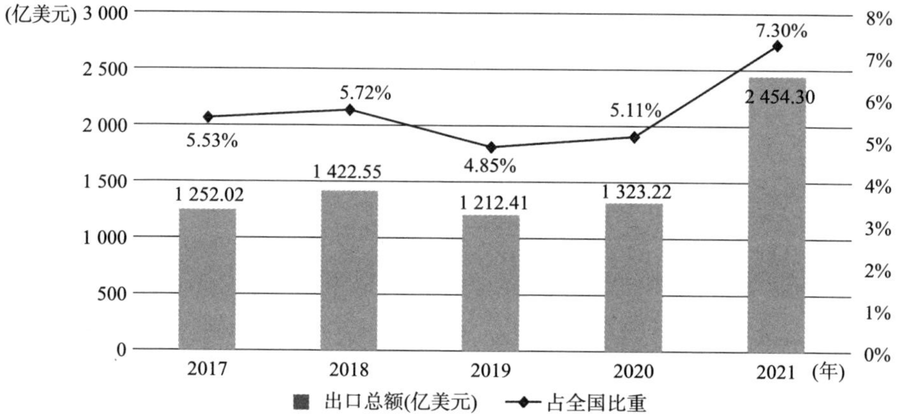

图14　2017—2021年民营企业500强出口情况

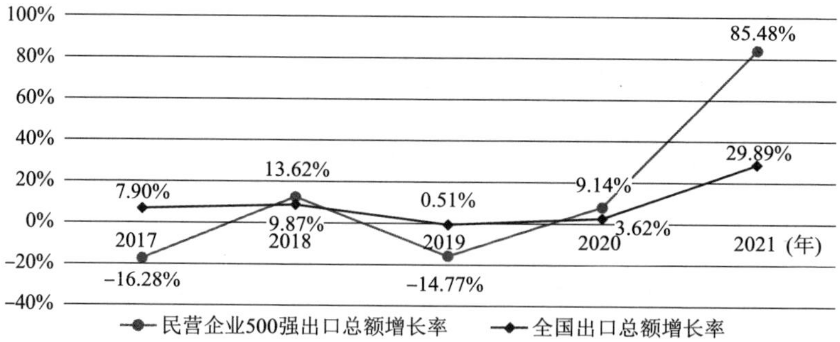

图15　2017—2021年民营企业500强出口额增长情况[②]

① 相关数据均来自国家统计局。图14、图15中涉及往年相关数据已根据国家统计局调整后数据进行更新。下同。

② 数据以美元计价。

2. 民营企业 500 强已开展海外投资企业数量和海外投资项目数量出现不同程度增长

民营企业 500 强应对外部环境的不确定性，稳步融入全球化发展。2021 年，235 家 500 强企业开展海外投资，较上年增加 6 家，增幅为 2.62%；海外投资项目（企业）数量达 2 701 项（家），较上年增加 886 项（家），增幅为 48.82%（见图 16）。

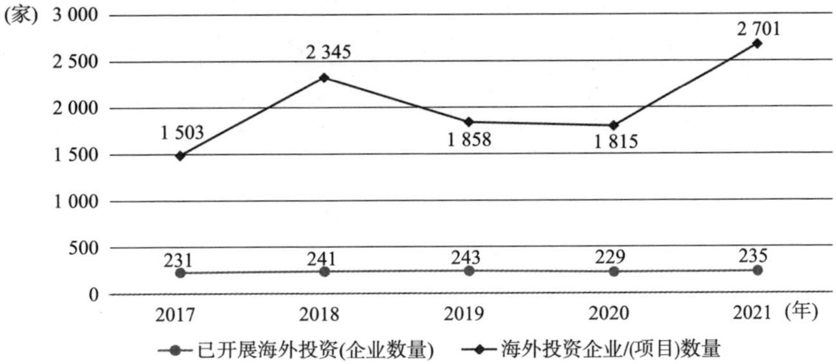

图 16　2017—2021 年民营企业 500 强海外投资情况

民营企业 500 强深度参与共建“一带一路”。2021 年，共 195 家 500 强企业参与“一带一路”建设，其中，有 161 家企业参与丝绸之路经济带（“一带”）建设，较上年减少 5 家；有 128 家企业参与 21 世纪海上丝绸之路（“一路”）建设，较上年增加 4 家；有 94 家企业在“一带”和“一路”沿线国家及地区均有投资，较上年减少 5 家（见表 65）。

表 65　2017—2021 年民营企业 500 强参与“一带一路”建设状况

单位：家

投资区域	2021 年	2020 年	2019 年	2018 年	2017 年
投资“一带”沿线的企业数量	161	166	167	179	156
投资“一路”沿线的企业数量	128	124	126	167	118
既投资“一带”也投资“一路”的企业数量	94	99	102	—	—

3. 民营企业 500 强持续优化调整，积极主动适应外部环境

2021 年，实际填报的 500 强企业中，拓展国际市场，获取品牌、技术、人才等要素仍是企业“走出去”的主要动因，企业数量分别为 339 家、177 家，较上年均有所下滑，降幅分别为 1.17%、3.28%；获取国外原材料、优

势产能合作的企业数量分别为 172 家、156 家，较上年分别增加 13 家、23 家，增幅分别为 8.18%、17.29%（见表 66）。

表 66　2019—2021 年民营企业 500 强“走出去”的主要动因

动因	2021 年			2020 年			2019 年		
	企业数量（家）	占填报企业比例	占 500 强比例	企业数量（家）	占填报企业比例	占 500 强比例	企业数量（家）	占填报企业比例	占 500 强比例
拓展国际市场	339	87.37%	67.80%	343	88.63%	68.60%	355	91.03%	71.00%
获取品牌、技术、人才等要素	177	45.62%	35.40%	183	47.29%	36.60%	197	50.51%	39.40%
获取国外原材料等资源	172	44.33%	34.40%	159	41.09%	31.80%	168	43.08%	33.60%
优势产能合作	156	40.21%	31.20%	133	34.37%	26.60%	93	23.85%	18.60%
利用当地劳动力等要素降低产品成本	95	24.48%	19.00%	89	23.00%	17.80%	104	26.67%	20.80%
填报企业数量	388	100%	77.60%	387	100%	77.40%	390	100%	78.00%

民营企业 500 强“走出去”的主要方式仍为对外直接投资、产品和服务出口。2021 年，实际填报的 500 强企业中，采取对外直接投资的企业 268 家，较上年增加 1 家，增幅为 0.37%；采取产品和服务出口方式的企业 194 家，较上年减少 7 家，降幅为 3.48%（见表 67）。

表 67　2019—2021 年民营企业 500 强“走出去”的主要方式

方式	2021 年			2020 年			2019 年		
	企业数量（家）	占填报企业比例	占 500 强比例	企业数量（家）	占填报企业比例	占 500 强比例	企业数量（家）	占填报企业比例	占 500 强比例
对外直接投资	268	70.90%	53.60%	267	70.63%	53.40%	259	70.19%	51.80%
产品和服务出口	194	51.32%	38.80%	201	53.17%	40.20%	240	65.04%	48.00%
对外工程承包	67	17.72%	13.40%	81	21.43%	16.20%	100	27.10%	20.00%
对外劳务合作	36	9.52%	7.20%	41	10.85%	8.20%	43	11.65%	8.60%
填报企业数量	378	100%	75.60%	378	100%	75.60%	369	100%	73.80%

2021 年，仅通过新设的方式开展对外直接投资的企业分别为 93 家，较上年增加 4 家，增幅为 4.49%；仅通过并购、既新设也并购开展对外直接投资的 500 强企业数量分别为 47 家、69 家，较上年分别减少 2 家、3 家，降

幅分别为 4.08%、4.17%（见表 68）。

表 68　2019—2021 年民营企业 500 强开展对外直接投资的形式

对外直接投资形式	2021 年			2020 年			2019 年		
	企业数量（家）	占填报企业比例	占 500 强比例	企业数量（家）	占填报企业比例	占 500 强比例	企业数量（家）	占填报企业比例	占 500 强比例
仅新设	93	24.60%	18.60%	89	23.54%	17.80%	125	33.88%	25.00%
仅并购	47	12.43%	9.40%	49	12.96%	9.80%	42	11.38%	8.40%
既新设也并购	69	18.25%	13.80%	72	19.05%	14.40%	92	24.93%	18.40%

民营企业 500 强海外投资仍主要集中于亚洲地区。2021 年，投资于亚洲、欧洲、北美洲、大洋洲、南美洲的 500 强企业数量有所增加，分别为 211 家、102 家、90 家、52 家、43 家，较上年分别增长 11 家、10 家、9 家、5 家、4 家，增幅分别为 5.50%、10.87%、11.11%、10.64%、10.26%；投资于非洲地区的企业数量为 57 家，较上年减少 1 家，降幅为 1.72%。

从经营类型来看，民营企业 500 强主要通过建立国际营销网络和物流服务网络、对外投资办厂、进行海外并购、设立境外研发中心等形式进行海外投资，且主要集中于亚洲、欧洲、北美洲（见表 69）。

表 69　2021 年民营企业 500 强海外经营类型

单位：家

地区	已投资企业数量	对外投资办厂	进行海外并购	境外加工装配	境外资源开发	设立境外研发中心	建立国际营销网络和物流服务网络	从事国际农业合资合作	建设境外经济贸易合作区	其他
亚洲	211	79	28	8	14	12	64	2	13	43
欧洲	102	19	21	6	4	15	41	3	1	19
北美洲	90	14	20	3	6	19	35	0	1	17
非洲	57	18	4	4	9	1	16	2	1	13
大洋洲	52	7	6	3	5	2	18	2	1	7
南美洲	43	10	3	3	3	4	16	0	0	7

在亚洲地区，以对外投资办厂、建立国际营销网络和物流服务网络为主，企业数量分别为 79 家、64 家，较上年分别增加 4 家、9 家，增幅分别为 5.33%、16.36%；进行海外并购的企业 28 家，较上年减少 1 家，降幅为 3.45%。

在欧洲地区，以建立国际营销网络和物流服务网络为主，企业数量为41家，较上年增加9家，增幅为28.13%；其次是进行海外并购，为21家，较上年减少5家，降幅为19.23%；对外投资办厂的企业数量为19家，较上年增加5家，增幅为35.71%；设立境外研发中心的企业为15家，较上年减少1家，降幅为6.25%。

在北美洲地区，以建立国际营销网络和物流服务网络、进行海外并购为主，企业数量分别为35家、20家，较上年分别增加9家、3家，增幅分别为34.62%、17.65%；设立境外研发中心企业数量为19家，较上年增加4家，增幅为26.67%。

在南美洲地区，以建立国际营销网络和物流服务网络、对外投资办厂为主，其中建立国际营销网络和物流服务网络企业数量为16家，较上年增加3家，增幅为23.08%，对外投资办厂企业数量为10家，较上年减少1家，降幅为9.09%。

在大洋洲地区，以建立国际营销网络和物流服务网络为主，企业数量为18家，较上年增加4家，增幅为28.57%；其次是对外投资办厂，企业数量为7家，较上年增加1家，增幅为16.67%。

在非洲地区，以对外投资办厂、建立国际营销网络和物流服务网络为主，企业数量分别为18家、16家，较上年均减少1家，降幅分别为5.88%、5.26%。

4. 民营企业500强依法合规应对国际贸易摩擦

2021年，62家500强企业遭遇国际贸易摩擦，较上年增加1家，增幅为1.64%。分行业看，共涉及24个行业，较上年减少1个。其中，排名前五的行业分别为黑色金属冶炼和压延加工业，电气机械和器材制造业，计算机、通信和其他电子设备制造业，化学纤维制造业，有色金属冶炼和压延加工业，企业数量分别为12家、8家、5家、5家、4家，共计34家，占遭遇国际贸易摩擦500强企业数量的比例为54.84%，较上年增加2家，增幅为6.25%（见表70）。

表 70　2021 年遭遇国际贸易摩擦的民营企业 500 强所属行业情况

序号	所属行业	企业数量（家）	本行业 500 强企业数量（家）	占本行业 500 强企业比例	占 500 强比例
1	黑色金属冶炼和压延加工业	12	65	18.46%	2.40%
2	电气机械和器材制造业	8	28	28.57%	1.60%
3	计算机、通信和其他电子设备制造业	5	27	18.52%	1.00%
4	化学纤维制造业	5	8	62.50%	1.00%
5	有色金属冶炼和压延加工业	4	20	20.00%	0.80%
6	橡胶和塑料制品业	3	7	42.86%	0.60%
7	互联网和相关服务	3	15	20.00%	0.60%
8	批发业	2	29	6.90%	0.40%
9	专用设备制造业	2	6	33.33%	0.40%
10	综合	2	36	5.56%	0.40%
11	木材加工和木、竹、藤、棕、草制品业	2	2	100.00%	0.40%
12	汽车制造业	2	9	22.22%	0.40%
13	纺织服装、服饰业	1	11	9.09%	0.20%
14	化学原料和化学制品制造业	1	18	5.56%	0.20%
15	房地产业	1	25	4.00%	0.20%
16	石油、煤炭及其他燃料加工业	1	25	4.00%	0.20%
17	邮政业	1	6	16.67%	0.20%
18	造纸和纸制品业	1	5	20.00%	0.20%
19	软件和信息技术服务业	1	5	20.00%	0.20%
20	文教、工美、体育和娱乐用品制造业	1	1	100.00%	0.20%
21	纺织业	1	5	20.00%	0.20%
22	房屋建筑业	1	29	3.45%	0.20%
23	金属制品业	1	12	8.33%	0.20%
24	农副食品加工业	1	12	8.33%	0.20%
合计		62	406	15.27%	12.40%

民营企业 500 强主动采取多种法律手段，积极应对国际贸易摩擦，维护企业合法权益。2021 年，202 家实际填报的 500 强企业中，通过起诉和应诉方式应对的企业分别为 99 家和 113 家，较上年分别增加 1 家、4 家，增幅分别为 1.02%、3.67%；选择协商、仲裁以及不应对的企业数量分别为 145 家、96 家、10 家，较上年分别减少 4 家、3 家、2 家，降幅分别为 2.68%、3.03%、16.67%（见图 17）。

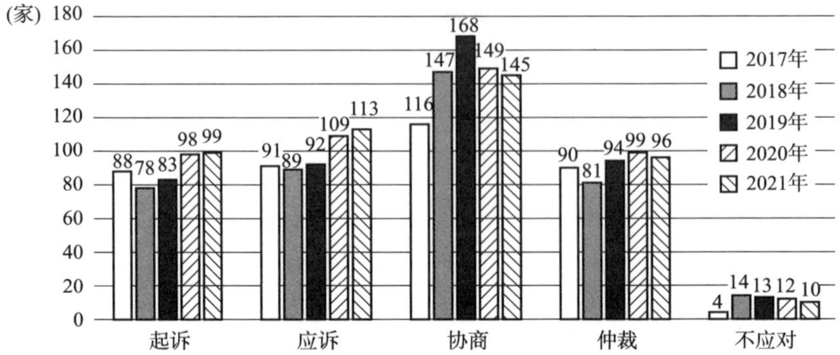

图 17　2017—2021 年民营企业 500 强遭遇国际贸易摩擦时采取的对策

2021 年，政府和专业机构成为民营企业 500 强遭遇国际贸易摩擦时主要依靠的外部力量，分别为 149 家、138 家；与上年相比，依靠政府的企业数量增加 4 家，增幅为 2.76%，依靠专业机构的企业数量减少 8 家，降幅为 5.48%。联合同行共同应对的企业数量为 88 家，较上年减少 1 家，降幅为 1.12%；借助商会力量的企业数量为 108 家，与上年持平（见图 18）。

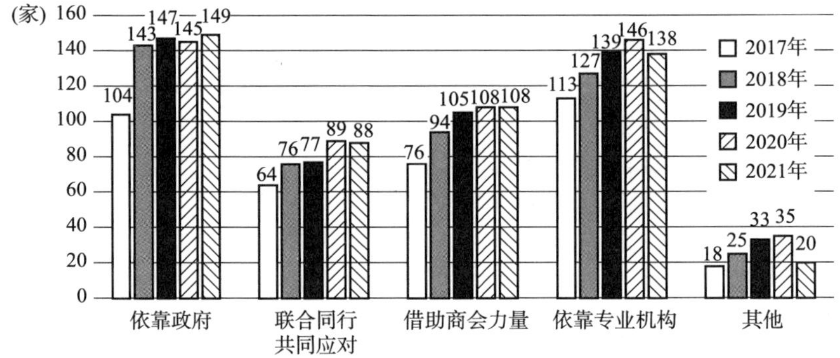

图 18　2017—2021 年企业遇到国际贸易摩擦时主要依靠的外部力量

5. 民营企业 500 强全球化发展仍需应对内外部因素影响

从企业内部因素看，2021 年，人才缺乏，对东道国政策、投资环境、市场信息了解不够，资金缺乏等仍然是民营企业 500 强开拓海外市场面临的主要困难。其中，缺人才的企业数量为 249 家，与上年持平；对东道国政策、投资环境、市场信息了解不够，缺资金，缺乏境外自我保护和维权能力，本土化经营能力不足的企业数量分别为 199 家、121 家、81 家、69 家，较上年分别增加 1 家、7 家、2 家、1 家，增幅分别为 0.51%、6.14%、2.53%、1.47%（见表 71）。

表 71　2017—2021 年民营企业 500 强“走出去”面临的困难——内因

内因	企业数量（家）				
	2021 年	2020 年	2019 年	2018 年	2017 年
缺人才	249	249	247	247	249
– 缺国际经营管理人才	159	166	186	172	164
– 缺专业技术人才	115	118	112	105	96
对东道国政策、投资环境、市场信息了解不够	199	198	210	292	171
缺资金	121	114	131	120	127
缺乏境外自我保护和维权能力	81	79	76	77	80
本土化经营能力不足	69	68	73	70	73
投资的战略规划不够	32	38	43	—	—
产品或服务缺乏竞争力	15	14	14	21	23

从外部因素来看，国内方面的外汇管制严格、金融支持不够、缺少境外投资的统筹协调依然是民营企业“走出去”面临的主要困难；国际方面的国际贸易保护主义、单边主义抬头，东道国法规、政策不完善继续成为影响民营企业“走出去”的重要因素（见表 72）。

表 72　2017—2021 年民营企业 500 强“走出去”面临的困难——外因

外因	企业数量（家）				
	2021 年	2020 年	2019 年	2018 年	2017 年
外因——国内方面					
外汇管制严格	123	125	132	141	129
金融支持不够	122	128	149	150	142
缺少境外投资的统筹协调	102	110	124	112	—
出入境手续烦琐、不便利	72	63	70	64	63
信息咨询机构不健全	64	70	68	76	77
法律服务机构不健全	55	53	50	53	50
投资服务机构不健全	52	47	43	45	55
双重征税	47	35	47	52	54
人才培训机构不健全	37	36	31	35	16
对企业境外投资保护、领事保护不及时不到位	37	25	24	26	20
海关通关不便利	33	22	25	22	20
尚未出台外保内贷的政策	26	30	36	39	—
会计服务机构不健全	21	23	13	17	16

续表

外因	企业数量（家）				
	2021 年	2020 年	2019 年	2018 年	2017 年
外因——国际方面					
国际贸易保护主义、单边主义抬头	166	154	148	—	—
东道国法规、政策不完善	115	105	108	112	105
东道国政局动荡	95	80	72	89	—
东道国汇率波动	87	79	91	107	95
东道国基础设施落后	74	83	78	76	76
东道国劳工政策或工会影响	67	63	66	74	80
东道国市场秩序差	64	59	52	64	66
东道国文化和宗教信仰影响	64	63	60	61	62
东道国投资审批困难	51	47	52	56	55
安全没有保障	51	49	39	44	—

八、民营企业 500 强不断提升依法合规诚信经营能力

2021 年，民营企业 500 强持续加强依法治企，完善公司法人治理结构，深化企业信用建设，筑牢企业高质量发展的法治基础。

1. 民营企业 500 强持续加强依法经营、依法治企

2021 年，实际填报的 500 强企业中，469 家企业已执行现代企业制度，451 家企业已建立健全法律风险控制体系和预警防范机制，445 家企业已形成讲法治、讲规则、讲诚信的企业法治文化，428 家企业已推进厂务公开和民主管理（见表 73）。

表 73　2019—2021 年民营企业 500 强建设法治企业进展情况

类型	2021 年			2020 年			2019 年		
	企业数量（家）	占填报企业比例	占 500 强比例	企业数量（家）	占填报企业比例	占 500 强比例	企业数量（家）	占填报企业比例	占 500 强比例
已执行现代企业制度，确保依法决策、民主决策、科学决策	469	97.10%	93.80%	466	96.88%	93.20%	478	98.15%	95.60%
已建立健全合同审核、决策论证等相关环节法律风险控制体系和预警防范机制	451	93.37%	90.20%	457	95.01%	91.40%	461	94.66%	92.20%

续表

类型	2021 年			2020 年			2019 年		
	企业数量（家）	占填报企业比例	占 500 强比例	企业数量（家）	占填报企业比例	占 500 强比例	企业数量（家）	占填报企业比例	占 500 强比例
已形成讲法治、讲规则、讲诚信的企业法治文化	445	92.13%	89.00%	448	93.14%	89.60%	470	96.51%	94.00%
已推进厂务公开和民主管理，妥善处理劳动争议，在法治框架内构建和谐劳动关系	428	88.61%	85.60%	423	87.94%	84.60%	439	90.14%	87.80%
填报企业数量	483	100%	96.60%	481	100%	96.20%	487	100%	97.40%

民营企业 500 强完善法律机构和人员队伍建设，为依法合规经营提供有力保障。2021 年，实际填报的 500 强企业中有专设法律机构的企业 371 家，较上年减少 9 家，占 500 强比例为 74.20%；有专职法律员工的企业 21 家，较上年增加 4 家，占 500 强比例为 4.20%；聘请常年法律顾问的企业 86 家，较上年增加 4 家，占 500 强比例为 17.20%（见表 74）。

表 74　2019—2021 年民营企业 500 强法律机构设置情况

法律机构设置	2021 年			2020 年			2019 年		
	企业数量（家）	占填报企业比例	占 500 强比例	企业数量（家）	占填报企业比例	占 500 强比例	企业数量（家）	占填报企业比例	占 500 强比例
有法务部等专设法律机构	371	77.62%	74.20%	380	79.00%	76.00%	366	75.15%	73.20%
聘请常年法律顾问	86	17.99%	17.20%	82	17.05%	16.40%	107	21.97%	21.40%
没有专门的机构，但有专职法律员工	21	4.39%	4.20%	17	3.53%	3.40%	13	2.67%	2.60%
以上情况都没有	1	0.21%	0.20%	2	0.42%	0.40%	1	0.21%	0.20%
填报企业数量	478	100%	95.60%	481	100%	96.20%	487	100%	97.40%

2021 年，通过协商解决法律纠纷的 500 强企业数量为 454 家，占 500 强比例为 90.80%；其次为调解、诉讼，企业数量分别为 440 家、413 家，占 500 强比例分别为 88.00%、82.60%（见表 75）。

表 75　2019—2021 年民营企业 500 强法律纠纷处理方式

法律纠纷处理方式	2021 年			2020 年			2019 年		
	企业数量（家）	占填报企业比例	占 500 强比例	企业数量（家）	占填报企业比例	占 500 强比例	企业数量（家）	占填报企业比例	占 500 强比例
协商	454	95.38%	90.80%	452	94.96%	90.40%	422	86.83%	84.40%
调解	440	92.44%	88.00%	440	92.44%	88.00%	413	84.98%	82.60%
诉讼	413	86.76%	82.60%	426	89.50%	85.20%	432	88.89%	86.40%
仲裁	387	81.30%	77.40%	397	83.40%	79.40%	406	83.54%	81.20%
填报企业数量	476	100%	95.20%	476	100%	95.20%	486	100%	97.20%

2. 民营企业 500 强持续推进信用建设，积极守信、用信、增信

2021 年，实际填报的 500 强企业中，建立企业诚信文化的企业数量为 474 家，占 500 强比例为 94.80%；建立企业信用制度体系的企业数量为 427 家，占 500 强比例为 85.40%；开展信用修复的企业数量为 191 家，占 500 强比例为 38.20%（见表 76）。

表 76　2021 年民营企业 500 强企业信用建设采取的措施

措施	企业数量（家）	占填报企业比例	占 500 强比例
建立企业诚信文化	474	98.34%	94.80%
建立企业信用制度体系	427	88.59%	85.40%
开展信用修复	191	39.63%	38.20%
尚未采取任何措施	3	0.62%	0.60%
填报企业数量	482	100%	96.40%

在建立完善信用制度方面，实际填报的 500 强企业中，已建立守法合规经营制度、预防财务违规制度、遵守商业道德制度的企业数量分别为 455 家、411 家、387 家，占 500 强比例分别为 91.00%、82.20%、77.40%。同时，近八成 500 强企业已建立信息披露制度、信用承诺制度、内部信用奖惩制度（见表 77）。

表 77　2021 年民营企业 500 强企业信用制度建设情况

信用制度	企业数量（家）	占填报企业比例	占 500 强比例
已建立守法合规经营制度	455	94.40%	91.00%
已建立预防财务违规制度	411	85.27%	82.20%

续表

信用制度	企业数量（家）	占填报企业比例	占500强比例
已建立遵守商业道德制度	387	80.29%	77.40%
已建立信息披露制度	377	78.22%	75.40%
已建立信用承诺制度	374	77.59%	74.80%
已建立内部信用奖惩制度	358	74.27%	71.60%
已建立标准自我声明制度	261	54.15%	52.20%
填报企业数量	482	100%	96.40%

在信用建设力量配备方面，有326家企业设置了信用管理部门，占500强比例为65.20%；372家企业设置了信用管理专职人员，占500强比例为74.40%（见表78）。

表78　2021年民营企业500强信用管理部门和信用管理专职人员设置情况

项目		企业数量（家）	占填报企业比例	占500强比例
信用管理部门	已设置	326	69.66%	65.20%
	暂未设置	142	30.34%	28.40%
	填报企业数量	468	100%	93.60%
信用专职人员	已设置	372	79.32%	74.40%
	暂未设置	97	20.68%	19.40%
	填报企业数量	469	100%	93.80%

在参加各级政府部门及第三方信用服务机构举办的信用建设和信用修复等培训方面，280家500强企业参加了相关培训，占填报企业的比例为62.08%，占500强比例为56.00%（见表79）。

表79　2021年民营企业500强企业参加信用建设和信用修复等培训情况

项目	企业数量（家）	占填报企业比例	占500强比例
已参加	280	62.08%	56.00%
未参加	171	37.92%	34.20%
填报企业数量	451	100%	90.20%

在享受守信激励相关政策措施方面，228家企业享受了“政府优惠政策予以重点支持”的政策措施，占500强比例为45.60%；其次是“行政审批‘绿色通道’”“选树为诚信典型”政策措施，企业数量分别为166家、150家，占500强比例分别为33.20%、30.00%（见表80）。

表 80　2021 年民营企业 500 强享受的守信激励相关政策措施情况

项目	企业数量（家）	占填报企业比例	占 500 强比例
政府优惠政策予以重点支持	228	52.53%	45.60%
行政审批“绿色通道”	166	38.25%	33.20%
选树为诚信典型	150	34.56%	30.00%
行政检查中优化检查方式、检查频次	117	26.96%	23.40%
公共资源交易中心信用加分	104	23.96%	20.80%
其他	98	22.58%	19.60%
填报企业数量	434	100%	86.80%

在了解和获得“信易贷”方面，265 家 500 强企业了解国家有关部门或金融机构推广的“信易贷”，占 500 强比例为 53.00%。通过“信易贷”产品获得信用贷款的企业数量为 33 家，占 500 强比例为 6.60%（见表 81）。

表 81　2021 年民营企业 500 强了解和获得“信易贷”情况

项目	企业数量（家）	占填报企业比例	占 500 强比例
了解“信易贷”	265	61.34%	53.00%
其中：获得贷款	33	7.64%	6.60%
未获得贷款	232	53.70%	46.40%
不了解“信易贷”	167	38.66%	33.40%
填报企业数量	432	100%	86.40%

在开展行业自律、商会企业联合自律等活动方面，有 372 家企业开展相关活动，占填报企业的比例为 83.04%，占 500 强比例为 74.40%。其中，为活动发起或牵头单位的企业有 177 家，占填报企业的比例为 39.51%，占 500 强比例为 35.40%（见表 82）。

表 82　2021 年民营企业 500 强开展行业自律、商会企业联合自律等活动情况

项目	开展行业自律、商会企业联合自律等活动	占填报企业比例	占 500 强比例	未开展行业自律、商会企业联合自律等活动	占填报企业比例	占 500 强比例
企业数量（家）	372	83.04%	74.40%	76	16.96%	15.20%
其中： 行业自律、商会企业联合自律的发起或牵头单位	177	39.51%	35.40%	—	—	—

续表

项目	开展行业自律、商会企业联合自律等活动	占填报企业比例	占 500 强比例	未开展行业自律、商会企业联合自律等活动	占填报企业比例	占 500 强比例
非行业自律、商会企业联合自律的发起或牵头单位	195	43.53%	39.00%	—	—	—
填报企业数量（家）	448					

九、民营企业 500 强区域分布保持基本稳定

整体来看，东部地区企业在民营企业 500 强中仍占据主导地位。浙江、江苏、广东、山东四省 500 强企业最多，连续多年保持稳定。中部地区入围企业数量、营业收入和资产总额规模增长明显；西部地区销售净利率最高；东北地区总资产周转率最高。

1. 民营企业 500 强继续保持东部为主，中部地区增长明显

2021 年，东部地区有 393 家企业入围民营企业 500 强，较上年减少 8 家，占 500 强比例为 78.60%；中部地区有 60 家企业入围，较上年增加 9 家，占比为 12.00%；西部地区有 40 家企业入围，与上年持平，占比为 8.00%；东北地区有 7 家企业入围，较上年减少 1 家，占比 1.40%。

从整体营业收入看，各地区营业收入总额较上年均有所增长。其中，东部地区营业收入总额最高，为 319 082.40 亿元，占 500 强比例为 83.26%，较上年增加 22 781.33 亿元，增幅为 7.69%；中部地区营业收入增长明显，为 30 258.15 亿元，占 500 强比例为 7.90%，较上年增长 27.93%，增幅明显高于其他地区；西部、东北地区营业收入总额分别为 29 055.15 亿元、4 822.40 亿元，占 500 强比例分别为 7.58%、1.26%，较上年分别增加 2 451.75 亿元、214.98 亿元，增幅分别为 9.22%、4.67%。

从整体资产规模看，仅中部地区增长明显。中部地区资产总额规模为 31 211.04 亿元，占 500 强比例为 7.50%，较上年增加 4 246.75 亿元，增幅为 15.75%；东部地区资产总额规模最高，为 341 496.71 亿元，占 500 强比例为 82.01%，较上年减少 94 207.16 亿元，降幅为 21.62%；西部、东北地区资产

总额规模均有所下降，分别为 39 536.08 亿元、4 157.55 亿元，较上年分别减少 519.73 亿元、410.11 亿元，降幅分别为 1.30%、8.98%（见表 83）。

表 83 2019—2021 年民营企业 500 强地区分布

地区		入围企业数量（家）			营业收入（亿元）			资产总额（亿元）		
		2021 年	2020 年	2019 年	2021 年	2020 年	2019 年	2021 年年末	2020 年年末	2019 年年末
东部	数量	393	401	388	319 082.40	296 301.07	246 719.30	341 496.71	435 703.87	290 736.89
	占 500 强比例	78.60%	80.20%	77.60%	83.26%	84.38%	81.77%	82.01%	85.89%	78.66%
中部	数量	60	51	58	30 258.15	23 651.33	22 594.18	31 211.04	26 964.29	23 899.33
	占 500 强比例	12.00%	10.20%	11.60%	7.90%	6.74%	7.49%	7.50%	5.32%	6.47%
西部	数量	40	40	43	29 055.15	26 603.40	24 817.69	39 536.08	40 055.81	40 342.91
	占 500 强比例	8.00%	8.00%	8.60%	7.58%	7.58%	8.23%	9.49%	7.90%	10.92%
东北	数量	7	8	11	4 822.40	4 607.42	7 577.08	4 157.55	4 567.66	14 628.87
	占 500 强比例	1.40%	1.60%	2.20%	1.26%	1.31%	2.51%	1.00%	0.90%	3.96%

从销售净利率看，西部地区较上年增长明显，东部、中部、东北地区下降明显。其中，西部地区销售净利率位居首位，为 6.01%，较上年增加 1.05 个百分点；中部地区销售净利率最低，为 3.56%，较上年下降 1.74 个百分点。东部、中部、东北地区销售净利率降幅分别为 21.37%、32.80%、36.07%。

从总资产周转率看，各地区较上年年末呈不同程度上涨。其中，东北地区总资产周转率跃居首位，为 123.21%，较上年增加 17.54 个百分点，增幅为 16.60%；西部地区总资产周转率最低，为 77.45%，较上年增加 8.70 个百分点，增幅为 12.66%；东部①、中部地区总资产周转率分别为 97.71%、100.76%，较上年分别增加 25.71 个、6.96 个百分点，增幅分别为 35.71%、7.42%（见表 84）。

表 84 2019—2021 年民营企业 500 强地区经营效益和效率情况

地区	销售净利率			总资产周转率		
	2021 年	2020 年	2019 年	2021 年年末	2020 年年末	2019 年年末
东部	4.48%	5.69%	4.56%	97.71%	72.01%	90.69%
中部	3.56%	5.31%	4.25%	100.76%	93.79%	102.20%

① 东部地区入围企业变化较大，资产规模有较大调整，导致其总资产周转率出现较明显提升。

续表

地区	销售净利率			总资产周转率		
	2021 年	2020 年	2019 年	2021 年年末	2020 年年末	2019 年年末
西部	6.01%	4.96%	5.59%	77.45%	68.74%	67.90%
东北	3.60%	5.64%	4.45%	123.21%	105.67%	54.63%

2. 六成 500 强企业位于浙苏粤鲁四省

2021 年，民营企业 500 强分布于 27 个省、自治区、直辖市和新疆生产建设兵团，较上年减少 1 个省份。浙江、江苏两省入围企业数量最多，浙江省入围企业 107 家，较上年增加 11 家，增幅为 11.46%；江苏省入围企业 92 家，与上年持平。入围企业数量增长较多的其他省份分别为湖北省、山西省，分别增加 3 家、3 家，增幅分别为 18.75%、60.00%；入围企业数量下降较多的省份为广东省、山东省、河北省、上海市，分别减少 10 家、3 家、3 家、3 家，降幅分别为 16.39%、5.66%、9.09%、14.29%；湖南省、陕西省、吉林省、宁夏回族自治区、新疆维吾尔自治区、黑龙江省、贵州省、新疆生产建设兵团入围企业数量与上年持平（见图 19、表 85）。

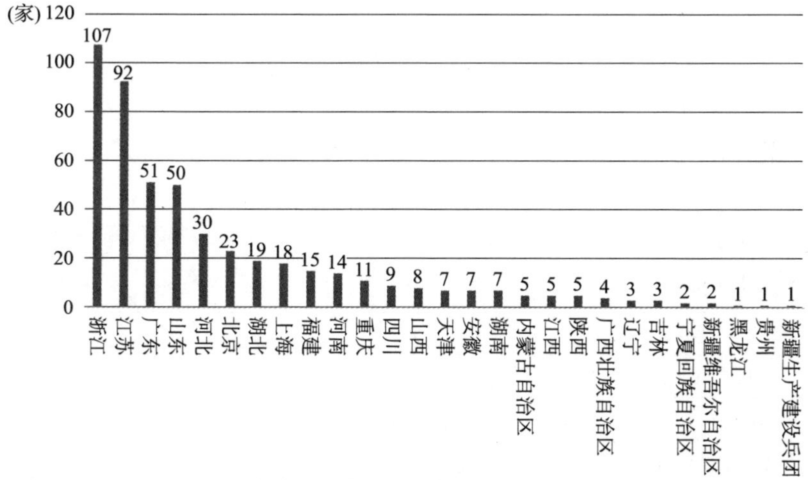

图 19　2021 年民营企业 500 强区域分布情况

表 85　2017—2021 年民营企业 500 强区域分布

所在省份	企业数量（家）				
	2021 年	2020 年	2019 年	2018 年	2017 年
浙江省	107	96	96	92	93

续表

所在省份	企业数量（家）				
	2021 年	2020 年	2019 年	2018 年	2017 年
江苏省	92	92	90	83	86
广东省	51	61	58	60	60
山东省	50	53	52	61	73
河北省	30	33	32	33	24
北京市	23	22	14	17	15
湖北省	19	16	19	18	15
上海市	18	21	16	15	18
福建省	15	17	21	22	20
河南省	14	12	15	13	15
重庆市	11	13	12	15	14
四川省	9	8	12	11	8
山西省	8	5	7	7	5
天津市	7	6	9	6	7
安徽省	7	5	4	2	4
湖南省	7	7	6	7	7
内蒙古自治区	5	4	4	4	7
江西省	5	6	7	6	6
陕西省	5	5	5	5	5
广西壮族自治区	4	3	2	2	2
辽宁省	3	4	8	11	6
吉林省	3	3	2	2	2
宁夏回族自治区	2	2	1	2	3
新疆维吾尔自治区	2	2	2	2	2
黑龙江省	1	1	1	1	1
贵州省	1	1	2	1	—
新疆生产建设兵团	1	1	1	1	1

从入围企业数量前十的省份看，企业总数 419 家，较上年减少 5 家，占 500 强比例为 83.80%，较上年减少 1.00 个百分点。前十个省份中排名前六的省份与上年一致，浙江省、江苏省继续分列第一、第二位；湖北省、河南省分别由第九、第十一位升至第七、第十位；上海市、福建省、重庆市分别由

第七、第八、第十位降至第八、第九、第十一位。

浙江省、广东省、江苏省继续位列营业收入前三位，广东省、浙江省、北京市位列资产总额前三位。从营业收入总额来看，浙江省超过广东省跃居第一，占 500 强比例为 20.55%，营收总额占比较上年增加 2.67 个百分点；从资产总额来看，广东省领先于其他省份，继续位居榜首，占 500 强比例为 26.79%，资产总额占比较上年增长 1.33 个百分点（见表 86）。

表 86　2021 年分区域民营企业 500 强营业收入和资产总额情况

2021 年排名	2020 年排名	所在省份	入围企业数量（家）	占 500 强比例	营业收入（亿元）	占 500 强比例	资产总额（亿元）	占 500 强比例
1	1	浙江省	107	21.40%	78 762.85	20.55%	72 224.85	17.35%
2	2	江苏省	92	18.40%	60 495.98	15.79%	38 802.41	9.32%
3	3	广东省	51	10.20%	65 128.86	17.00%	111 555.44	26.79%
4	4	山东省	50	10.00%	30 257.78	7.90%	19 786.35	4.75%
5	5	河北省	30	6.00%	21 813.51	5.69%	16 405.87	3.94%
6	6	北京市	23	4.60%	35 980.73	9.39%	44 145.73	10.60%
7	9	湖北省	19	3.80%	9175.13	2.39%	9 058.93	2.18%
8	7	上海市	18	3.60%	14 725.76	3.84%	25 425.51	6.11%
9	8	福建省	15	3.00%	8 399.82	2.19%	10 032.74	2.41%
10	11	河南省	14	2.80%	7 545.88	1.97%	9 415.42	2.26%
11	10	重庆市	11	2.20%	8 330.09	2.17%	17 729.22	4.26%
12	12	四川省	9	1.80%	6 975.71	1.82%	7 160.03	1.72%
13	17	山西省	8	1.60%	3 574.49	0.93%	3 420.50	0.82%
14	15	天津市	7	1.40%	3 517.12	0.92%	3 117.81	0.75%
15	16	安徽省	7	1.40%	2 500.47	0.65%	1 969.95	0.47%
16	13	湖南省	7	1.40%	5 033.69	1.31%	5 450.12	1.31%
17	20	内蒙古自治区	5	1.00%	3 011.19	0.79%	3 875.45	0.93%
18	14	江西省	5	1.00%	2 428.49	0.63%	1 896.11	0.46%
19	18	陕西省	5	1.00%	4 460.49	1.16%	2 397.95	0.58%
20	21	广西壮族自治区	4	0.80%	1 802.54	0.47%	1 047.56	0.25%
21	19	辽宁省	3	0.60%	2 571.52	0.67%	2 472.37	0.59%
22	22	吉林省	3	0.60%	1 194.96	0.31%	920.35	0.22%
23	23	宁夏回族自治区	2	0.40%	1 006.94	0.26%	2 611.58	0.63%

续表

2021年排名	2020年排名	所在省份	入围企业数量（家）	占500强比例	营业收入（亿元）	占500强比例	资产总额（亿元）	占500强比例
24	24	新疆维吾尔自治区	2	0.40%	2 789.19	0.73%	4 297.45	1.03%
25	26	黑龙江省	1	0.20%	1 055.92	0.28%	764.83	0.18%
26	25	贵州省	1	0.20%	390.29	0.10%	214.38	0.05%
27	27	新疆生产建设兵团	1	0.20%	288.72	0.08%	202.45	0.05%

课题组：

全国工商联副秘书长，经济服务部部长　林泽炎

全国工商联经济服务部发展处处长　陆　军

全国工商联经济服务部综合处处长　孙　昱

全国工商联经济服务部发展处副处长　葛　军

专 题 报 告

2020年民营上市公司研究

摘要：截至2020年年底，民营上市公司数量达到2 501家；截至2021年6月底，民营上市公司数量达到2 699家。2020年，受新冠肺炎疫情影响，全球经济遭受重创。自2020年二季度以来，我国疫情得到有效控制，中国也成为世界经济体中唯一实现正增长的经济体。同时，民营上市公司营业总收入同比增长9.33%；利润总额同比增长31.71%；研发费用同比增长23.05%；民营经济表现出巨大的发展韧性和发展潜力，但仍要注意到民营企业应收账款持续增长，回款难的问题依然严重。2021年上半年，我国经济反弹势头良好，民营上市公司业绩表现抢眼，营业总收入同比增长36.67%。

2020年是"十三五"的收官之年，也是极不平凡的一年。在过去的一年里，新冠肺炎疫情一度使全球经济陷入停滞，为应对疫情冲击，以美国为代表的主要经济体纷纷采取宽松政策，出台经济刺激的财政措施，但世界经济仍遭受了前所未有的重创。面对严峻复杂的国际形势和艰巨繁重的国内改革发展稳定任务，以习近平同志为核心的党中央统揽全局，及时做出疫情防控和经济社会发展的重大决策，扎实做好"六稳"工作，全面落实"六保"任务，我国经济运行逐季改善，在全球主要经济体中唯一实现全年经济正增长。

2020年上半年，在党中央、国务院决策部署下，相关部门和各地出台了一系列助推民营和中小微企业复工复产的政策，民营企业生产经营得以恢复，并取得良好的成绩。2020 年全年，民营上市公司整体业绩表现良好、研发投入持续增长。

一、规模与成长性

近两年，民营企业通过 IPO 上市提速。与此同时，民营上市公司数量占全部 A 股上市公司比重持续提升（见表 1）。

2020 年，民营上市公司流通市值大幅增加，业绩整体改善。2 501 家民营上市公司流通市值为 33.40 万亿元，较 2019 年增加 58.29%，占 A 股比重达到 41.96%；实现营业总收入 11.37 万亿元，同比增长 9.33%；实现利润总额 8 629.65 亿元，同比增长 31.71%，增长幅度远超 2019 年增幅（–0.14%）。

（一）上市步伐提速趋势显现

2020 年以来，新增民营上市公司数量不断增长。截至 2020 年年底，民营上市公司数量达到 2 501 家，比 2019 年增加 262 家。分板块看，这 2 501 家上市公司中，在上交所上市的有 912 家（主板 743 家，科创板 169 家），占比 36.47%；在深交所上市的有 1 589 家（主板 857 家，创业板 732 家），占比 63.53%。2021 年上半年，民营上市公司数量增加了 198 家，达到 2 699 家。

2020 年，335 家民营企业成功登录 A 股，高于 2019 年的 150 家。2021 年上半年，205 家民营企业成功登录 A 股。

民营上市公司数量占全部 A 股上市公司的比重在 2020 年及 2021 年上半年均有大幅度上升，分别达到 60.70% 及 61.83%（见表 1）。

表 1　历年民营上市公司数量及占比[①]

年份	新增民营上市公司数量（家）	累计民营上市公司数量（家）	民营上市公司数量占 A 股比重
1990	3	3	42.90%
1991	1	4	36.40%

① 每年民营上市公司的数量在 wind 资讯上都会有些微调整，本研究报告 2020 年年底民营上市公司数量以 2020 年年底调整时间为准，2021 年 6 月 30 日民营上市公司数量以 2021 年 6 月 30 日的调整时间为准。

续表

年份	新增民营上市公司数量（家）	累计民营上市公司数量（家）	民营上市公司数量占A股比重
1992	11	15	35.40%
1993	23	38	25.80%
1994	29	67	27.00%
1995	7	74	27.80%
1996	63	137	30.30%
1997	59	196	30.10%
1998	28	224	29.90%
1999	24	248	29.40%
2000	53	301	30.60%
2001	25	326	30.50%
2002	18	344	30.30%
2003	23	367	30.50%
2004	41	408	31.40%
2005	8	416	31.70%
2006	32	448	32.50%
2007	66	514	34.20%
2008	53	567	35.90%
2009	73	640	38.10%
2010	273	913	45.20%
2011	241	1 154	50.20%
2012	119	1 273	51.90%
2013	1	1 274	51.90%
2014	100	1 374	53.30%
2015	188	1 562	55.80%
2016	180	1 742	57.50%
2017	372	2 114	61.00%
2018	56	2 170	60.96%
2019	69	2 239	59.77%
2020	262	2 501	60.70%
2021年上半年	198	2 699	61.83%

数据来源：Wind。

近几年，我国资本市场改革步入快车道，受科创板推出和创业板注册制改革的影响，民营企业迎来上市黄金期。未来，随着北交所的设立、证券发行注册制的全面推行，民营企业上市环境会更为友好宽松，预计未来几年内民营企业上市数量将会更多。

（二）民营上市公司流通市值增幅大增，占 A 股比重创新高

2020 年，民营上市公司流通市值达 33.40 万亿元，较 2019 年增加 58.29%，占整个 A 股流通市值比重为 41.96%，较 2019 年占比提高 6.35 个百分点。其中，上交所 A 股民营上市公司总流通市值为 13.82 万亿元，占比为 41.38%；深交所 A 股民营上市公司总流通市值为 19.58 亿元，占比为 58.62%。

截至 2021 年 6 月 30 日，民营上市公司流通市值达到 37.87 万亿元，占整个 A 股市值比重为 43.92%，达到历史高点。民营上市公司日渐成为我国 A 股上市公司的主要力量（见图 1）。

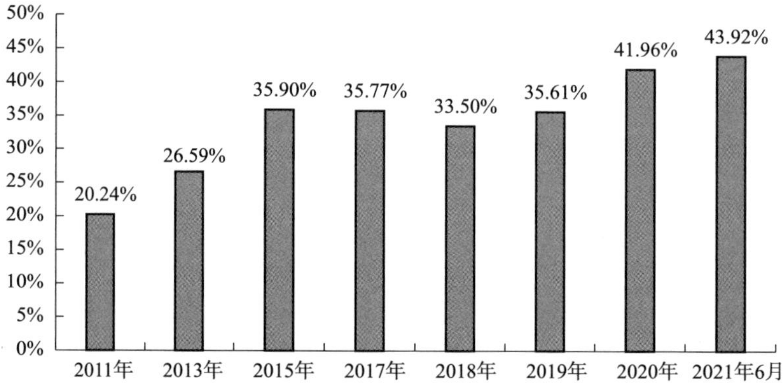

图 1　2011—2021 年 6 月民营上市公司市值占比

数据来源：Wind。

截至 2020 年年底，44 家（占比 1.76%）民营上市公司流通市值超过 1 000 亿元，其总流通市值为 10.10 万亿元（占比 30.25%），头部效应明显。另外，A 股民营上市公司流通市值主要分布在 10 亿 ~100 亿元，数量占比高达 74.37%（见图 2）。截至 2021 年 6 月 30 日，共有 50 家民营上市公司流通市值超过千亿元，其中 3 家民营上市公司的流通市值均超过 5 000 亿元，它们分别是宁德时代、海天味业、美的集团。宁德时代市值更是超过万亿元，达到 1.25 万亿元。

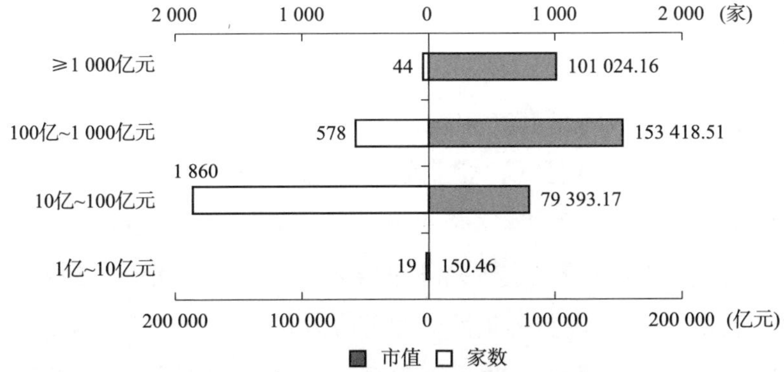

图 2 2020 年民营上市公司市值分布情况

数据来源：Wind。

（三）营业总收入保持增长态势

2020 年，民营上市公司营业总收入保持增长，共实现营业总收入 11.37 万亿元，同比增长 9.33%，与 2019 年增幅 9.36% 基本持平。其中，上交所实现营业总收入 4.65 万亿元，占比 40.92%；深交所实现营业总收入 6.72 亿元，占比 59.08%。2021 年上半年，民营上市公司营业总收入合计 6.56 万亿元，同比增长 36.67%；全部 A 股上市公司实现营业总收入 30.27 万亿元，同比上升 29.36%（见图 3）。

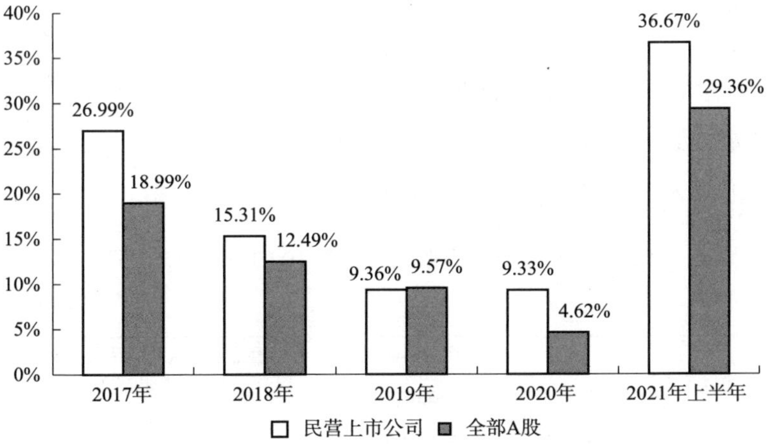

图 3 2017—2021 年民营上市公司营业总收入增长情况

数据来源：Wind。

截至 2020 年年底，共有 14 家（占比 0.56%）民营上市公司营业总收入超过 1 000 亿元，其营业总收入合计为 20 503.82 亿元（占比 18.03%）。大多数企业营业总收入分布在 10 亿 ~100 亿元，企业数量占比达 51.50%；其次是分布在 1 亿 ~10 亿元，企业数量占比达 38.34%（见图 4）。在营业总收入规模超过千亿元的 14 家企业中，美的集团、苏宁易购和广汇汽车仍旧位居前三， 2020 年分别实现营业总收入 2 857.10 亿元、2 522.96 亿元和 1 584.42 亿元。其中，仅美的集团营业总收入仍保持正增长，增幅为 2.27%，苏宁易购和广汇汽车营业总收入则出现一定程度的下滑，分别下滑 6.29% 和 7.05%（见表 2）。

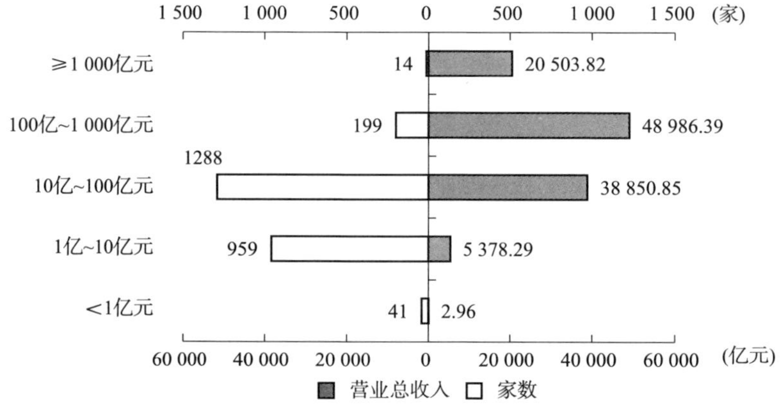

图 4　2020 年民营上市公司营业总收入分布情况

数据来源：Wind。

按照全国工商联发布的 2021 年民营企业 500 强的营业总收入入围门槛 235.01 亿元，2020 年底共有 79 家民营上市公司可以入围，较去年减少 8 家，这主要是因为入围门槛较去年增加 32.97 亿元。

表 2　2020 年营业总收入排名前 10 的民营上市公司

单位：亿元

排名	公司名称	所属行业	营业总收入	营收增长
1	美的集团	家用电器	2 857.10	2.27%
2	苏宁易购	商业贸易	2 522.96	-6.29%
3	广汇汽车	汽车	1 584.42	-7.05%
4	比亚迪	汽车	1 565.98	22.59%

续表

排名	公司名称	所属行业	营业总收入	营收增长
5	顺丰控股	交通运输	1 539.87	37.25%
6	恒力石化	化工	1 523.73	51.19%
7	新城控股	房地产	1 454.75	69.46%
8	洛阳钼业	有色金属	1 129.81	64.51%
9	九州通	医药生物	1 108.60	11.42%
10	新希望	农林牧渔	1 098.25	33.85%

数据来源：Wind。

（四）利润总额大幅上升，超八成企业实现盈利

2020 年，民营上市公司实现利润总额 8 629.65 亿元，同比增长 31.71%，增长幅度远远超过 2019 年增幅（–0.14%），同期全部 A 股上市公司利润总额同比增长 2.47%。分交易所看，上交所共实现利润总额 3 695.67 亿元，占比 42.83%；深交所则实现利润总额 4 933.98 亿元，占比 57.17%。2021 年上半年，民营上市公司实现利润总额 6 427.39 亿元。

截至 2020 年年底，共有 2117 家民营 A 股上市公司实现盈利，占比达到 84.65%。具体来看，利润总额超过 100 亿元的民营上市公司有 11 家，合计为 1 913.71 亿元。另外，大多数企业利润总额分布于 1 亿 ~10 亿元，企业数量占比达到 55.69%（见图 5）。

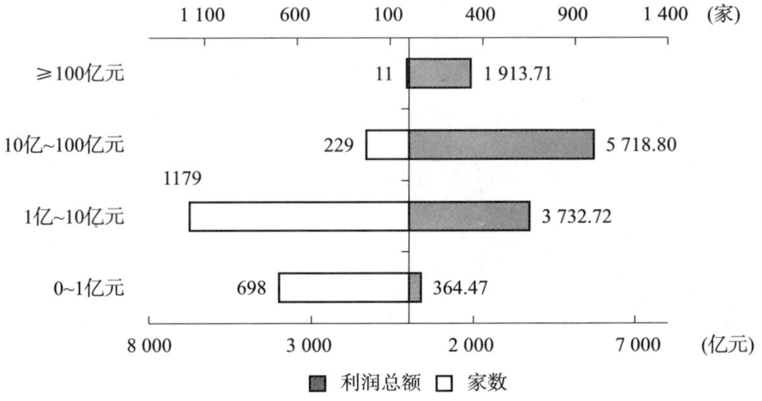

图 5　2020 年民营上市公司利润总额分布情况

数据来源：Wind。

在利润总额规模超过 100 亿元的企业中，利润总额排名前三位的民营企业分别是美的集团、牧原股份和新城控股，牧原股份取代原处第二名的华夏幸福而位居榜眼。这三家企业分别实现利润总额 316.64 亿元、303.73 亿元和 222.37 亿元，利润总额分别增长 5.80%、380.63%[①] 和 24.83%（见表 3）。

表 3　2020 年利润排名前 10 的民营上市公司

排名	公司名称	行业	利润总额（亿元）	利润增长
1	美的集团	家用电器	316.64	5.80%
2	牧原股份	农林牧渔	303.73	380.63%
3	新城控股	房地产	222.37	24.83%
4	三一重工	机械设备	185.31	37.74%
5	恒力石化	化工	180.37	36.52%
6	荣盛石化	化工	166.83	430.61%[②]
7	金科股份	房地产	121.79	46.12%
8	荣盛发展	房地产	106.78	-18.18%
9	中南建设	房地产	105.17	70.86%
10	新奥股份	公用事业	104.35	647.00%

数据来源：Wind。

二、行业分布特征[③]

从营业总收入看，化工、医药生物、汽车、电子、房地产和电气设备排名占优，这六个行业的营业总收入均超过 7 000 亿元，其中化工行业营收超万亿元；从利润总额看，化工、医药生物、房地产、农林牧渔、电气设备、电子和机械设备排名靠前，利润总额在 600 亿元以上，其中化工和医药生物

① 2020 年牧原股份利润总额大幅增长的原因主要系销售生猪 1 811.5 万头，较上年同期增长 76.67%，同时，受国内供需情况影响，生猪价格较上年同期大幅上涨。

② 2020 年荣盛石化利润总额大幅增长的主要原因系控股子公司浙江石油化工有限公司“4 000 万吨炼化一体化项目”一期工程投入运行后，各装置生产进展顺利。

③ 在 2015 年及以前的民营上市公司研究报告中，我们主要参照证监会对上市公司的分类标准，由于这种分类较粗，不容易发现细分行业的一些特点，所以本文采用了申万行业分类。申万行业分类包含采掘、化工、钢铁、有色金属、建筑材料、建筑装饰、电气设备、机械设备、国防军工、汽车、家用电器、纺织服装、轻工制造、商业贸易、农林牧渔、食品饮料、休闲服务、医药生物、公用事业、交通运输、房地产、电子、计算机、传媒、通信、银行、非银金融和综合共 28 个一级行业。

行业利润总额均超千万；从上市公司数量看，机械设备、医药生物、化工、电子、计算机和电气设备行业排名靠前，均有超过160家的民营上市公司，其中机械设备民营上市公司数量高达289家（见表4）。

从营收增速看，公用事业、钢铁、国防军工、综合、农林牧渔、机械设备、非银金融、电气设备，电子行业增速排名靠前，均超过15%，其中公用事业和钢铁行业营收增速均超过50%；从利润增速看，有色金属、交通运输、公用事业、国防军工、通信和传媒行业排名靠前，均超过100%，有色金属行业利润增速最高，为1 068.79%（见表4）。

（一）三大行业业绩延续上涨之势

2020年，20个行业业绩同比增长，其中电气设备、轻工制造和化工三大行业业绩至今仍延续上涨之势（见表4）。

2020年，全球光伏行业需求显示出较强的韧性，国内及海外终端需求持续增长，加之海上风电抢装的最后一年，行业需求旺盛，带动电气设备行业利润总额增速在2020年达到68.84%，2021年上半年利润总额增速更是高达69.86%。

随着新冠肺炎疫情得到有效防控，2020年下半年轻工制造业提升。2020年，轻工制造业利润总额增速为47.34%。受2020年同期新冠肺炎疫情导致的低基数及季节性因素影响，2021年上半年，轻工制造行业利润总额增速高达79.72%。

2020年四季度到2021年一季度，受油价成本推动、内外需求回暖、疫情与极端天气导致海外石化产能供给受损等多重因素影响和刺激，主要化工品种的市场价格与价差都出现了明显的抬升和拉阔，成本推动与供需逆转下，国内化工品市场的景气度强劲反弹、改善明显。2020年，化工行业利润总额增速为39.17%，2021年上半年增速高达81.85%。

（二）有色金属行业业绩大幅增长

2020年3月以来，铜、铝等金融属性较强的金属价格受供不应求强烈预期与全球流动性宽松影响而大幅飙升；锂、钴等商品属性较强的新能源金

表 4　2020 年不同行业民营上市公司经营业绩比较

行业	数量（家）	营业收入（亿元）				利润总额（亿元）			
		2020 年（亿元）	增长率（2021 年上半年）	增长率（2020 年）	增长率（2019 年）	2020 年（亿元）	增长率（2021 年上半年）	增长率（2020 年）	增长率（2019 年）
机械设备	289	5 503.77	39.73%	23.50%	11.09%	634.30	40.91%	95.86%	19.79%
医药生物	260	9 936.08	23.78%	6.78%	10.16%	1 023.47	50.88%	26.35%	-5.97%
化工	257	11 754.97	48.37%	11.93%	5.74%	1 165.42	81.85%	39.17%	3.21%
电子	194	9 134.35	41.33%	18.49%	20.05%	675.14	45.91%	31.62%	31.92%
计算机	187	4 007.65	27.36%	8.57%	10.40%	183.56	-3.44%	-8.81%	19.37%
电气设备	166	7 668.40	49.43%	20.62%	15.75%	693.68	69.86%	68.84%	65.20%
汽车	130	8 440.19	46.04%	3.53%	-1.90%	217.00	126.78%	33.22%	-49.04%
轻工制造	103	3 568.34	48.76%	4.84%	2.17%	364.48	79.72%	47.34%	10.01%
传媒	96	3 199.06	30.40%	-18.02%	12.62%	13.60	35.17%	109.90%	-27.22%
有色金属	79	5 095.94	59.22%	13.90%	8.63%	204.71	399.37%	1 068.79%	-109.76%
通信	76	1 943.25	18.70%	3.07%	-1.13%	58.87	9.53%	130.94%	-536.58%
公用事业	73	2 748.87	28.15%	51.94%	21.15%	321.10	64.20%	226.72%	-28.86%
纺织服装	71	2 000.84	43.06%	-1.88%	-0.18%	108.78	142.53%	-18.54%	-21.40%
建筑装饰	71	2 696.12	21.19%	-4.15%	7.97%	150.80	26.23%	11.86%	-28.67%
食品饮料	66	2 174.93	17.25%	13.62%	17.89%	322.11	4.42%	40.91%	1.44%

续表

行业	数量（家）	营业收入（亿元）				利润总额（亿元）			
		2020年（亿元）	增长率（2021年上半年）	增长率（2020年）	增长率（2019年）	2020年（亿元）	增长率（2021年上半年）	增长率（2020年）	增长率（2019年）
农林牧渔	52	5 379.91	38.51%	34.50%	18.01%	713.81	-62.84%	48.09%	182.45%
家用电器	48	4 399.53	30.16%	6.40%	2.76%	438.32	19.13%	14.04%	31.39%
房地产	45	7 782.68	32.96%	8.79%	25.62%	910.95	-56.40%	-14.86%	13.97%
建筑材料	41	1 745.34	41.40%	14.92%	13.74%	254.03	64.05%	31.48%	36.54%
商业贸易	41	5 814.62	6.05%	-9.65%	5.97%	91.41	-8.05%	-73.93%	8.97%
国防军工	36	313.27	39.74%	35.17%	7.55%	11.40	149.12%	131.72%	-1 508.39%
交通运输	33	4 085.85	39.36%	6.47%	3.47%	294.09	1.74%	334.46%	-62.87%
非银金融	23	1 096.07	5.36%	20.98%	16.45%	-404.07	113.55%	-2 767.13%	-71.55%
采掘	20	856.26	49.82%	-31.44%	0.98%	44.64	439.12%	-59.78%	-13.74%
综合	16	405.72	15.62%	34.77%	2.51%	42.58	-27.92%	9.39%	30.85%
休闲服务	15	136.71	64.76%	-57.66%	-6.95%	-43.31	163.39%	-437.57%	-61.32%
钢铁	13	1 833.59	47.69%	50.30%	1.92%	138.79	39.97%	27.10%	-39.00%

数据来源：Wind。

属价格活跃上行带动有色金属行业业绩大幅增长。2020 年，有色金属行业利润总额同比上涨 1 068.79%（见表 4）。

（三）非银金融行业业绩延续下滑走势

2020 年，非银金融行业业绩同比下降 2 767.13%（见表 4），主要系西水股份巨亏所致。

三、地区分布特征

东部地区的广东省、浙江省、江苏省、山东省，以及北京和上海构成了民营上市公司的第一梯队省份，上市的民营企业均超过了 100 家，营业总收入均超过 5 000 亿元，是民营上市公司的核心与支柱。第二梯队则是以中部地区为代表的安徽省、湖南省、湖北省、河南省，再加上东部的福建省、西部的四川省、北部的河北省和辽宁省，上市的民营企业处于 31~88 家，营业总收入处于 2 000 亿 ~5 000 亿元。第三梯队则集中在西部和东北地区，上市的民营企业在 31 家及以下，营业总收入处于 2 000 亿元以下。全国 31 个省市自治区中，有 21 个利润总额增速表现较 2019 年好，其中 7 个省市自治区利润总额连续两年增长，分别是河南省、陕西省、广东省、贵州省、宁夏回族自治区、辽宁省和福建省（见表 5）。

表 5　2020 年民营上市公司省市分布状况

省份	数量（家）	营业总收入（亿元）	增长率（2020 年）	增长率（2019 年）	增长率（2018 年）	利润总额（亿元）	增长率（2020 年）	增长率（2019 年）	增长率（2018 年）
广东省	453	23 125.14	9.69%	6.34%	15.28%	1 589.40	30.35%	17.47%	-33.34%
浙江省	410	17 565.44	10.51%	8.65%	18.70%	1 895.37	61.19%	-6.18%	-4.41%
江苏省	341	15 664.35	7.05%	11.37%	14.66%	1 106.48	19.13%	-14.24%	13.37%
北京	201	5 883.07	8.42%	11.41%	19.54%	293.27	5.27%	-15.19%	-29.23%
上海	173	5 553.14	-1.67%	17.44%	20.68%	382.83	-14.36%	63.28%	-40.80%
山东省	133	5 664.70	1.04%	12.47%	14.61%	486.18	61.17%	-5.51%	-11.75%
福建省	88	3 956.42	6.04%	11.55%	31.88%	306.48	3.46%	10.72%	-3.40%
四川省	80	3 459.22	15.43%	14.53%	10.95%	229.62	36.00%	-4.15%	-33.47%
安徽省	70	2 792.75	13.92%	12.83%	17.52%	216.45	35.90%	-2.88%	-17.37%

续表

省份	数量（家）	营业总收入（亿元）	增长率（2020年）	增长率（2019年）	增长率（2018年）	利润总额（亿元）	增长率（2020年）	增长率（2019年）	增长率（2018年）
湖南省	66	2 416.96	15.10%	6.56%	13.42%	220.10	231.83%	−24.94%	−40.14%
湖北省	63	3 471.79	6.05%	21.64%	−0.04%	183.34	−15.08%	96.55%	−50.21%
河南省	51	3 073.95	37.46%	24.88%	7.17%	394.66	148.33%	10.88%	−32.95%
辽宁省	39	4 479.67	8.20%	13.18%	19.54%	303.60	14.67%	29.00%	32.22%
江西省	31	1 187.84	42.34%	4.81%	14.63%	143.55	191.65%	−29.74%	−28.71%
河北省	31	4 813.75	22.59%	6.02%	10.51%	421.02	−13.74%	20.80%	6.58%
新疆维吾尔自治区	28	898.83	−15.84%	−9.19%	10.75%	−20.34	−164.28%	−56.70%	−16.04%
重庆	26	1 811.40	14.78%	17.96%	12.22%	188.01	87.05%	−28.06%	16.79%
天津	26	1 027.48	78.05%	4.87%	12.67%	76.12	−27.36%	19.26%	9.57%
吉林省	21	319.82	−18.10%	−12.19%	31.88%	87.71	−164.54%	297.07%	−132.91%
陕西省	19	850.59	21.72%	10.85%	6.64%	94.92	53.99%	58.24%	20.58%
黑龙江省	18	392.12	−17.79%	−28.42%	20.41%	−1.05	−99.00%	66.78%	−278.64%
海南省	17	191.84	10.23%	9.44%	−27.38%	−9.16	150.17%	−82.53%	54.54%
广西壮族自治区	16	1 281.60	6.55%	0.61%	26.35%	63.62	427.54%	−71.15%	−26.73%
山西省	16	617.40	5.31%	−0.57%	12.77%	76.24	172.20%	−20.74%	−3.54%
甘肃省	16	340.36	−19.70%	−19.31%	18.21%	38.17	109.39%	−82.50%	16.06%
内蒙古自治区	15	987.29	15.13%	−12.64%	−2.67%	−282.05	−509.31%	−29.10%	−19.02%
贵州省	14	570.86	17.14%	10.50%	10.16%	34.93	19.39%	103.17%	−72.13%
云南省	14	468.34	15.16%	14.03%	44.64%	29.56	−8.12%	−2.90%	20.32%
西藏自治区	13	325.54	10.72%	13.30%	20.19%	41.49	1.47%	−2.09%	−10.57%
宁夏回族自治区	6	249.40	−4.34%	−1.02%	2.71%	52.87	19.16%	49.31%	−24.13%
青海省	6	281.24	6.70%	−2.62%	4.93%	−13.76	−347.00%	−69.50%	−17.36%

数据来源：Wind。

陕西省和辽宁省连续三年实现营业收入和利润总额双增长。2020 年，陕西省民营上市公司共 19 家，实现营业收入 850.59 亿元，同比增长 21.72%；实现利润总额 94.92 亿元，同比增长 53.99%，主要受全球光伏产业发展势头良好，隆基股份利润总额增长 36.65 亿元及 3 家盈利能力较好的民营企业上市的影响。辽宁省民营上市公司共 39 家，实现营业收入 4 479.67 亿元，同比增长 8.20%；实现利润总额 303.60 亿元，同比增长 14.67%，主要受恒力石化利润总额激增 48.25 亿元的影响。

2020 年，尽管受新冠肺炎疫情及外部环境存在诸多不确定性影响，民营上市公司仍然表现出了较强的韧性，整体业绩表现优于 2019 年，67.74% 的省市自治区利润总额实现增长，同比增长 29.03 个百分点。

表 6　民营企业数量超 100 家的 6 个区域行业分布情况

省份	浙江省		广东省		江苏省		北京		上海		山东省	
	数量（家）	占比	数量（家）	占比	数量（家）	占比	数量（家）	占比	数量（家）	占比	数量（家）	占比
机械设备	59	14.39%	41	9.05%	54	15.84%	10	4.98%	17	9.83%	23	17.29%
化工	46	11.22%	36	7.95%	55	16.13%	1	0.50%	17	9.83%	29	21.80%
汽车	39	9.51%	12	2.65%	27	7.92%	4	1.99%	9	5.20%	4	3.01%
电气设备	28	6.83%	28	6.18%	35	10.26%	11	5.47%	16	9.25%	7	5.26%
轻工制造	27	6.59%	27	5.96%	11	3.23%	3	1.49%	7	4.05%	5	3.76%
纺织服装	21	5.12%	12	2.65%	8	2.35%	3	1.49%	5	2.89%	4	3.01%
电子	19	4.63%	84	18.54%	30	8.80%	12	5.97%	9	5.20%	2	1.50%
传媒	18	4.39%	19	4.19%	6	1.76%	20	9.95%	7	4.05%	2	1.50%
家用电器	17	4.15%	14	3.09%	6	1.76%	—	—	3	1.73%	1	0.75%
计算机	16	3.90%	43	9.49%	10	2.93%	58	28.86%	21	12.14%	4	3.01%
建筑装饰	11	2.68%	17	3.75%	10	2.93%	9	4.48%	—	—	2	1.50%
房地产	9	2.20%	5	1.10%	2	0.59%	4	1.99%	3	1.73%	2	1.50%
公用事业	9	2.20%	8	1.77%	11	3.23%	9	4.48%	4	2.31%	1	0.75%
建筑材料	9	2.20%	8	1.77%	3	0.88%	3	1.49%	3	1.73%	3	2.26%
钢铁	4	0.98%	—	—	6	1.76%	—	—	—	—	—	—
交通运输	3	0.73%	8	1.77%	4	1.17%	2	1.00%	8	4.62%	2	1.50%
采掘	2	0.49%	—	—	—	—	3	1.49%	2	1.16%	1	0.75%
非银金融	2	0.49%	3	0.66%	1	0.29%	2	1.00%	4	2.31%	1	0.75%
农林牧渔	2	0.49%	5	1.10%	1	0.29%	1	0.50%	3	1.73%	11	8.27%
国防军工	1	0.24%	5	1.10%	3	0.88%	8	3.98%	2	1.16%	—	—

数据来源：Wind。

对民营上市公司超过100家的6个省市的行业分布进行分析，发现这6个区域行业主要集中在化工、机械设备、计算机。其中，浙江省机械设备行业民营上市公司数量最多，为59家，占比为14.39%；广东省电子行业民营上市公司数量最多，为84家，占比为18.54%；江苏省化工行业民营上市公司数量最多，为55家，占比为16.13%；北京计算机行业民营上市公司数量最多，为58家，占比为28.86%；上海计算机行业民营上市公司最多，为21家，占比为12.14%；山东省化工行业民营上市公司最多，为29家，占比为21.80%（见表6）。

四、研发投入

近两年，民营企业研发投入呈增长趋势。2020年，民营上市公司披露研发费用[①]总额为3 396.98亿元，同比增长23.05%；平均研发强度3.24%，较2019年上涨0.59个百分点（见表7）。2021年上半年，披露研发费用的民营企业为2 535家，研发费用总额为1 916.12亿元，平均研发强度为3.12%。

表7　2019—2020年研发投入情况

年份	研发费用（亿元）	研发强度（%）
2019年	2 760.76	2.65%
2020年	3 396.98	3.24%
2021年上半年	1 916.12	3.12%

数据来源：Wind。

注：此处计算时使用的营业总收入仅计算披露了研发费用的企业的营业总收入。

2020年，美的、比亚迪和立讯精密为民营上市公司投入研发费用前三名。这三家企业在研发上分别投入101.19亿元、74.65亿元和57.45亿元，增幅分别为20.06%、3.07%和3.20%，研发强度分别为3.54%、4.77%和6.21%（见表8）。2021年上半年，美的、比亚迪和立讯精密的研发费用分别同比增长了20.49%、18.62%和2.35%。

① 2020年，披露研发给用的民营上市公司共2 340家，占比93.56%。

表 8　2020 年研发费用排名前 10 的民营上市企业

排名	公司简称	所属行业	上市板	研发费用（亿元）	研发强度
1	美的集团	家用电器	主板	101.19	3.54%
2	比亚迪	汽车	主板	74.65	4.77%
3	立讯精密	电子	主板	57.45	6.21%
4	三一重工	机械设备	主板	49.92	4.99%
5	恒瑞医药	医药生物	主板	49.89	17.99%
6	宁德时代	电气设备	创业板	35.69	7.09%
7	歌尔股份	电子	主板	34.26	5.93%
8	长城汽车	汽车	主板	30.67	2.97%
9	大华股份	电子	主板	29.98	11.33%
10	三六零	计算机	主板	28.71	24.72%

数据来源：Wind。

剔除 ST 企业及营业总收入很少导致研发强度非常高的企业之后，研发强度排名最高的为科创板企业百奥泰、寒武纪和君实生物，3 家的研发强度分别达到了 304.15%、167.41% 和 111.48%（见表 9）。寒武纪研发费用主要用于加大“云边端”产品线的研发；2 家医药生物行业企业百奥泰和君实生物的研发费用主要用于丰富医药产品线，推进现有临床项目的开展。

表 9　2020 年研发强度排名前 10 的民营上市企业

排名	公司简称	所属行业	上市板	营业收入（亿元）	研发费用（亿元）	研发强度
1	百奥泰	医药生物	科创板	1.85	5.63	304.15%
2	寒武纪	电子	科创板	4.59	7.68	167.41%
3	君实生物	医药生物	科创板	15.95	17.78	111.48%
4	舒泰神	医药生物	创业板	4.25	2.44	57.31%
5	天智航	医药生物	科创板	1.36	0.74	54.53%
6	康弘药业	医药生物	主板	32.95	16.76	50.86%
7	兆日科技	计算机	创业板	2.14	0.86	40.00%
8	赢时胜	计算机	创业板	8.38	3.26	38.90%
9	中科海讯	国防军工	创业板	1.25	0.47	37.16%
10	冰川网络	传媒	创业板	3.86	1.41	36.56%

数据来源：Wind。

注：神州细胞、艾力斯、康希诺、泽璟制药因暂未盈利且营业收入很少，研发强度过高，并未列入表中。

五、偿债和盈利能力

2020年，民营上市公司的资产负债率有所下降，由2019年的57.3%下降至2020年的56.0%（见表10）。受房地产行业金融监管持续收紧，严查资金违规流向楼市，更出台“三道红线”政策倒逼企业降负债等政策影响，民营上市公司整体资产负债率下降。全部A股上市公司资产负债率自2011年起至2020年呈现小幅下降趋势，从2011年的85.6%下降至2020年的83.5%。

民营上市公司的短期偿债能力从2011年至2019年总体呈现降低态势，但在2020年有所回升，从2019年的1.36上升至2020年的1.40，2021年上半年的流动比率仍为1.40；而整个A股的流动比率基本呈现上升趋势，从2011年的1.16上升至2020年的1.23，而2021年上半年A股的流动比率为1.25。总体来说民营企业的短期偿债能力要强于A股。

从总资产净利率和净资产收益率两个指标来看，民营上市公司的盈利能力虽然在2011—2019年整体呈现下滑趋势，但在2020年有所回升。总资产净利率从2019年的2.6%上升到2020年的3.5%；净资产收益率从2019年的6.0%上升到8.4%。与民营企业相似，2011年以来，全部A股上市公司的总资产净利率、净资产收益率也呈现降低趋势，但在2020年有所回暖。2020年全部A股的净资产收益率从2019年的8.3%上升到2020年的8.9%，略高于民营企业；总资产净利率2020年与2019年一样，均为1.4%，略低于民营企业。2021年上半年，民营上市公司总资产净利率为2.5%，净资产收益率为5.9%。

表10　2011—2021年上半年民营上市公司盈利和偿债能力变化

	流动比率	资产负债率（%）	净资产收益率（%）	总资产净利率（%）
2011年民营	1.56	50.9	11.5	5.7
2012年民营	1.49	52.2	9.6	4.5
2013年民营	1.42	54.1	9.8	4.5
2014年民营	1.40	54.1	9.8	4.5
2015年民营	1.40	53.8	9.0	4.1
2016年民营	1.54	53.8	9.8	4.5

续表

	流动比率	资产负债率（%）	净资产收益率（%）	总资产净利率（%）
2017年民营	1.50	54.3	10.3	4.7
2018年民营	1.40	56.4	6.8	2.9
2019年民营	1.36	57.3	6.0	2.6
2020年民营	1.40	56.0	8.4	3.5
2021年上半年民营	1.40	56.3	5.9	2.5
2011年A股	1.16	85.6	13.2	1.9
2018年A股	1.21	83.9	8.7	1.4
2019年A股	1.20	83.6	8.3	1.4
2020年A股	1.23	83.5	8.9	1.4
2021年上半年A股	1.25	83.8	5.9	0.9

数据来源：Wind。

六、应收账款情况

剔除13家未披露应收账款的企业，2020年民营上市公司的应收账款总额达到了1.89万亿元，同比上涨21.53%；应收账款周转率①为6.11，低于全国A股的8.19。自清欠工作开展以来，民营企业应收账款规模稍有下降，2019—2020年连续两年在市的民营上市公司2020年的应收账款为17 928亿元，同比下降0.79%。

2020年，26.61%的民营上市公司应收账款周转率高于平均值7.7；6.91%的民营上市公司应收账款周转率低于较差值1.3（见表11）。与此同时，应收账款占流动资产的比重低于20%的企业数量为1 224家，占比49.20%；应收账款占流动资产的比重超过50%的企业为118家，占比4.74%。整体来看，2020年民营上市公司应收账款回收难的问题依然存在。

表11　2020年民营上市公司应收账款分布情况

应收账款周转率分布	数量（家）	数量占比	应收账款占流动资产比重分布	数量（家）	数量占比
＜1.3	172	6.91%	＜20%	1 224	49.20%

① 根据国务院国资委发布的《企业绩效评价标准值2020》标准，全国国有企业全行业口径下，应收账款周转率的评价标准值为：21.6为优秀值，12.2为良好值，7.7为平均值，3.4为较低值，1.3为较差值。

续表

应收账款周转率分布	数量（家）	数量占比	应收账款占流动资产比重分布	数量（家）	数量占比
1.3~3.4	752	30.23%	20%~50%	1 146	46.06%
3.4~7.7	902	36.25%	＞50%	118	4.74%
7.7~12.2	251	10.09%			
12.2~21.6	168	6.75%			
≥21.6	243	9.77%			

数据来源：Wind。

七、不同控制类型上市公司①比较

（一）经营业绩比较

2020 年，民营上市公司营业总收入占全部 A 股上市公司的 21.48%，与 2019 年的 20.48% 基本持平；利润总额占全部 A 股上市公司的 16.20%，比 2019 年上升 3.6 个百分点。

从业绩增速来看，2020 年，在 7 种不同控制类型的上市公司中，民营上市公司营业总收入增速位列第 4，利润总额增速位列第 2（见表 12）。

表 12 不同控制类型上市公司 2020 年经营业绩比较

控制类型	数量（家）	营业总收入（亿元）	营业总收入增长	利润总额（亿元）	利润总额增长
全部A股	4 120	529 451.98	4.56%	53 255.21	2.40%
民营企业	2 501	113 722.30	9.64%	8 629.65	31.71%
中央国有企业	396	218 807.99	-1.25%	25 831.06	-2.62%
地方国有企业	791	127 516.66	17.43%	10 765.13	44.56%
集体企业	23	3 416.12	21.72%	227.04	6.19%
公众企业	220	55 431.58	-6.17%	7 425.26	-30.16%
外资企业	151	5 931.08	13.24%	713.28	29.59%
其他企业	38	4 626.25	-13.71%	-336.21	-487.78%

数据来源：Wind。

① 为与前述分析基础一致，以下分析仍基于截至 2020 年 6 月 30 日的不同控制类型上市公司的数据。

（二）融资情况比较

民营企业偏好股权融资。2020 年，35 家民营上市公司发行了 63 只公司债，公司债发行总规模 440.60 亿元，占全部 A 股公司债发行规模的 12.09%（见表 13）；335 家民营企业在 A 股 IPO 上市，IPO 募集资金总额 2 922.91 亿元，占 A 股新增上市公司募集资金总额的 62.19%；民营上市公司共实施 228 次定向增发，发行总规模 3 844.49 亿元，占比 45.29%（见表 14）。

表 13　2020 年民营上市公司公司债发行情况

控制类型	企业		债券发行		发行	
	数量（家）	占比	数量（只）	占比	规模（亿元）	占比
地方国有企业	74	42.77%	113	36.22%	1 287.66	35.32%
公众企业	14	8.09%	27	8.65%	268.56	7.37%
民营企业	35	20.23%	63	20.19%	440.60	12.09%
其他企业	1	0.58%	1	0.32%	5	0.14%
外资企业	3	1.73%	6	1.92%	71.89	1.97%
中央国有企业	46	26.59%	102	32.69%	1 571.50	43.11%

数据来源：Wind。

表 14　2020 年民营上市公司 IPO 和定向增发融资情况

控制类型	IPO融资				定向增发融资			
	数量（家）	占比	规模（亿元）	占比	次数（次）	占比	规模（亿元）	占比
地方国有企业	16	4.04%	175.5	3.73%	92	23.65%	1 982.16	23.35%
公众企业	14	3.54%	834.32	17.75%	12	3.08%	483.3	5.69%
集体企业	2	0.51%	8.58	0.18%	3	0.77%	35.3	0.42%
民营企业	335	84.60%	2 922.91	62.19%	228	58.61%	3 844.49	45.29%
其他企业	2	0.51%	11.85	0.25%	2	0.51%	8.76	0.10%
外资企业	17	4.29%	217.83	4.64%	18	4.63%	231.27	2.72%
中央国有企业	10	2.53%	528.65	11.25%	34	8.74%	1 902.76	22.42%

数据来源：Wind。

民营上市公司融资成本相对较高。就 3 年期的公司债票面利率来看，民营上市公司的票面利率为 5.72%，高于地方国有企业的 4.54%，高于中央国有企业的 3.76%。

2020 年，疫情的突然而至给宏观经济带来前所未有的影响。与此同时，地缘政治紧张、全球经济形势不确定性上升又给经济的恢复增加了难度。但中国抗住了压力，成为全球主要经济体中唯一实现全年经济正增长的国家，其中，民营企业表现尤为突出，无论营收还是利润总额，其增长率都名列前茅，但仍要注意应收账款回款难、融资难的问题依然存在。

2021 年以来，新冠肺炎疫情的影响减弱，我国经济反弹势头良好，民营企业应充分抓住机遇，尽快实现数字化转型升级，稳步迈入高质量发展的轨道。

课题组：

中关村上市公司协会秘书长　郭伟琼

研究部　谷耀鹏　薛笑影　师博园

2021 年民营企业融资状况分析

摘要：民营企业是我国经济发展中最富有创造力和活力的市场主体，是促进经济增长、保持社会稳定、实现共同富裕的重要力量。中国银保监会数据显示，截至 2021 年 10 月，民营企业贷款新增 5 万亿元，新发放民营企业贷款占新发放企业类贷款的比重为 53.5%，较年初上升 1.8 个百分点；新发放民营企业贷款户数同比增长 28.2%。2021 年 10 月，市场监管总局、全国工商联、国家发展改革委、科技部、工业和信息化部、商务部六部门联合印发《关于进一步发挥质量基础设施支撑引领民营企业提质增效升级作用的意见》等一系列政策，帮助民营企业解决实际困难，鼓励、支持、引导民营企业、中小微企业发展壮大。2021 年 11 月，北交所开市扩大了市场直接融资比重，有助于民营企业融资。2021 年年底，中央经济工作会议指出“实施新的减税降费政策，强化对民营企业、中小微企业、个体工商户、制造业、风险化解等的支持力度”。本文从政策支持、间接融资、直接融资视角回顾了 2021 年民营企业融资现状，剖析了民营企业融资面临的信息孤岛、间接融资机制体系不完善、直接融资困难与风险共存等问题，提出加大民营企业融资支持力度、实施系列扶持政策、改善民营企业融资环境、增强直接融资力量、进一步加强金融科技赋能民营企业融资等政策建议。

一、2021 年民营企业融资状况回顾

（一）政策支持民营企业融资力度不断加大

2021 年，国家相关部门先后出台多项政策，在 2020 年政策的基础上，进一步加大对民营企业融资的支持力度。但民营企业特别是小微企业仍然面

临融资不便、成本偏高等诸多问题。

2020 年 12 月 30 日，中国银行保险监督管理委员会发布《中国银保监会办公厅关于深化银行业保险业“放管服”改革　优化营商环境的通知》，指出银行保险机构要持续提升民营、小微企业金融服务质效，改善市场融资环境。银行机构在授信中不得设置不合理条件，不得对民营企业、中小企业设置歧视性要求。要严格执行国家价格主管部门和银保监会关于规范商业银行服务价格管理、减免部分基础金融服务收费、规范信贷融资收费的有关规定，切实规范收费行为，减轻市场主体负担。保险机构开展融资性信保业务，应当谨慎评估风险和运营成本，准确测算风险损失率，并结合履约义务人的实际风险水平和综合承受能力，合理厘定费率。2021 年 1 月 4 日，中国人民银行工作会议指出，2021 年要继续发挥好结构性货币政策工具和信贷政策精准滴灌作用，构建金融有效支持小微企业等实体经济的体制机制。延续实施普惠小微企业贷款延期还本付息和普惠小微企业信用贷款两项直达实体经济的货币政策工具。继续运用普惠性再贷款再贴现政策，引导金融机构加大对“三农”、科技创新、小微和民营企业等国民经济重点领域和薄弱环节的支持力度。2021 年 3 月 5 日，《政府工作报告》中对“小微金融”着墨颇多，全面部署了进一步解决小微企业融资难题的政策措施。报告指出，要延续普惠小微企业贷款延期还本付息政策，加大再贷款再贴现支持普惠金融力度。延长小微企业融资担保降费奖补政策，完善贷款风险分担补偿机制。加快信用信息共享步伐。完善金融机构考核、评价和尽职免责制度。引导银行扩大信用贷款、持续增加首贷户，推广随借随还贷款，使资金更多流向科技创新、绿色发展，更多流向小微企业、个体工商户、新型农业经营主体，对受疫情持续影响行业企业给予定向支持。大型商业银行普惠小微企业贷款增长 30% 以上。创新供应链金融服务模式。适当降低小微企业支付手续费。优化存款利率监管，推动实际贷款利率进一步降低，继续引导金融系统向实体经济让利。今年务必做到小微企业融资更便利、综合融资成本稳中有降。健全防范和化解拖欠中小企业账款长效机制。2021 年 3 月 11 日，《中华人民共和国国民经济和社会发展第十四个五年规划和 2035 年远景目标纲要》明确指出，优化民营企业发展环境。创新金融支持民营企业政策工具，健全融资增信支持体系，对民营企业信用评级、发债一视同仁，降低综合融资成本。完善促进中小微企业和个体工商户发展的政策体系，加大税费优惠和信贷支持力度。健全防范和化解拖欠中小企业账款长效机制。2021 年 4 月 25 日，中国银保监会发布《中国银保监会办公厅关于 2021 年进一步推动小微企业金融服务高质量发展的通知》，部署了进一步推动小微企业金融服务高质量发展的有关工作，现将其中关于民营企业融资支持的政策内容简要梳理如下（见表 1）。

表 1　中国银保监会办公厅《关于 2021 年进一步推动小微企业金融服务高质量发展的通知》中关于融资支持的主要内容

方面	政策内容
以信贷投放为抓手，确保稳定高效的增量金融供给	• 围绕“两增”目标，确保对小微企业的信贷支持力度 • 突出各类机构差异化定位，形成有序竞争、各有侧重的信贷供给格局 • 完善定价机制，将小微企业融资利率保持在合理水平 • 落实服务价格管理要求，规范融资收费 • 加强小微企业贷款用途监控，确保资金投向真实合规
以支持创新为出发点，全面优化金融供给结构	• 着眼小微企业融资“痛点”“弱点”，补齐信贷业务短板 • 丰富普惠保险产品业务，更好地为小微企业提供融资增信和保障服务 • 主动倾斜业务布局，以金融资源带动小微企业发展 • 探索完善科技型小微企业金融服务，促进新技术产业化、规模化应用 • 加强产业链、供应链金融创新，助力与资金链有效对接
做优机制体制和专业能力，实现“敢贷愿贷、能贷会贷”	• 对照监管评价要求，完善“敢贷愿贷”内部机制 • 进一步细化落实不良容忍度和授信尽职免责规定，切实保护基层积极性 • 综合运用金融科技手段和信用信息资源，增强“能贷会贷”服务能力 • 充分传导政策红利，用好用足配套支持机制
多措并举盘活存量信贷资源，提高金融供给效率	• 做好贷款期限管理，确保惠企纾困政策平稳衔接 • 鼓励开展信贷资产流转，盘活存量小微企业信贷资源 • 进一步拓宽不良贷款处置渠道，鼓励主动化解风险
强化监管引领督导，推动营造更好外部环境	• 推动深化信用信息共享机制，加快建设综合金融服务平台 • 用好监管评价“指挥棒”，实施分类考核督导 • 加强调研监测，做好经验总结

资料来源：中国银保监会（http://www.cbirc.gov.cn/cn/view/pages/index/index.html）。

2021 年，中央相关部门关于民营、中小微企业融资支持政策不断出台，主要包括以下几个方面。

第一，延续普惠小微企业贷款延期还本付息政策和信用贷款支持计划。2020 年 12 月 21 日，国务院常务会议决定延续普惠小微企业贷款延期还本付息政策和信用贷款支持计划。一是2021年一季度要继续落实好原定的普惠小微企业贷款延期还本付息政策，在此基础上适当延长政策期限，做到按市场化原则应延尽延，由银行和企业自主协商确定。对办理贷款延期还本付息且期限不少于6个月的地方法人银行，继续按贷款本金1%给予激励。二是将普惠小微企业信用贷款支持计划实施期限由2020年年底适当延长。对符合条件的地方法人银行发放普惠小微企业信用贷款，继续按贷款本金40%给予优惠资金支持。2021年3月24日国务院常务会议进一步延长了两项直达货币政策工具期限。会议决定，在前期已将两项直达货币政策工具延续实施至今年一季度的基础上，进一步延长实施期限到2021年年底，对小微企业再帮扶一把。3月30日，中国人民银行会同银保监会、财政部、发展改革委、工业和信息化部印发《关于进一步延长普惠小微企业贷款延期还本付息政策和信用贷款支持政策实施期限有关事宜的通知》，将普惠小微企业贷款延期还本付息政策和普惠小微企业信用贷款支持政策的实施期限进一步延长至2021年年底。

第二，加大对中小微企业纾困帮扶力度。2021年5月10日，国家发改委等四部门联合下发《关于做好2021年降成本重点工作的通知》指出，引导金融资源精准滴灌。继续运用普惠性再贷款再贴现政策支持国民经济重点领域和薄弱环节。进一步解决中小微企业融资难题，引导银行扩大信用贷款、持续增加首贷户，推广随借随还贷款，使资金更多流向小微企业、个体工商户、新型农业经营主体，对受疫情持续影响行业企业给予定向支持。延续普惠小微企业贷款延期还本付息政策。延长小微企业融资担保降费奖补政策，完善贷款风险分担补偿机制。提高企业资金周转效率。5月26日，国务院常务会议部署进一步支持小微企业个体工商户纾困和发展的措施，指出要加大支持小微企业、个体工商户等的普惠金融力度，引导扩大信用贷款、首贷、中长期贷款、无还本续贷业务规模，推广随借随还贷款。研究将商业汇票承兑期限由1年缩短至6个月，减轻企业占款压力。9月1日，国务院常务会议再次指出，加大对市场主体特别是中小微企业纾困帮扶力度。加大帮扶政策力度。今年再新增3 000亿元支小再贷款额度，支持地方法人银行向小微企业和个体工商户发放贷款。完善对受疫情影响严重行业企业贷款贴息及奖补政策。推动银行更多发放普惠小微信用贷款。建立国家融资担保基金风险补偿机制，支持担保机构为缺乏抵押物和信用记录的小微企业提供担保。引导金融机构开展票据贴现和标准化票据融资，人民银行提供再贴现支持，缓解中小微企业占款压力；进一步深化“放管服”改革，优化营商环境，降低制度性交易成本。继续开展清理拖欠中小微企业账款专项行动。鼓励地方有针对性出台帮扶措施，减轻中小微企业成本上升压力。2021 年 11 月 22 日，国务院办公厅印发《关于进一步加大对中小企业纾困帮扶力度的通知》明确，要加大纾困资金支持力度。鼓励地方安排中小企业纾困资金，对生产经营暂时面临困难但产品有市场、项目有前景、技术有竞争力的中小企业，以及劳动力密集、社会效益高的民生领域服务型中小企业（如养老托育机构等）给予专项资金支持，减轻房屋租金、水电费等负担，给予社保补贴等，帮助企业应对原材料价格上涨、物流及人力成本上升等压力。落实创业担保贷款贴息及奖补政策。用好小微企业融资担保降费奖补资金，支持扩大小微企业融资担保业务规模，降低融资担保成本。加强再贷款再贴现政策工具精准“滴灌”中小企业，用好新增 3 000 亿元支小再贷款额度。加大信用贷款投放，按规定实施普惠小微企业信用贷款支持政策。对于受新冠肺炎疫情、洪涝灾害及原材料价格上涨等影响严重的小微企业，加强流动资金贷款支持，按规定实施普惠小微企业贷款延期还本付息政策。保障中小企业款项支付。

第三，推广典型做法。2021 年 10 月 11 日，国家发展改革委发布《国家发展改革委办公厅关于推广地方支持民营企业改革发展典型做法的通知》，着力推广来自青岛、成都、常州、温州、台州、泉州、佛山、江阴八地民营企业的典型做法，包括破解民营企业融资难题在内的七个大方面。

第四，稳健的货币政策保障。2021 年 7 月 30 日，中国人民银行下半年工作会议要求，坚持稳字当头，稳健的货币政策要灵活精准、合理适度。引导金融机构加大对小微企业、“三农”、制造业等重点领域和薄弱环节支持力度。2021 年 12 月 15 日，中国人民银行下调金融机构存款准备金率 0.5 个百分点，共计释放长期资金约 1.2 万亿元。同时央行强调，继续实施稳健的货币政策，坚持稳字当头，不搞大水漫灌，兼顾内外平衡，保持流动性合理充裕，保持货币供应量和社会融资规模增速同名义经济增速基本匹配，加强跨周期调节，统筹做好今明两年宏观政策衔接，支持中小企业、绿色发展、科技创新，为高质量发展和供给侧结构性改革营造适宜的货币金融环境。

第五，加大支小再贷款额度，下调支农、支小再贷款利率。9 月 9 日，人民银行新增 3 000 亿元支小再贷款额度，在 2021 年剩余 4 个月之内以优惠利率发放给符合条件的地方法人银行，支持其增加小微企业和个体工商户贷款，要求贷款平均利率在 5.5% 左右，引导降低小微企业融资成本。3 000 亿元支小再贷款采取“先贷后借”模式发放，地方法人银行先发放小微企业和个体工商户贷款，之后等额申请支小再贷款，以确保再贷款政策的精准和直达作用。12 月 7 日，央行货币政策司发布的再贷款、再贴现利率表显示，支农、支小再贷款当日起下调 0.25 个百分点。下调后，3 个月、6 个月、1 年期再贷款利率分别为 1.7%、1.9%、2%。这是央行时隔一年多再次下调支农、支小再贷款利率，上一次是在 2020 年 7 月，央行曾下调了支农、支小再贷款利率 0.25 个百分点。

2021 年 12 月 8 日至 10 日，中央经济工作会议指出，要继续做好“六稳”“六保”工作。要继续面向市场主体实施新的减税降费，帮助他们特别是中小微企业、个体工商户减负纾困、恢复发展。加大对实体经济融资支持力度，促进中小微企业融资增量、扩面、降价。12 月 15 日，国务院常务会议部署了进一步采取市场化方式加强对中小微企业的金融支持的政策举措。会议决定，一是将普惠小微企业贷款延期还本付息支持工具转换为普惠小微贷款支持工具。从 2022 年起到 2023 年 6 月底，人民银行对地方法人银行发放的普惠小微企业和个体工商户贷款，按余额增量的 1% 提供资金，鼓励增加普惠小微贷款。二是从 2022 年起，将普惠小微信用贷款纳入支农支小再贷款支持计划管理，原来用于支持普惠小微信用贷款的 4 000 亿元再贷款额度可以滚动使用，必要时可再进一步增加再贷款额度。符合条件的地方法人银行发放普惠小微信用贷款，可向人民银行申请再贷款优惠资金支持。三是构建全国一体化融资信用服务平台网络，以服务中小微企业融资为导向，在依法依规、确保信息安全的前提下，加快推动市场主体注册登记、行政处罚、司法判决及执行以及纳税、社保缴费等信息共享，助力银行提升服务中小微企业能力。

四是完善金融机构发放中小微贷款绩效考核、尽职免责等规定。支持金融机构发行小微企业专项金融债券。扩大面向小微企业的政府性融资担保业务规模，降低担保成本。

（二）民营企业杠杆水平保持稳定

据国家统计局统计，2018 年以来我国私营工业企业资产负债率呈现快速上升的势头。2017 年全年，私营工业企业资产负债率在 51%~52.5% 区间范围内波动；2018 年以来，私营工业企业资产负债率维持在 55% 以上，并在 2019 年 3 月达到 58.5%。2019 年 3 月到 2021 年 10 月，私营工业企业资产负债率稳定在 57%~59% 区间范围内，小幅波动（见图 1）。同时，我国工业企业资产负债率自 2017 年以来始终稳定在 55%~57%，与私营工业企业资产负债率相比，并无显著增长。

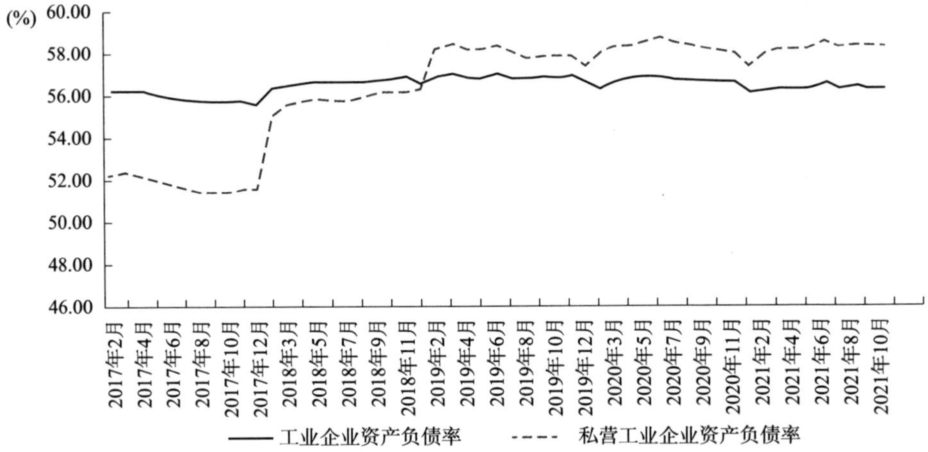

图 1　2017 年以来私营工业企业资产负债率变动情况

数据来源：国家统计局，Wind。

新冠肺炎疫情暴发以来，我国私营工业企业资产负债率受疫情影响产生一定波动。2020 年 6 月，私营工业企业资产负债率达到 58.7%，显示出疫情正在对我国民营企业资产质量带来不利影响，财务杠杆进一步增加。在疫情得到控制后，私营工业企业资产负债率缓慢下降，截至 2020 年 12 月，下降至 57.35%（见图 1）。2021 年以来，私营工业企业资产负债率保持相对稳定，基本维持在 58% 上下的水平小幅波动。

（三）间接融资供给质量、效率、效益提升明显

2021 年以来，央行发布《中国区域金融运行报告（2021）》指出，要科学精准地实施宏观政策，把握好政策时度效，着力稳定市场预期，促进经济持续恢复和高质量发展，进一步提升民营企业、小微企业金融服务整体效能。以新发展理念为引领，深化供给侧结构性改革，在民营企业、小微企业金融供给总量继续有效增长的基础上，努力实现供给质量、效率、效益的明显提升。坚持创新驱动发展，做活存量金融资源配置，扩大优质增量供给，优化民营企业、小微企业金融服务的地区、产业、行业分布结构，丰富供给手段，更有力地支持小微企业在科技创新和产业结构升级中发挥作用，实现民营企业、小微企业金融服务高质量发展与银行业保险业自身高质量发展的相互促进、有机统一。

1. 银行信贷量升价降

民营企业、小微企业信贷总量增长迅速。银保监会数据显示，2021 年前三季度，银行业金融机构普惠型小微企业贷款 184 803 亿元，其中大型商业银行、股份制商业银行、城商行、农村金融机构普惠型小微企业贷款分别为 63 060 亿元、32 175 亿元、25 887 亿元、59 764 亿元（见表 2）。截至 2021 年 9 月末，全国小微企业贷款余额 48.94 万亿元，其中普惠型小微企业贷款余额 18.48 万亿元，较年初增速 21.05%，较各项贷款增速高 11.4 个百分点；有贷款余额户数 3 184.66 万户，较年初增加 611.52 万户，阶段性完成“两增”目标。人民银行数据显示，2021 年三季度末，人民币普惠金融领域贷款余额 25.81 万亿元，同比增长 23.1%，增速比上季末低 2.4 个百分点；前三季度增加 4.31 万亿元，同比多增 6 303 亿元。2021 年三季度末，普惠小微贷款余额 18.59 万亿元，同比增长 27.4%，增速比上季末低 3.6 个百分点；前三季度增加 3.5 万亿元，同比多增 4 766 亿元。创业担保贷款余额 2 347 亿元，同比增长 18.8%。

表 2　2021 年银行业金融机构普惠型小微企业贷款情况

单位：亿元

	一季度	二季度	三季度
银行业金融机构合计	168 067	177 501	184 803
其中：大型商业银行	56 083	60 384	63 060
股份制商业银行	30 233	31 063	32 175
城市商业银行	23 702	24 817	25 887
农村金融机构	55 045	57 797	59 764

数据来源：中国银保监会。

民营企业、小微企业融资成本进一步走低。为缓解小微企业融资痛点，中国银保监会提出进一步完善定价机制，将小微企业融资利率保持在合理水平。商业银行要疏通内部利率传导机制，根据贷款市场报价利率（LPR）走势，合理确定小微企业贷款利率，确保 2021 年新发放普惠型小微企业贷款利率在 2020 年基础上继续保持平稳态势。开发银行、政策性银行要对合作银行明确约定，以转贷款资金发放的小微企业贷款平均利率，不得高于当地同类机构同类贷款平均水平，引导合作银行加大对小微企业贷款利率的优惠力度。

中国银保监会进一步强化了目标考核评价，指导银行完善定价机制，下调贷款利率及上浮比例，明确涉企收费标准，取消不合理收费，切实降低企业负担。数据显示，2021 年前 9 个月民营企业融资成本下降，银行业金融机构新发放的民营企业贷款年化利率 5.3%，较 2018 年下降 1.6 个百分点。新发放普惠型小微企业贷款利率在上一年下降 0.75 个百分点基础上再降 0.2 个百分点。上半年银行机构为企业主动减费 2.77 亿元。

2. 金融服务不断优化

2021 年 11 月 19 日，中国银保监会新闻发言人指出，2021 年以来民营企业金融服务不断优化。一方面，从实际出发帮助困难民营企业融资纾困。坚持区别对待、分类施策，要求银行机构对暂时遇到困难但仍有发展前景的民营企业，不得盲目抽贷断贷。按照市场化法治化原则，通过组建债权人委员会、市场化债转股等方式，“一企一策”采取支持处置措施。推动银行机构落实普惠型小微企业贷款延期还本付息政策，加大对演出企业、旅行社、线下零售、住宿餐饮、外资外贸等受疫情持续影响行业企业的金融支持。另一方面，要求银行机构根据民营企业融资需求特点，借助互联网、大数据等新技术，设计个性化产品满足不同企业需求；并根据自身风险管理制度和业务流程，通过预授信、平行作业、简化年审等方式，提高信贷审批效率。

3. 金融科技赋能效果逐渐增强

2021年以来，国内各大银行继续加码金融科技业务，在扩大信用覆盖面、提高贷款效率等方面取得了积极成效，民营企业的获得感不断增强。目前各银行系金融科技子公司的产品体系主要从金融机构运行的前、中、后台三个层面有效提供科技服务。例如，中银金科通过科技赋能进一步提升集团综合化服务优势，并致力于打造具有市场竞争力的金融科技创新平台，分阶段、分领域向行业和市场开放服务，实现金融科技跨业输出。工银科技则提出，将以金融科技为手段，聚焦行业客户、政务服务等金融场景建设，开展技术创新、软件研发和产品运营。北银金融则通过大数据、云计算、人工智能、区块链等创新技术，为中小银行、企业和互联网用户提供数字化、智能化、全方位金融科技综合服务。

（四）直接融资力量稳中有进

1. 股权融资规模保持稳定

2021 年以来，我国企业在公开市场股权融资规模上保持相对稳定。根据统计，2021 年 1—11 月，我国上市公司共发生股权融资 1 125 起，累计募集资金 1.64 万亿元。其中，IPO 项目 494 起，累计募集资金 4 778 亿元；增发项目 475 起，累计募集资金 8 213 亿元；发行可转债 120 起，累计募集资金 2 684 亿元；发行可交换债 31 起，累计募集资金 415 亿元。相较于 2020 年的股权融资结构，可交换债、配股、优先股融资比例下降，截至 2021 年 11 月，优先股这种融资方式尚未被使用。从不同月份股权融资渠道结构来看，IPO 融资方式一直占据着主导地位，尤其是在 2021 年 11 月，随着北交所精选层开市，IPO 融资金额大幅提升。此外，2021 年下半年可转债融资规模小幅下降，增发融资规模小幅上升，并且在 11 月，增发融资规模同 IPO 规模一样有明显上升（见图 2）。

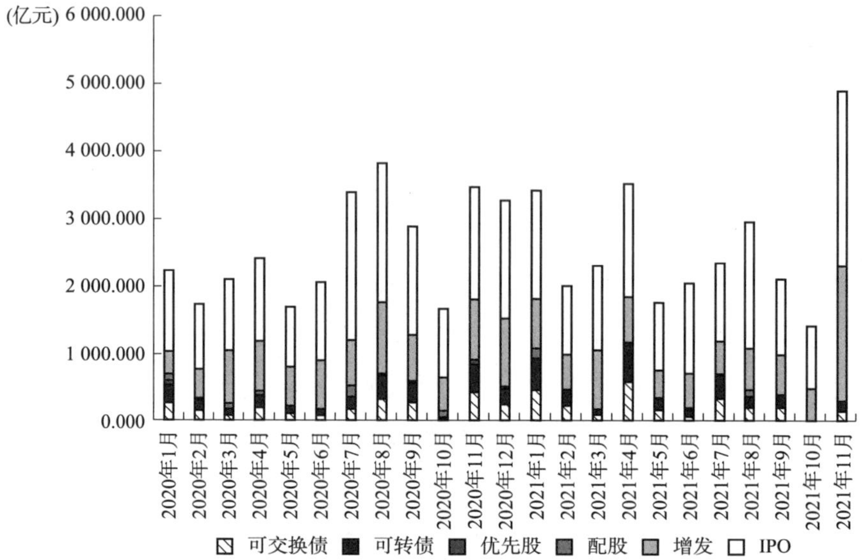

图 2　2020—2021 年我国上市公司股权融资情况

数据来源：Wind。

2. 债券市场融资规模小幅提升，风险状况值得关注

截至 2021 年 11 月，民营企业信用债发放规模小幅提升，全年累计发行民营企业信用债共 3 454 只，相较于去年同期增长 10.18%，前 11 个月总量上没有实现正的净融资，全年仅在 3 月、6 月和 11 月实现了正的净融资，可见民营企业融资环境仍然较为复杂，融资前景不容乐观（见图 3）。

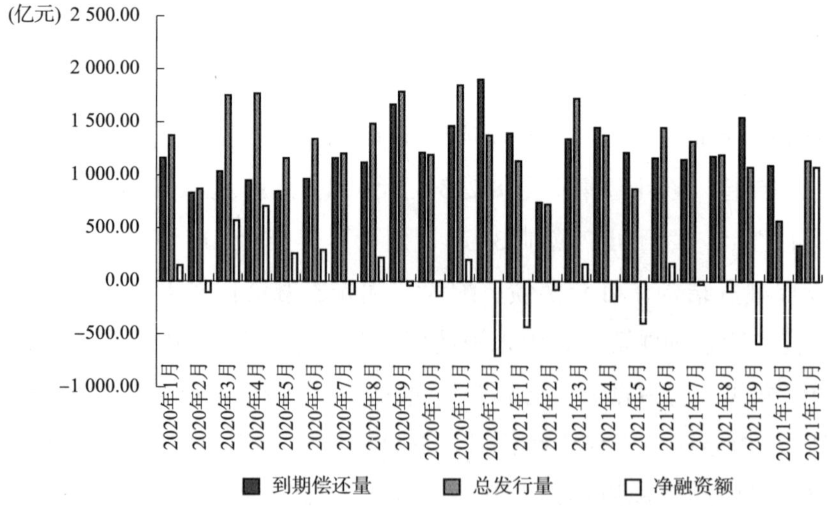

图 3　2020—2021 年民营企业信用债融资情况

数据来源：Wind。

此外，尽管2021年民营企业信用债发放规模提升，但相较于国有企业，民营企业信用债发放规模依然较低，并且相比于民营企业信用债净融资额鲜有为正的情况，国有企业信用债净融资额全年为正，并且国有企业无论是总融资额还是净融资额规模都远远超过民营企业信用债规模（见图4、图5）。

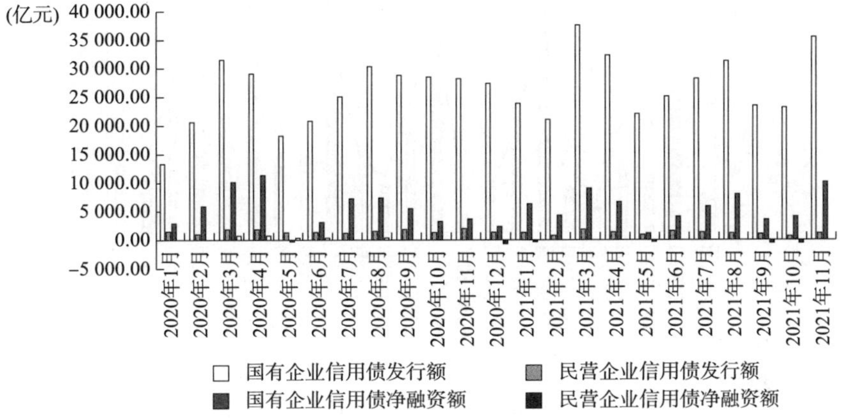

图4　2020—2021年企业信用债融资中国有企业和民营企业情况对比

数据来源：Wind。

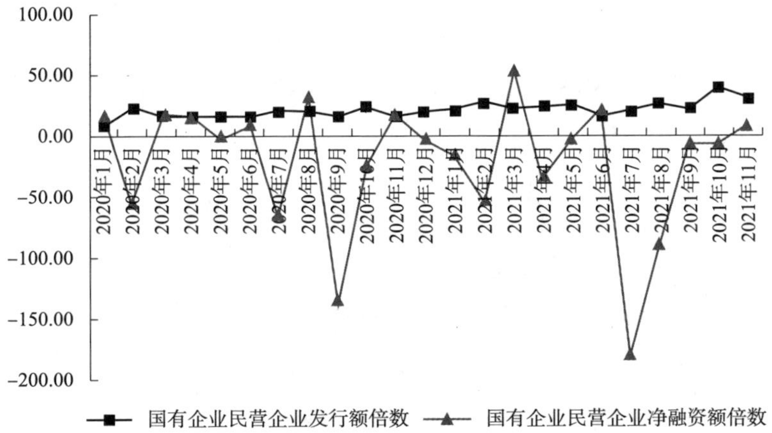

图5　2020—2021年企业信用债融资发行结构

数据来源：Wind。

民营企业信用风险问题暴露，2020年全年民营企业信用债违约金额为692.00亿元，违约数量114只。2021年1—11月，民营企业信用债违约金额为889.72亿元，违约数量142只。相较于2020年，2021年民营企业信用用债违约情况总体小幅提升，违约金额和违约数量分别在 3 月和 7 月达到全年最高，相比去年峰值均有提升（见图 6）。

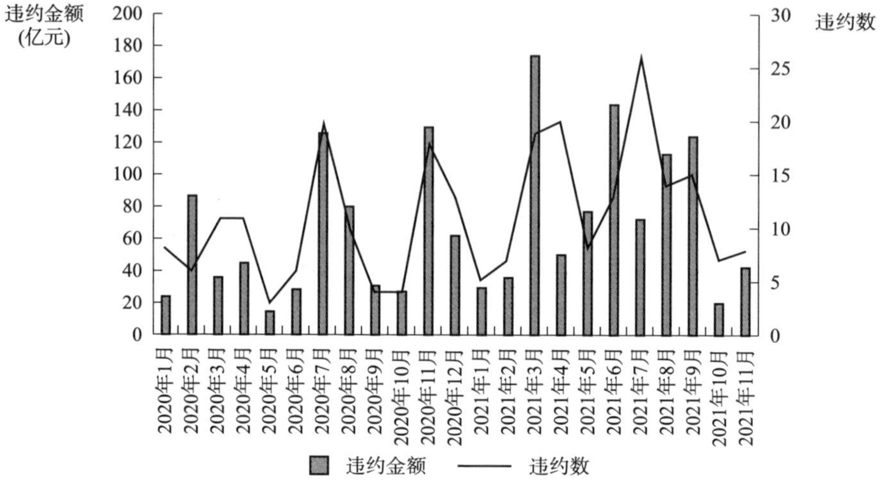

图 6　2020—2021 年民营企业信用债违约情况

数据来源：Wind。

对民营企业债券违约占比情况进行统计，2021 年 2 月后，民营企业债券违约数量经一段时间上涨后，到 8 月后呈现下降趋势。全年民营企业债券违约数量占比峰值为 88.89%，违约金额占比峰值为 92.75%。（见图 7）

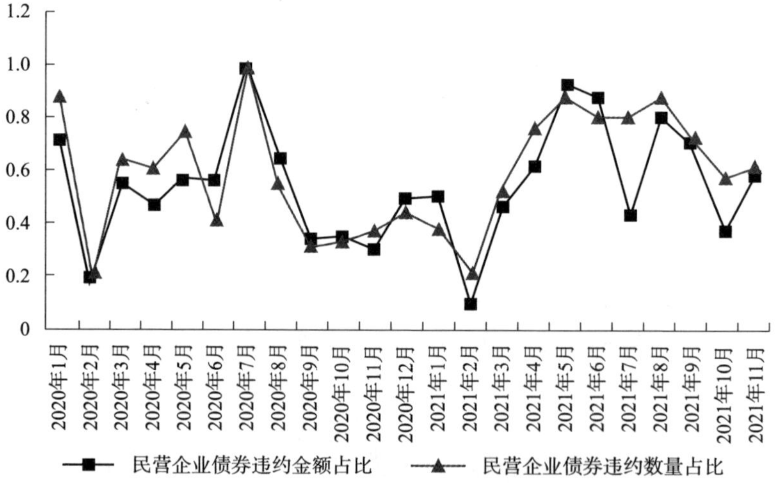

图 7　2020—2021 年民营企业债券违约占比情况

数据来源：Wind。

3. 创投融资总额稳中有降

2018 年到 2021 年，我国创投融资总额逐年下降，民营企业创投融资形势严峻。2018 年中国创投融资事件共 12 203 起，创投融资总金额为 16 477 亿元。到了 2020 年，受疫情的影响，中国创投融资事件下降至 9 551 件，创投融资总金额为 12 774 亿元。2021 年上半年中国创投融资事件有 6 349 起；融资金额为 7 773 亿元。其中 2021 年上半年中国创投市场共 6 349 起融资事件中，天使轮融资共计 1 830 起，A 轮融资共 1 822 起，B 轮融资共 1 866 起，合计占总融资数量的 87%；早期融资与成长期融资是 2021 年上半年创投市场投融资的主旋律（见图 8）。

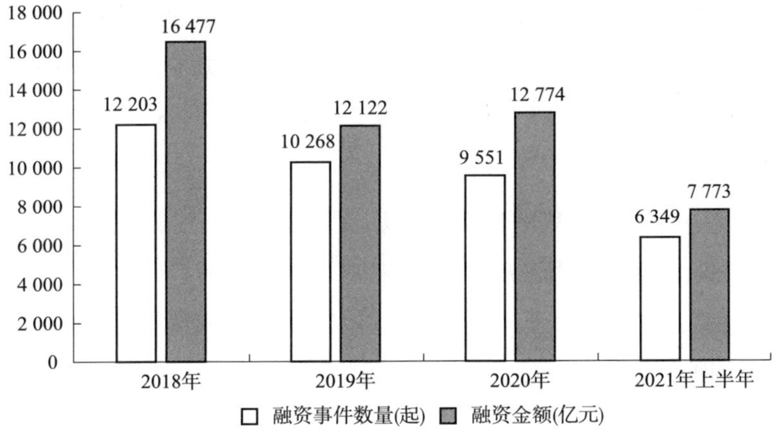

图 8　2018—2021 年上半年中国创投融资事件及金额

数据来源：智研咨询。

4. 北交所设立开辟新通道

2021 年 9 月 3 日，北京证券交易所（简称北交所）注册成立，是经国务院批准设立的我国第一家公司制证券交易所，受中国证监会监督管理。北交所定位于“服务创新型中小企业”，专注培育“专精特新”，尊重创新型中小企业发展规律和成长阶段。2021 年 11 月 15 日北交所正式开市，北交所首批共有 81 家上市公司，其中 69 家为民营企业，81 家上市公司共募集资金 178.41 亿元。北交所开市标志着中国多层次资本市场体系服务中小企业创新发展的能力再提升。

二、民营企业融资中存在的主要问题

（一）信息孤岛现象依然普遍存在

一是民营企业数字化程度参差不齐。整体来看，民营企业特别是中小微企业既缺乏数字化转型的内生动力，又欠缺数字化转型的能力。同时，不同领域、不同规模的民营企业数字化程度存在显著差异。制造业领域民营企业数字化程度总体高于服务业领域民营企业。高新技术和专业服务行业的民营企业的数字化程度要高于其他行业民营企业。民营企业数字化程度的差异影响金融机构及时、有效获取相关信息，直接制约了企业的融资能力。

二是信息共享机制有待加强。政府部门涉企数据依然较为分散，缺乏统一的数据监管平台，不利于金融机构获取全面的民营企业相关数据。涉企的政务数据共享机制尚未有效建立。

三是中小金融机构数字化能力欠缺。整体来看，金融机构不断加大对金融科技的投入力度，提升了整体的金融数据处理能力。但这些主要是大型金融机构为主导，中小、民营金融机构的数字化投入依然不足，大型金融机构的辅助则刚刚开始。

（二）间接融资体系有待完善

1. 支持民企融资的金融机构体系不健全

第一，银行信贷的门槛依然较高。各类银行是民营企业融资的主力军。但银行为控制风险往往在贷款时附加一系列比较严格和苛刻的审批条件。再加上现有中小银行尚不具备以大数据分析为核心的综合信贷评价能力，民营企业很难获得差异化的信贷服务。

第二，政策性金融机构相对缺乏。民营企业融资单纯靠市场化机制很难与国有企业同等待遇。因此需要政策性金融机构，特别是政策性担保基金积极介入。目前来看，政策性金融机构和风险分担机制都相对缺乏。

第三，民间金融机构有待进一步规范。民间金融机构的出现在一定程度上促进了民营企业融资问题的解决。但是目前缺乏相应的法律法规对民间金融机构进行规范，导致非正规金融活动的安全性很难得到保证，民间金融机构对民营企业融资的效用很难发挥。

2. 支持民企融资的信用担保体系不完善

民营企业所在区域内信用担保环境的完善与否对于其自身的项目贷款将会产生重要的影响。市场经济体制建立以来尤其是在党的十八大之后我国信用担保体系的建设进程稳步加快，且已经取得了一定的进展，但是目前我国的信用担保体系仍然不够完善，严重制约着民营企业项目贷款的成效，阻碍着民营企业的发展。

第一，信用担保行政色彩过于浓厚。在我国目前的信用担保体系中政策性担保占据绝对的指导地位，而互助性担保和商业性担保则是作为政策性担保的辅助，以下再分成中央、省、市、县四层，这种形式的担保体系运转的灵活性较差，且受到政府干预的影响较大，民营企业项目贷款的担保需求得不到满足。行政性的担保体系进而造成担保成本过高、覆盖范围小等缺陷。

第二，担保机构内部管理制度不合理。民营企业担保需求的增长促使担保机构的发展速度加快，但其管理体制以及风险防控体系的发展却难以与之相适应，主要体现在担保人员专业素质较低、担保产品种类较少以及担保风险居高不下等方面。担保机构内部的问题使得其无法为民营企业提供切实有效的信用担保服务。

第三，外部环境无法适应担保机构的正常运营。信用担保机构需要在适宜的外部经济环境中才能充分发挥其职能，但目前我国信用担保相关法律体系尚不完善，且缺乏规范的信用市场管理制度以及市场风险防控体系，加之信用担保机构、商业银行及企业的信息共享平台未能建立起来导致各方面之间的信息不对称，民营企业在这种信用环境下信用担保需求得不到满足。

（三）直接融资困难与风险并存

1. 直接融资门槛依然较高

截至 2021 年 11 月 30 日，在沪深北三市上市交易的民营企业为 2 902 家，在沪深主板、创业板、科创板、北交所上市的民营企业占比分别为 53.26%、81.51%、78.47%、85.37%。北交所的设立为民营企业融资提供了新的通道。

但是，三大交易所对于企业上市都有明确的要求，特别是具有一定要求的财务等指标对于民营企业来说依然门槛较高。

对于债券融资来说，民营企业发行信用债也许满足一系列主体评级、财务指标、公司治理等多维度的高标准要求，例如，对于民营企业发债要求股份有限公司的净资产不低于人民币 3 000 万元，有限责任公司的净资产不低于人民币 6 000 万元。可见，债券融资也难以覆盖绝大多数的民营企业。

2. 发债成本有待进一步降低

根据万德（Wind）数据统计，我国民营企业债券信用利差远高于国有企业，2021 年以来，民营企业债券信用利差月平均高于中央国有企业 244 个基点，高于地方国有企业 189 个基点。民营企业信用债利差上涨进一步提升企业融资成本，抑制了民营企业发债意愿。

3. 信用风险问题依然突出

国际环境叠加疫情冲击造成民营企业经营风险预期持续上升，也提升了民营企业债券违约概率。2021 年以来，恒大集团、康美集团等民营企业巨头相继出现问题，在所有违约债券中，民营企业占据绝对主体。随着经济下行压力，民营企业的信用风险暴露压力可能进一步加大，将进一步推升民营企业风险溢价，同时由于信用风险暴露将进一步限制民营企业从间接融资部门所能获得的资金规模，压缩民营企业融资空间。

4. 创投资金进退两难

从创投资金进入来看，创投资金大多较为保守，再加之政府主导性创投基金对管理者有风险、收益的评价要求，使得创投资金更倾向于选择有一定基础的成长期企业，而对于种子期和初创期企业的投资还相对较少，使得创投资金难以惠及大部分民营企业。加之目前我国对于知识成果价值评估还尚未形成统一的规范，使得大量科技型企业难以估值，从而进一步限制了创投资金的进入积极性。从创投资金退出来看，我国风险资本的退出渠道还尚不完善，主要是通过股权转让、破产清算以及企业公开上市后股权出售的方式完成投资回收。而其中股权转让需半数以上股东同意方可实施，破产清算资产分割规范含糊，公司上市门槛也较高，都使得退出渠道狭窄，一定程度上打击了创投资金的投资热情。

三、进一步促进民营企业融资的政策建议

（一）加大民营企业融资支持力度，促进中小微企业融资增量扩面降价

2021 年 12 月，中央经济工作会议指出，加大对实体经济融资支持力度，促进中小微企业融资增量、扩面、降价。受疫情持续冲击，以及今年大宗商品价格持续上涨带来的影响，中小微企业面临严峻的生存考验。“增量、扩面、降价”是推动中小微企业金融服务高质量发展的关键。2022 年，应进一步加大对中小微企业的融资支持力度。首先是“增量”，加大对中小微企业的信贷投放力度，保持对中小微企业信贷投放的高增速。其次是“扩面”，目前来看，有部分中小微企业已经得到金融体系的支持，获得银行的信贷支持，但还是有相当大部分的中小微企业从未从银行获得过贷款，要把贷款投放的面进一步拓展，使更多中小微企业可以从银行获得融资。最后是“降价”，央行可以在 2022 年通过再贷款、再贴现以及其他各种类型的工具，使商业银行的融资成本进一步下降，或者通过结构性工具，推动商业银行以更低的价格向中小微企业提供融资。

（二）实施系列扶持政策，着力支持民营企业融资纾困

加大纾困资金支持力度，鼓励地方出台针对性纾困政策，安排纾困资金，缓解民营企业成本上升压力，解决民营企业融资困境。适当新增支小再贷款额度、降低支小再贷款利率，支持地方法人银行向小微企业和个体工商户发放贷款，推动银行更多发放普惠小微信用贷款。继续开展清理拖欠中小微企业账款专项行动。在落实既有惠企纾困政策举措的基础上，不断增强政策的连续性、稳定性和可持续性，适时将部分阶段性惠企纾困政策转化为可长期实施的政策，为民营企业稳定发展增添新动能。

（三）改善民营企业融资环境，完善金融市场体系

一是完善民营企业信贷的容错机制，适度提高民营企业信贷不良的容忍

度。进一步完善现有政策法规的细则，尽快出台相关政策，将民营企业信贷授信尽职免责与不良贷款容忍制度有机结合，细化认定标准和免责条件，提升不良贷款容忍度的差异化，激发金融机构基层人员的内生动力。

二是建立民营企业多元融资体系。积极发展中小金融机构，新建村镇银行、地方性商业银行、中小民营企业政策性银行及中小民营企业发展基金，更好地服务民营企业；创新金融产品，发展应收账款融资、票据融资、存单质押贷款、普惠金融等，降低资金成本，扩大企业选择范围；发展并购基金、委托债券融资及私募股权基金等多种融资方式。

三是加快社会征信体系建设，建立统一的信用监管规则和标准。加快征信立法，引导评级机构和征信机构开展信用评价工作，促进征信业发展；建立健全征信信息互联互通机制，汇集和共享各类征信信息，促进民营企业信用体系建设。

四是构建多层次政策性融资担保体系。融资担保是促进民营企业融资的重要手段，发挥国家融资担保基金风险补偿机制的效力，构建省级再担保公司、商业性担保公司融资担保体系，形成多层次融资担保体系。

（四）增强直接融资力量，完善配套机制

一是积极发挥北交所作用。北交所的设立将进一步扩大市场直接融资比重。北交所定位于“服务创新型中小企业”，专注培育“专精特新”。相较于其他交易所，北交所上市条件更为“宽松”，有助于解决民营企业融资难、融资贵的核心问题。下一步，要加快北交所的改革和相关机制建设，发挥北交所的积极作用。

二是增设高评级全国性中小融资担保机构。目前大量民营企业在资本市场评级中存在明显短板，普遍评级达不到AA级。而大部分机构投资者对于债券的选择存在至少AA级的要求。这两者之间的矛盾，造成众多现金流稳健、增长预期明确的高质量民营企业难以用私募债等工具进行直接融资。

三是进一步创新完善债券投资的保险和再保险工具，降低债券违约后的资产保全风险。目前我国债券融资市场中缺乏信用风险对冲工具，使得在民营企业债券违约事件频发的背景下，企业发债举步维艰。因此可以借鉴发达

国家的信用风险对冲工具、保险工具，为债券投资者提供必要的风险对冲，降低违约风险损失，改善企业债券融资环境。

四是松绑创投资金，促进其发挥更大活力。对于政府引导型基金应该多维度遴选和评价管理团队，除了对业绩的考核外还要考虑投资匹配度和政策契合度，同时也要加强政府引导型创投基金投资的地域多元化，促进政府引导型创投基金真正发挥政策导向和普惠作用。同时还应该进一步完善创投资金的退出渠道，降低创投资金的退出难度，例如，进一步加强资本市场市场化力量，逐步地、合理地降低企业上市门槛；完善企业破产清算的法律规章的制定，方便创投资金能够及时抽身。另外，政府可以引导市场为创投资金退出开辟更多的渠道。政府可以考虑设立创投基金的二级市场或是降低对外资接手创投资金的限制，为创投资金退出开辟新渠道。

（五）进一步加强金融科技赋能民营企业融资

一是尽快构建信息共享机制。信息孤岛是民营企业数字化融资的核心问题。政府尽快主导建立信息共享机制，利用大数据、人工智能、区块链等金融科技手段将政府公共信息、征信系统信息、银行系统内部信息和企业信息进行整合，实现涉企数据信息共享机制的建立健全，从而支持金融机构建立以大数据分析为核心的综合性信用评价体系，通过差异化的服务使更多小微企业获得银行信贷支持。

二是创新银行信贷服务模式。银行借助大数据、区块链、物联网及电子发票技术和数字身份认证技术，核心是为民营企业精准信用画像，构建低成本低风险的贷前评估、贷中监控、贷后实时跟踪的全天候信贷信息服务系统，打造民营企业批量、快速、低风险融资的新模式。

三是加大金融科技赋能力度，优化供给效率和创造供给新渠道。一方面，加大金融科技水平提升及其在直接融资市场的应用，完善资本市场建设。如今资本市场的发展和运转高度依赖 IT 系统基础设施的支撑，且支付结算环节同时是链接各金融机构及市场参与者资金、证券和财产权益交易活动的枢纽。金融科技凭借大数据、区块链、云计算等底层技术，可有效赋能交易结算等环节的基础设施建设。另一方面，运用金融科技智能捕捉潜在金融需求，挖掘长尾客户，打造个性化金融产品和服务。这样有助于进一步有效挖掘和聚集闲散资金，提升民营企业可融资资金体量。

四是构建基于核心企业供应链的金融创新平台。供应链金融创新的核心是借助电子合同、电子发票技术以及大数据技术、区块链技术、物联网技术，通过证券化、标准化、可流转化的金融创新，将企业信息流、物流和资金流完美合一，实现供应链实时、低成本融资服务，从而极大便利民营企业融资，激发经济活力。

课题组：

中关村互联网金融研究院院长　刘　勇

北京交通大学经济管理学院副教授、博士生导师　陆　超

中关村互联网金融研究院　曹婷婷

北京交通大学经济管理学院　王　宸

北京交通大学经济管理学院　祝天琪

北京交通大学经济管理学院　赵子颖

2020—2021 年中国民营经济税收发展报告

摘要：本报告描述了 2012—2020 年分企业类型税收发展情况以及 2021 年中国民营经济税收运行情况，总结了民营经济税收运行的主要特征，同时对党的十八大以来中国民营经济税收发展进行各个层面和不同角度的详细分析。通过对民营经济的定性和定量分析全方位描绘了中国民营经济税收发展全貌。

党的十八大以来，中国民营经济发展规模日益壮大，民营经济税收收入也随着其经济地位的提高而迅速增加。根据税务部门分企业类型的税收收入统计资料，民营经济（广义民营经济是指除国有及国有控股、涉外企业之外的所有企业及个体工商户）税收收入从 2012 年的 54 990.29 亿元，增加到 2020 年的 109 046.68 亿元。

一、2012—2020 年中国分企业类型税收发展状况

从 2012 年起，中国税收收入按企业类型划分，分为国有企业、集体企业、股份合作企业、联营企业、股份公司（包括有限责任公司、股份有限公司）、私营企业、港澳台投资企业、外商投资企业、个体经营和其他企业。

（一）分企业类型税收总量及占比重分析

1. 分企业类型税收收入分析

全国税收收入从 2012 年的 110 764.04 亿元，增加到 2020 年的 165 999.72 亿元。其中，国有企业税收收入从 2012 年的 14 973.85 亿元，减少到 2020 年的 12 592.14 亿元；股份公司税收收入从 2012 年的 51 371.61 亿元，

增加到2020年的80 337.49亿元；私营企业税收收入从2012年的10 807.79亿元，增加到2020年的29 133.20亿元；个体经营税收收入从2012年的5 522.19亿元，增加到2020年的9 026.53亿元（见表1、图1）。

表1　2012—2020年分企业类型税收收入情况

单位：亿元

时间	税收收入	国有	集体	股份合作	联营	股份公司	私营	港澳台投资	外商投资	个体经营	其他
2012年	110 764.04	14 973.85	969.69	617.02	99.83	51 371.61	10 807.79	7 005.02	14 764.02	5 522.19	4 633.02
2013年	119 959.91	15 376.59	1 009.61	593.95	78.06	56 592.84	11 684.45	7 403.69	15 673.84	6 781.57	4 765.31
2014年	129 541.12	15 925.03	981.53	638.79	75.68	62 453.59	12 545.48	8 049.47	16 871.12	6 838.03	5 162.40
2015年	136 021.83	15 999.33	885.29	603.54	70.96	67 932.61	13 012.16	8 317.25	16 500.00	6 846.69	5 854.00
2016年	140 504.03	14 954.95	841.10	518.92	51.92	70 755.80	15 195.36	8 845.34	16 813.87	7 125.53	5 401.24
2017年	155 734.72	14 688.99	691.38	471.70	—	76 807.52	20 121.27	29 200.91（涉外企业）		8 025.58	5 680.39
2018年	169 956.57	14 032.02	666.45	653.99	—	82 567.68	26 200.02	30 328.46（涉外企业）		9 286.75	6 356.64
2019年	172 102.36	13 892.64	569.29	407.91	—	84 261.13	28 465.53	28 595.67（涉外企业）		8 948.79	6 921.56
2020年	165 999.72	12 592.14	460.14	346.72	60.60	80 337.49	29 133.20	9 626.48	16 999.08	9 026.53	7 417.34

资料来源：历年《税收收入月度快报》。

注：1.股份公司税收收入为有限责任公司和股份有限公司合计数；2.2017—2019年港澳台投资企业与外商投资企业税收合并为涉外企业税收。

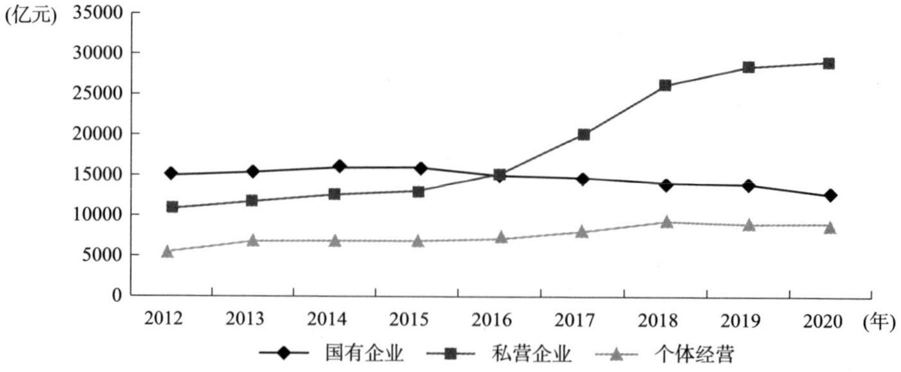

图1　2012—2020年主要企业类型税收收入变化趋势

从私营企业与国有企业税收收入对比看。2012 年私营企业税收收入仅为国有企业税收收入的 72.18%。2016 年私营企业税收收入首次超过国有企业，比国有企业税收收入多 240.41 亿元，所占比重超过国有企业 0.17 个百分点。2020 年私营企业税收为 29 133.20 亿元，占全部税收收入的 17.6%，与此相反，国有企业税收为 12 592.14 亿元，占全部税收收入的 7.6%，私营企业税收收入已经大大超过国有企业，是国有企业的 2.31 倍。

2. 分企业类型税收收入所占比重分析

从各企业类型税收收入所占比重看，国有企业税收占税收收入的比重逐年下降，从 2012 年的 13.5% 下降到 2020 年的 7.6%，下降了 5.9 个百分点；股份公司税收占税收收入的比重先升后降，从 2012 年的 46.4%，提高到 2016 年的 50.4%，又降至 2020 年的 48.4%；私营企业税收占税收收入的比重逐年提高，从 2012 年的 9.8%，提高到 2020 年的 17.6%，提高了 7.8 个百分点（见表 2、图 2）。

表 2　2012—2020 年主要企业类型税收收入所占比重

<table>
<tr><th>时间</th><th>税收收入</th><th>国有企业</th><th>股份公司</th><th>私营企业</th><th>港澳台投资</th><th>外商投资</th><th>个体经营</th><th>其他</th></tr>
<tr><td>2012 年</td><td>100.0%</td><td>13.5%</td><td>46.4%</td><td>9.8%</td><td>6.32%</td><td>13.33%</td><td>5.0%</td><td>4.2%</td></tr>
<tr><td>2013 年</td><td>100.0%</td><td>12.8%</td><td>47.2%</td><td>9.7%</td><td>6.17%</td><td>13.07%</td><td>5.7%</td><td>4.0%</td></tr>
<tr><td>2014 年</td><td>100.0%</td><td>12.3%</td><td>48.2%</td><td>9.7%</td><td>6.21%</td><td>13.02%</td><td>5.3%</td><td>4.0%</td></tr>
<tr><td>2015 年</td><td>100.0%</td><td>11.8%</td><td>49.9%</td><td>9.6%</td><td>6.11%</td><td>12.13%</td><td>5.0%</td><td>4.3%</td></tr>
<tr><td>2016 年</td><td>100.0%</td><td>10.6%</td><td>50.4%</td><td>10.8%</td><td>6.30%</td><td>11.97%</td><td>5.1%</td><td>3.8%</td></tr>
<tr><td>2017 年</td><td>100.0%</td><td>9.4%</td><td>49.3%</td><td>12.9%</td><td colspan="2">18.8%</td><td>5.2%</td><td>3.6%</td></tr>
<tr><td>2018 年</td><td>100.0%</td><td>8.3%</td><td>48.6%</td><td>15.4%</td><td colspan="2">17.8%</td><td>5.5%</td><td>3.7%</td></tr>
<tr><td>2019 年</td><td>100.0%</td><td>8.1%</td><td>49.0%</td><td>16.5%</td><td colspan="2">16.6%</td><td>5.2%</td><td>4.0%</td></tr>
<tr><td>2020 年</td><td>100.0%</td><td>7.6%</td><td>48.4%</td><td>17.6%</td><td>5.8%</td><td>10.2%</td><td>5.4%</td><td>4.5%</td></tr>
</table>

注：根据表 1 资料计算得出。

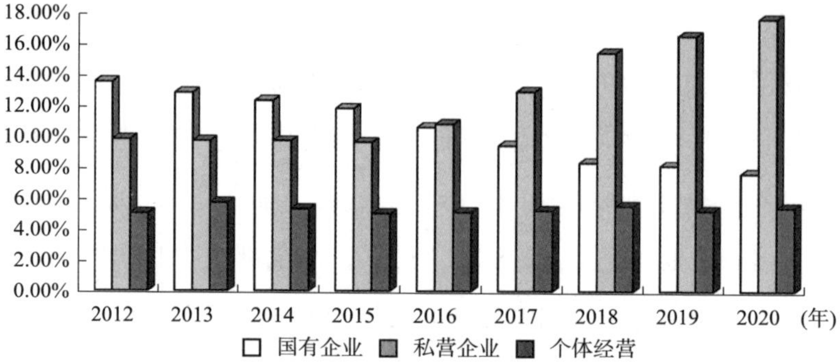

图 2　2012—2020 年主要企业类型税收所占比重比较

（二）分企业类型税收增加额及增长速度分析

1. 分企业类型税收收入增加额分析

2020 年税收收入较上年减少 6 102.64 亿元。其中，国有企业税收减少 1 300.50 亿元；股份公司税收减少 3 923.65 亿元；私营企业税收增加 667.67 亿元；个体经营税收增加 77.74 亿元。可以说，由于私营企业和个体经营税收收入的增加，大大减缓了税收收入总额减少的幅度。特别是 2016 年至 2019 年，私营企业税收收入增加额分别为 2 183.20 亿元、4 954.45 亿元、6 078.75 亿元和 2 351.02 亿元（见表 3、图 3）。

表 3　2012—2020 年主要企业类型税收收入增加额

单位：亿元

时间	税收收入	国有企业	股份公司	私营企业	港澳台投资	外商投资	个体经营	其他
2012年	15 034.58	1 058.77	8 002.34	655.37	636.92	1 494.13	1 470.65	1 558.07
2013年	9 195.87	402.74	5 221.23	876.66	398.67	909.82	1 259.38	132.29
2014年	9 581.21	548.44	5 860.75	861.03	645.78	1 197.28	56.46	397.09
2015年	6 480.71	74.30	5 479.02	466.68	267.78	−371.12	8.66	691.60
2016年	4 482.20	−1 044.38	2 823.19	2 183.20	528.09	313.87	278.84	−452.76
2017年	15 235.68	−225.77	6 250.30	4 954.45	3 588.00		1 040.14	−169.64
2018年	14 221.85	−656.97	5 760.16	6 078.75	1 127.55		1 261.17	676.25
2019年	2 145.79	−103.59	1 964.91	2 351.02	−1 641.84		−876.65	692.39
2020年	−6 102.64	−1 300.50	−3 923.65	667.67	−900.64	−1 069.46	77.74	495.78

注：根据表 1 资料计算得出。

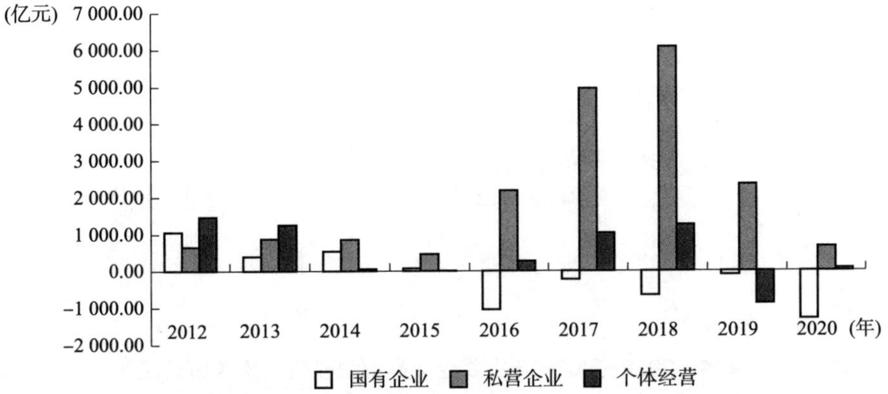

图 3 2012—2020 年主要企业类型税收收入增加额比较

2. 分企业类型税收收入增速分析

2012 年到 2020 年，税收收入增长速度（除 2017 年、2018 年外）总体态势呈逐年下降趋势。其中，国有企业税收增速从 2012 年的 7.6%，到 2020 年的 –9.4%；私营企业税收增速呈"中间高、两头低"态势，2017 年增速最高达 32.7%，2020 年增速仅为 2.3%；个体经营税收增速呈不规则波动态势，2012 年增速高达 36.3%，2019 年由于上年高速增长增速回落为 –8.9%，2020 年增速仅为 0.9%（见表 4、图 4）。

表 4 2012—2020 年主要企业类型税收收入增速比较

时间	税收收入	国有企业	股份公司	私营企业	港澳台投资	外商投资	个体经营	其他企业
2012年	15.7%	7.6%	18.5%	6.5%	10.0%	11.3%	36.3%	50.7%
2013年	8.3%	2.7%	10.2%	8.1%	5.7%	6.2%	22.8%	2.9%
2014年	8.0%	3.6%	10.4%	7.4%	8.7%	7.6%	0.8%	8.3%
2015年	5.0%	0.5%	8.8%	3.7%	3.3%	−2.2%	0.1%	13.4%
2016年	3.3%	−6.5%	4.2%	16.8%	6.4%	1.9%	4.1%	−7.7%
2017年	10.8%	−1.5%	8.9%	32.7%	（涉外企业）14.0%		11.9%	−2.9%
2018年	9.1%	−4.5%	7.5%	30.2%	（涉外企业）3.9%		15.7%	11.9%
2019年	1.3%	−0.7%	2.4%	9.0%	（涉外企业）−5.4%		−8.9%	11.1%
2020年	−3.5%	−9.4%	−4.7%	2.3%	−8.6%	−5.9%	0.9%	7.2%

注：根据表 1 资料计算得出。

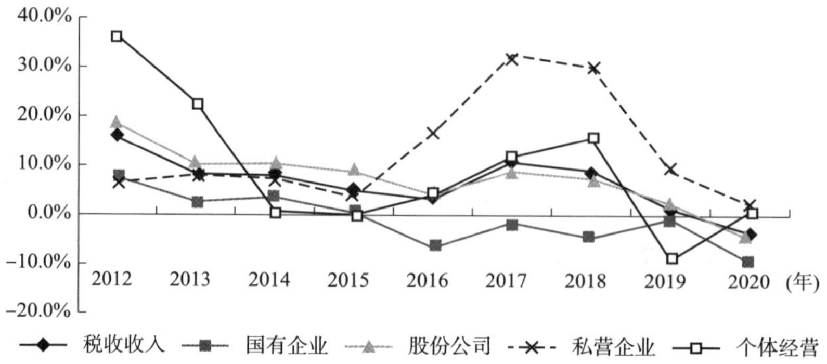

图 4　2012—2020 年主要企业类型税收收入增长率比较

二、2012—2020 年民营经济税收发展状况分析

2012 年党的十八大以后，国家税务总局收入规划核算司在《税收月度快报》中增加了国有及国有控股企业税收收入统计分类，这为我们分析民营经济（企业）税收收入提供了极大的方便。

按照《税收月度快报》分类，各经济类型税收收入分为国有企业、集体企业、股份合作企业、股份公司、私营企业、涉外企业、个体经营和其他企业八大类，并单独列出了国有及国有控股。由于股份合作、股份公司中各种所有制成分较为复杂，没有详细的分类数据很难划分清楚，有了国有及国有控股数据，我们就可以用剔除法算出非国有及国有控股部分的税收收入数据，再减去涉外企业税收收入数据，就可以计算出民营经济税收收入。

（一）民营经济税收收入及所占比重分析

1. 民营经济税收收入分析

2012 年至 2020 年，民营企业税收收入从 2012 年的 54 990.29 亿元，增加到 2020 年的 99 046.68 亿元，较 2012 年增加 44 056.39 亿元，是 2012 年的 1.8 倍，较 2015 年增加 30 973.68 亿元，是 2015 年的 1.46 倍；国有及国有控股税收收入从 2012 年的 33 996.50 亿元，增加到 2020 年的 40 327.48 亿元；涉外企业税收收入从 2012 年的 21 753.25 亿元，增加到 2020 年的 26 625.56 亿元（见表 5、图 5）。

表 5　2012—2020 年民营经济、国有及国有控股和涉外企业税收收入状况

单位：亿元

时间	税收收入	民营经济	国有及国有控股	涉外企业
2012年	110 740.04	54 990.29	33 996.50	21 753.25
2013年	119 942.99	60 505.85	36 445.40	22 991.74
2014年	129 541.07	64 781.56	39 835.01	24 924.50
2015年	136 021.48	68 073.00	43 185.52	24 762.96
2016年	140 499.04	71 833.94	43 052.19	25 612.91
2017年	155 734.72	82 062.06	44 471.75	29 200.91
2018年	169 956.57	96 465.52	43 162.59	30 328.46
2019年	172 102.36	100 867.88	42 638.81	28 595.67
2020年	165 999.72	99 046.68	40 327.48	26 625.56

资料来源：历年《税收月度快报》。

注：民营经济税收收入（本文为广义民营经济或宽口径民营经济税收）是指除国有及国有控股、涉外企业（包括港澳台商投资企业、外商投资企业）之外的企业。私营企业加个体经营，我们称之为狭义民营经济税收或窄口径民营经济税收。

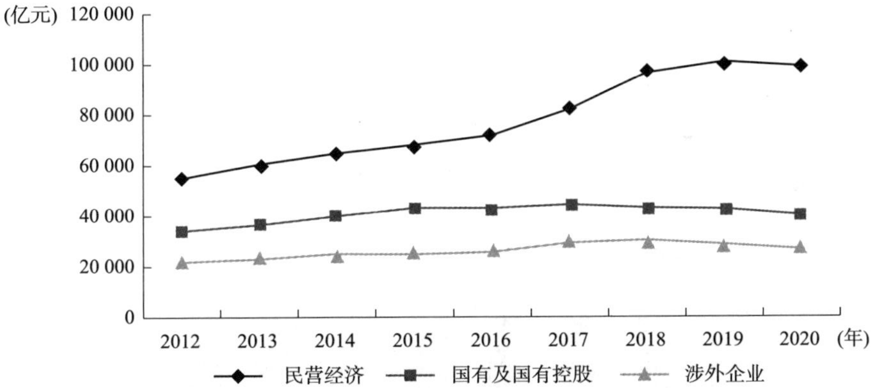

图 5　2012—2020 年民营经济、国有及国有控股、涉外企业税收收入对比图

2. 民营经济税收收入所占比重分析

民营经济税收收入占全部税收收入的比重，2012 年到 2020 年呈稳步上升态势，2013 年占比首次超过 50%，2016 年达到 51.1%，较上年提高 1.0 个百分点，2017 年占比为 52.7%，又较上年提高了 1.6 个百分点，随后一直保持较快的上升态势，2020 年则提高到了 59.7%，较 2012 年提高了 10.0 个百分点，较 2015 年提高了 9.6 个百分点，较 2019 年提高了 1.1 个百分点，可以说民营经济税收占全部税收收入从“半壁江山”到“六成”的格局不会太远（见表 6）。

国有及国有控股税收收入占税收收入的比重逐年下降，从 2012 年的 30.7%，下降到 2020 年的 24.3%，较 2012 年下降了 6.4 个百分点，较 2015 年下降了 7.4 个百分点；涉外企业税收占税收收入的比重逐年下降，2020 年为 16.0%，较 2012 年的 19.6% 下降了 3.6 个百分点，较 2015 年的 18.2% 下降了 2.2 个百分点，较 2019 年的 16.6% 下降了 0.6 个百分点，涉外企业税收收入不断下降的现象值得关注（见表 6、图 6）。

表 6　2012—2020 年民营经济、国有及国有控股、涉外企业税收收入占比情况

时间	税收收入	民营经济	国有及控股	涉外企业
2012年	100.0%	49.7%	30.7%	19.6%
2013年	100.0%	50.4%	30.4%	19.2%
2014年	100.0%	50.0%	30.8%	19.2%
2015年	100.0%	50.1%	31.7%	18.2%
2016年	100.0%	51.1%	30.7%	18.2%
2017年	100.0%	52.7%	28.6%	18.7%
2018年	100.0%	56.8%	25.4%	17.8%
2019年	100.0%	58.6%	24.8%	16.6%
2020年	100.0%	59.7%	24.3%	16.0%

注：根据表 5 资料计算得出。

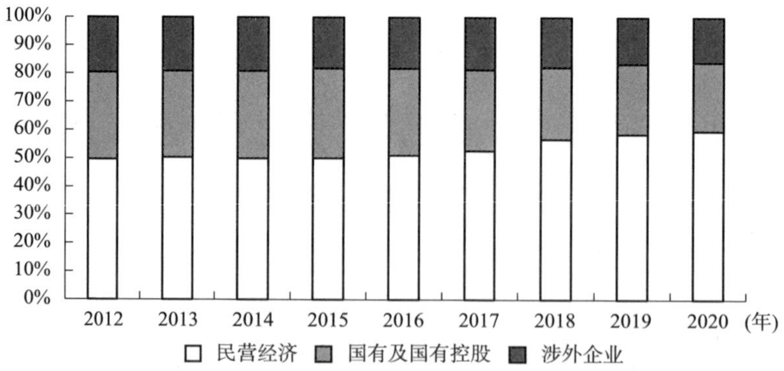

图 6　2012—2020 年民营经济、国有及国有控股、涉外企业税收占比

（二）民营经济税收增加额及增长速度分析

1. 民营经济税收收入增加额分析

2020 年税收收入较上年减少 6 102.64 亿元。其中，民营经济税收减少 1 821.20 亿元；国有及国有控股税收减少 2 311.33 亿元；涉外企业税收减少 1 970.11 亿元（见表 7）。

2012 年至 2016 年民营经济税收收入分别较上年增加 9 021.64 亿元、5 515.56 亿元、4 275.71 亿元、3 291.44 亿元、3 760.94 亿元，特别是 2017 年、2018 年两年民营经济税收增加额均超过万亿元，分别为 10 228.12 亿元和 14 403.46 亿元（见表 7、图 7）。

表 7　2012—2020 年民营经济、国有及国有控股、涉外企业税收收入增加额情况

单位：亿元

时间	税收收入	民营经济	国有及国有控股	涉外企业
2012年	15 034.58	9 021.64	3 881.89	2 131.05
2013年	9 195.87	5 515.56	2 448.9	1 308.49
2014年	9 581.21	4 275.71	3 389.61	1 843.06
2015年	6 480.71	3 291.44	3 350.51	−103.34
2016年	4 482.20	3 760.94	−133.33	841.96
2017年	15 235.68	10 228.12	1 419.56	3 588.00
2018年	14 221.85	14 403.46	−1 309.16	1 127.55
2019年	2 145.79	4 402.36	−523.78	−1 641.84
2020年	−6 102.64	−1 821.20	−2 311.33	−1 970.11

注：根据表 5 资料计算得出。

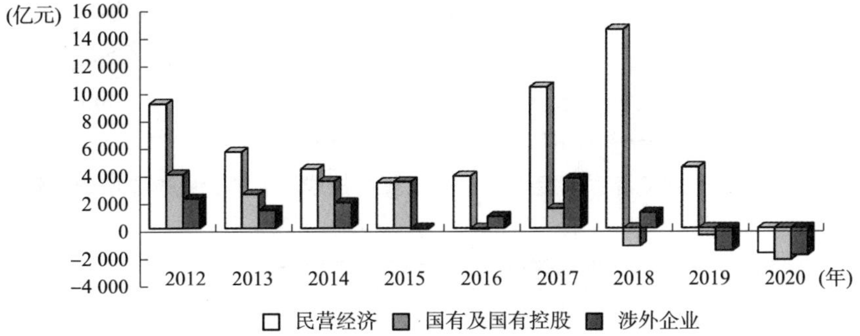

图 7　2012—2020 年民营经济、国有及国有控股、涉外企业税收增加额比较图

2. 民营经济税收收入增速分析

2013 年到 2020 年，民营经济税收增速基本保持高于国有及国有控股和涉外企业的增速。民营经济税收增速 2018 年最高为 17.6%，2020 年回落为 –1.8%，远低于国有及国有控股、涉外企业回落幅度；国有及国有控股税收增速呈波动态势，2014 年增速最高为 9.3%，到 2020 年回落为 –5.4%；涉外企业税收增速呈不规则波动态势，2017 年增速高达 14.0%，2019 年增速回落为 –5.4%，2020 年增速进一步回落为 –6.9%（见表 8、图 8）。

表 8　2013—2020 年民营经济、国有及国有控股和涉外企业税收增速比较

时间	税收收入	民营经济	国有及国有控股	涉外企业
2013年	8.3%	10.0%	7.2%	5.7%
2014年	8.0%	7.1%	9.3%	8.4%
2015年	5.0%	5.1%	8.4%	–0.6%
2016年	3.3%	5.5%	–0.3%	3.4%
2017年	10.8%	14.2%	3.3%	14.0%
2018年	9.1%	17.6%	–2.9%	3.9%
2019年	1.3%	4.6%	–1.1%	–5.4%
2020年	–3.5%	–1.8%	–5.4%	–6.9%

注：根据表 5 资料计算得出。

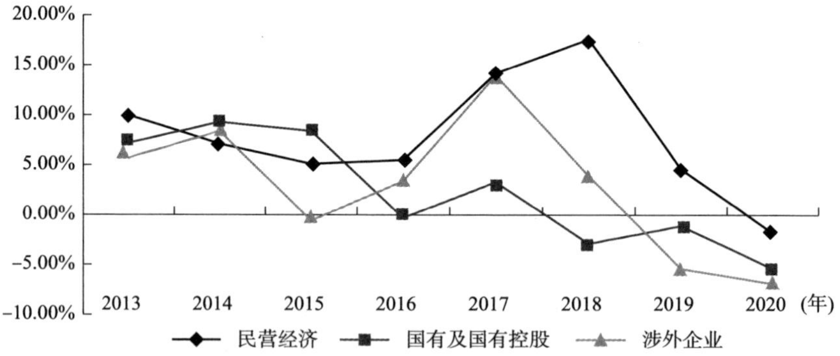

图 8　2013—2020 年民营经济、国有及国有控股、涉外企业税收增速比较

三、2021 年民营经济税收运行分析

2021 年，我国税收收入 188 737.31 亿元，同比增长 13.7%，较上年同

期增加 22 737.59 亿元。其中，国有及国有控股（以下简称国有及控股）46 586.46 亿元，占全部税收收入的 24.7%，较上年同期提高 0.4 个百分点；涉外企业 29 703.93 亿元，占全部税收收入的 15.7%，较上年同期下降 0.3 个百分点（见表 9）。

2021 年，民营经济税收收入 112 446.92 亿元，同比增长 13.5%，占全部税收收入的 59.6 %，较上年同期下降 0.1 个百分点。民营企业税收收入较上年同期增加 13 400.24 亿元，占全部税收增加额的 58.9%。其中：私营企业 34 882.98 亿元，占 18.5%，较上年同期提高 0.9 个百分点（见表 9）。

表 9　2021 年各经济类型企业税收收入数据

单位：亿元、%

指标名称	2019年	2020年			2021年		
	收入额	收入额	增速	增加额	收入额	增速	增加额
全国税收收入	172 102.36	165 999.72	−3.5	−6 102.64	188 737.31	13.7	22 737.59
国有及控股	42 638.81	40 327.48	−5.4	−2 311.33	46 586.46	15.5	6 258.98
占比	24.8	24.3	—	—	24.7	—	27.5
涉外企业	28 595.67	26 625.56	−6.9	−1 970.10	29 703.93	11.6	3 078.37
占比	16.6	16.0	—	—	15.7	—	13.5
民营经济	100 867.88	99 046.68	−1.8	−1 821.21	112 446.92	13.5	13 400.24
占比	58.6	59.7	—	—	59.6	—	58.9
其中：私营企业	28 465.58	29 133.20	2.3	667.67	34 882.98	19.7	5 749.78
占比	16.5	17.6	—	—	18.5	—	25.3

资料来源：国家税务总局收入规划核算司《税收月度快报》，下同。

注：民营经济是指除国有及国有控股（简称国有及控股）、涉外企业（包括港澳台商投资企业和外商投资企业）以外的企业，包括私营企业，下同。

（一）2021 年民营企业税收收入分季度累计分析

2021 年 1—3 月累计，国有及控股税收收入 12 565.24 亿元，涉外企业税收收入 7 743.06 亿元，民营企业税收收入 31 530.50 亿元；1—6 月累计，国有及控股税收收入 27 858.22 亿元，涉外企业税收收入 17 025.01 亿元，民营企业税收收入 63 271.59 亿元；1—9 月累计，国有及控股税收收入 38 402.20 亿元，涉外企业税收收入 23 979.00 亿元，民营企业税收收入 89 257.86 元；1—12 月累计，国有及控股税收收入 46 586.46 亿元，涉外企业税收收入 29 703.93 亿元，民营企业税收收入 112 446.90 亿元（见表 10）。

表 10　各经济类型企业税收收入

单位：亿元

时间	全国税收	国有及控股	涉外企业	民营经济
2019 年 1—12 月	172 102.36	42 638.81	28 595.67	100 867.88
2020 年 1—3 月	41 791.56	10 725.12	6 680.76	24 385.68
2020 年 1—6 月	88 997.49	23 846.34	14 030.81	51 120.34
2020 年 1—9 月	128 366.13	32 903.36	20 530.11	74 932.66
2020 年 1—12 月	165 999.72	40 327.48	26 625.56	99 046.68
2021 年 1—3 月	51 838.80	12 565.24	7 743.06	31 530.50
2021 年 1—6 月	108 154.82	27 858.22	17 025.01	63 271.59
2021 年 1—9 月	151 639.06	38 402.20	23 979.00	89 257.86
2021 年 1—12 月	188 737.31	46 586.46	29 703.93	112 446.90

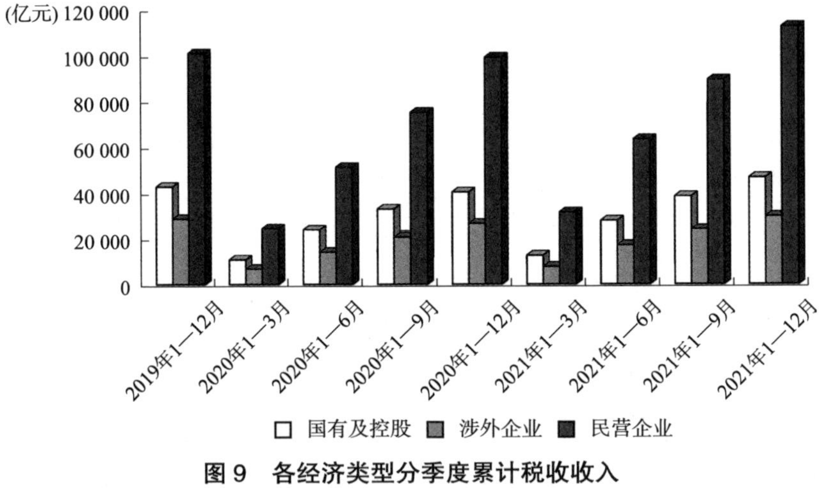

图 9　各经济类型分季度累计税收收入

（二）2021 年民营企业税收收入分季度累计增速分析

2021 年，1—3 月累计，国有及控股税收收入同比增长 17.2%，涉外企业税收收入同比增长 15.9%，民营企业税收收入同比增长 29.3%；1—6 月累计，国有及控股税收收入同比增长 16.8%，涉外企业税收收入同比增长 21.3%，民营企业税收收入同比增长 23.8%；1—9 月累计，国有及控股税收收入同比增长 16.7%，涉外企业税收收入同比增长 16.8%，民营企业税收收入同比增长 19.1%；1—12 月累计，国有及控股税收收入同比增长 15.5%，涉外企业税收收入同比增长 11.6%，民营企业税收收入同比增长 13.5%（见表 11、图 10）。

表 11 各经济类型企业税收收入增速

单位：%

时间	税收收入	国有及控股	涉外企业	民营企业	其中：私营企业
2019年1—12月	1.3	-1.1	-5.4	4.6	9.0
2020年1—3月	-18.1	-22.8	-21.7	-14.7	-8.8
2020年1—6月	-11.7	-10.9	-17.0	-10.5	-5.6
2020年1—9月	-6.7	-7.4	-10.4	-5.4	-1.1
2020年1—12月	-3.5	-5.4	-6.9	-1.8	2.3
2021年1—3月	24.0	17.2	15.9	29.3	33.3
2021年1—6月	21.5	16.8	21.3	23.8	30.7
2021年1—9月	18.1	16.7	16.8	19.1	26.9
2021年1—12月	13.7	15.5	11.6	13.5	19.7

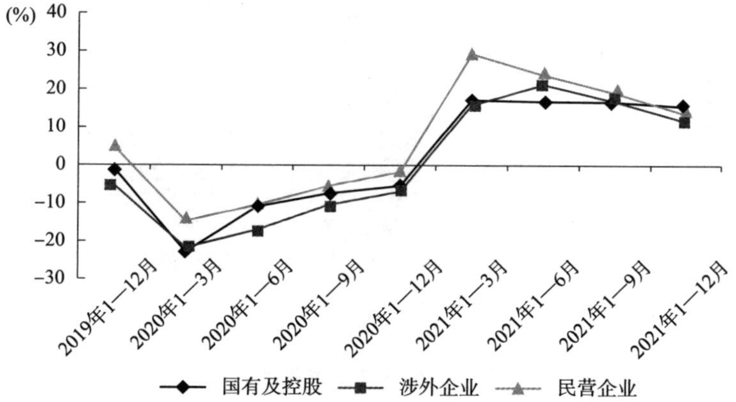

图 10 各经济类型税收收入增速比较

（三）2021 年分季度累计民营企业税收收入占全部税收收入的比重分析

国有及控股税收收入占比，2021 年 1—3 月累计为 24.2%，1—6 月累计为 25.8%，1–9 月累计为 25.3%，1—12 月累计为 24.7%；涉外企业税收收入占比，2021 年 1—3 月累计为 14.9%，1—6 月累计为 15.7%， 1—9 月累计为 15.8%，1—12 月累计为 15.7%；民营企业税收收入占比，2021 年 1—3 月累计为 60.8%，1—6 月累计为 58.5%，1—9 月累计为 58.9%，1—12 月累计为 59.6%（见表 12、图 11）。

表 12 各经济类型企业税收收入占比

单位：%

时间	国有及控股	涉外企业	民营企业	其中：私营企业
2019年1—12月	24.8	16.6	58.6	16.5
2020年1—3月	25.7	16.0	58.4	18.1
2020年1—6月	26.8	15.8	57.4	17.0
2020年1—9月	25.6	16.0	58.4	17.0
2020年1—12月	24.3	16.0	59.7	17.6
2021年1—3月	24.2	14.9	60.8	19.4
2021年1—6月	25.8	15.7	58.5	18.3
2021年1—9月	25.3	15.8	58.9	18.3
2021年1—12月	24.7	15.7	59.6	18.5

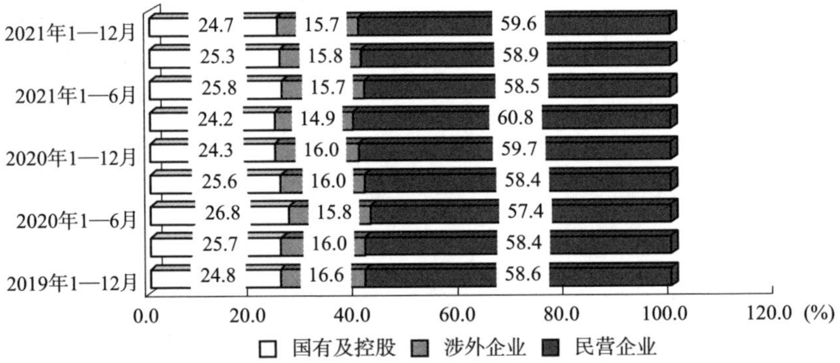

图 11 各经济类型税收收入占比

（四）2021 年分季度累计民营企业税收收入较上年同期增加额分析

2021 年，1—3 月累计，国有及控股税收收入较上年同期增加 1 840.12 亿元，涉外企业税收收入较上年同期增加 1 062.30 亿元，民营企业税收收入较上年同期增加 7 144.82 亿元；1—6 月累计，国有及控股税收收入较上年同期增加 4 011.88 亿元，涉外企业税收收入较上年同期增加 2 994.20 亿元，民营企业税收收入较上年同期增加 12 151.25 亿元；1—9 月累计，国有及控股税收收入较上年同期增加 5 498.84 亿元，涉外企业税收收入较上年同期增加 3 448.89 亿元，民营企业税收收入较上年同期增加 14 325.20 亿元；1—12 月累计，国有及控股税收收入较上年同期增加 6 258.98 亿元，涉外企业税收收入较上年同期增加 3 078.37 亿元，民营企业税收收入较上年同期增加 13 400.15 亿元（见表 13、图 12）。

表 13　各经济类型企业税收增量

单位：亿元

时间	税收收入合计	国有及控股	涉外企业	民营企业
2019 年 1—12 月	2 145.79	−457.81	−1 641.84	4 245.44
2020 年 1—3 月	−9 234.95	−3 172.25	−1 863.77	−4 198.93
2020 年 1—6 月	−11 772.70	−2 912.63	−2 868.34	−5 991.73
2020 年 1—9 月	−9 249.70	−2 622.20	−2 389.65	−4 237.85
2020 年 1—12 月	−6 102.64	−2 311.33	−168.82	−3 622.49
2021 年 1—3 月	10 047.24	1 840.12	1 062.30	7 144.82
2021 年 1—6 月	19 157.33	4 011.88	2 994.20	12 151.25
2021 年 1—9 月	23 272.93	5 498.84	3 448.89	14 325.20
2021 年 1—12 月	22 737.50	6 258.98	3 078.37	13 400.15

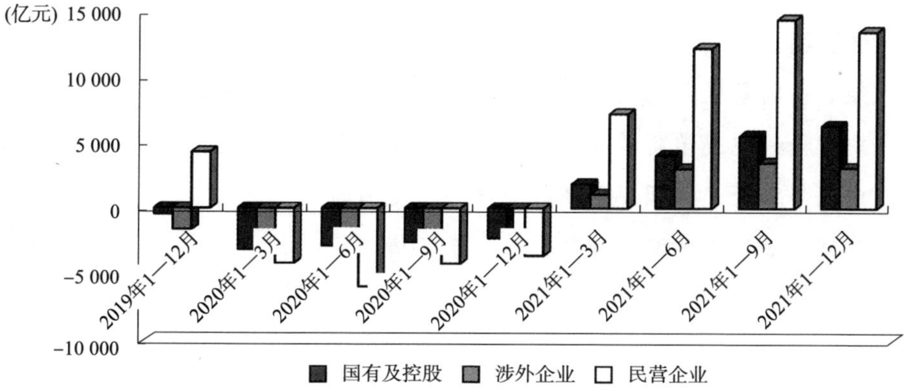

图 12　各经济类型税收增量比较

2021 年税收收入增长主要靠民营企业税收贡献，国有及控股在下半年开始出现较上年同期贡献率提高，涉外企业税收收入从第二季度开始出现较上年同期贡献率下降。1—3 月累计，民营企业税收增加额占全部税收增加额的 71.1%；1—6 月累计，民营企业税收增加额占全部税收增加额的 63.4%；1—9 月累计，民营企业税收增加额占全部税收增加额的 61.6%；1—12 月累计，民营企业税收增加额占全部税收增加额的 58.9%。民营企业税收增加不仅弥补了涉外企业税收收入增加额的减少，还带来了税收收入整体上的增加（见表 14）。

表 14 各经济类型企业税收增量占比

单位：%

时间	国有及控股	涉外企业	民营企业
2019年1—12月	-21.3	-76.5	197.8
2020年1—3月	34.4	20.2	45.5
2020年1—6月	24.7	24.4	50.9
2020年1—9月	28.3	25.8	45.8
2020年1—12月	37.9	2.8	59.4
2021年1—3月	18.3	10.6	71.1
2021年1—6月	20.9	15.6	63.4
2021年1—9月	23.6	14.8	61.6
2021年1—12月	27.5	13.5	58.9

课题组：

组长：国家税务总局税科所学术委员会副主任、研究员　付广军

中国社科院大学商学院副院长、副教授　李为人

中国华融资产管理公司高级会计师　史书新

北京石油化工学院助理研究员　李冬梅

2020—2021年中国民营企业对外贸易和投资发展报告

摘要：2020年以来，面对严峻复杂的国内外形势，特别是突如其来的新冠肺炎疫情的严重冲击，在以习近平同志为核心的党中央坚强领导下，广大民营企业继续发挥经营机制灵活、适应环境能力强的优势，实现外贸逆势强劲增长，连续六年保持外贸出口最大主体地位，对我国外贸带动作用尤为突出，并继续发挥对外投资的主力军作用，为实现我国外贸和对外投资取得高质量发展新成效做出了积极贡献。当前，在全球面临百年变局和世纪疫情交织、地缘政治局势紧张成为“新常态”、贸易投资保护主义加剧和经济全球化遭遇逆流的新形势下，我国民营企业对外贸易和投资虽然总体仍呈现积极的发展态势，同时也遇到了一些前所未有的问题与挑战：新冠肺炎疫情前景尚不明朗对民营企业对外经贸合作带来多重影响，全球能源、原材料等供应短缺影响世界经济复苏进程，民营企业面临更加不利的外部市场环境，全球贸易投资壁垒高企导致民营企业开拓国际市场风险与障碍增多，全球最低税制度或将导致部分民营企业海外投资收益减少，境外企业和人员安全问题依然突出，民营企业“走出去”金融支持有待加强，海外投资收益回流缺乏制度保障。应采取切实措施应对新冠肺炎疫情对民营企业贸易投资的影响，加快构建高标准全球自由贸易区网络，为民营企业“走出去”提供更充分的制度保障和法律保护，妥善应对贸易保护主义以捍卫民营企业对外贸易合法权益，全方位应对投资安全审查以加强民营企业投资风险防范，构建和完善对外投资国家风险评级、预警和管理体系，妥善应对境外企业和人员的安全保障问题，尽快梳理与全球最低税率存在冲突的现行税收优惠政策，优化企业海外业务国别布局，多渠道解决民营企业境外投资融资难题，为民营企业海外收益回流提供制度保障。

本报告在回顾 2020—2021 年我国民营企业对外贸易和投资发展现状的基础上，深入剖析民营企业对外贸易和投资面临的主要问题与挑战，并提出相应的对策建议。

一、2020—2021 年民营企业对外贸易投资发展现状

2020 年以来，面对严峻复杂的国内外形势，特别是突如其来的新冠肺炎疫情的严重冲击，在以习近平同志为核心的党中央坚强领导下，商务部会同有关部门全面贯彻党的十九大和十九届历次中央全会精神，立足新发展阶段、贯彻新发展理念、构建新发展格局，全力以赴稳外贸，坚定不移促创新，统筹推进境外企业项目人员疫情防控和对外投资发展，广大民营企业继续发挥经营机制灵活、适应环境能力强的优势，迎难而上、奋力拼搏，实现外贸逆势强劲增长，并继续发挥对外投资的主力军作用，为实现我国外贸和对外投资取得高质量发展新成效做出了积极贡献，同时也给世界经济贸易复苏带来了支撑和信心。

（一）民营企业对我国对外贸易带动作用更加突出

2020—2021 年，我国民营企业进出口实现较快增长。2020 年，在受新冠肺炎疫情严重冲击的情况下，民营企业进出口出现逆势强劲增长，并连续六年保持中国外贸出口最大主体地位；2021 年前 10 个月，在全球新冠肺炎疫情持续影响、国际市场需求不振的背景下，民营企业外贸货物进出口增速均创同期历史新高，对外贸带动作用尤为突出，体现出较强韧性和抗风险能力。

1. 2020 年民营企业进出口逆势强劲增长，连续六年保持外贸出口最大主体地位

2020 年，受新冠肺炎疫情严重冲击，全球经济同比下降 3.3%，自 2009 年以来首次出现负增长，全球货物贸易同比下降 5.3%，全球外国直接投资同比下降 35%。在如此严峻复杂的国际形势下，我国民营企业进出口出

现逆势强劲增长。2020 年，我国民营企业进出口额 15.1 万亿元，同比增长 10.6%，高于中国整体外贸进出口增速 8.7 个百分点，占整体中国外贸进出口总额的 47%，比上年提升 3.7 个百分点。其中，出口 10.0 万亿元，同比增长 12.2%，占比 56%，较上年提升 4.1 个百分点；进口 5.1 万亿元，同比增长 7.6%，占比 35.6%，较上年提升 2.7 个百分点（见表 1）。自 2015 年起，民营企业连续六年保持外贸出口第一大主体地位，外贸主力军地位进一步巩固。

表 1　2020 年民营企业在中国外贸进出口贸易中情况

类别	中国外贸总值		民营企业外贸总额		
	金额（万亿元）	同比增长（%）	金额（万亿元）	同比增长（%）	占比（%）
进出口	32.2	1.9	15.1	10.6	47
出口	17.9	4.0	10.0	12.2	56
进口	14.2	−0.7	5.1	7.6	35.6

数据来源：商务部综合司、国际贸易经济合作研究院，《中国对外贸易形势报告（2021 年春季）》。

2. 2021 年 1—10 月民营企业进出口高于整体增速，对外贸带动作用尤为突出

2021 年 1—10 月，民营企业进出口 15.4 万亿元，同比增长 27.5%，高出中国货物进出口整体增速 5.3 个百分点，占中国货物进出口总额的 48.7%，较上年同期提升 2.1 个百分点。其中，出口 10.1 万亿元，同比增长 26.6%，占出口总额的 57.6%，较上年同期提升 1.9 个百分点；进口 5.4 万亿元，同比增长 30.0%，占进口总额的 37.8%，较上年同期提升 2.3 个百分点（见表 2）。

表 2　2021 年前 10 个月民营企业在中国外贸进出口贸易中情况

类别	中国外贸总值		民营企业外贸总额		
	金额（万亿元）	同比增长（%）	金额（万亿元）	同比增长（%）	占比（%）
进出口	31.7	22.2	15.4	27.5	48.7
出口	17.5	22.5	10.1	26.6	57.6
进口	14.2	21.8	5.4	30.0	37.8

数据来源：商务部综合司、国际贸易经济合作研究院，《中国对外贸易形势报告（2021 年秋季）》。

（二）民营企业继续发挥对外投资主力军作用

2020 年，在面对新冠肺炎疫情的严重冲击、全球外国直接投资较上年

减少近四成的情况下，中国对外直接投资逆势增长，全年流量达 1 537.1 亿美元，首次跃居全球第一位，占全球份额的 20.2%。其中，在 2020 年全年中国对外非金融类投资流量中，民营企业占比过半，继续发挥对外投资的主力军作用，而且民营企业依然是最活跃的海外买家，境外并购主力军作用凸显。

1. 民营企业在对外非金融类投资流量中占比过半

2020 年，中国对外非金融类投资流量民营企业占比均过半。根据商务部、国家统计局和国家外汇管理局发布的《2020 年度中国对外直接投资统计公报》公布的统计数据，2020 年，中国对外非金融类投资流量中，民营企业对外直接投资 671.6 亿美元，同比上升 14.1%，所占比重为 50.1%。

2. 民营企业境外并购主力军作用凸显

无论是相对于国内的国有企业还是发达国家的跨国企业，中国民营企业在境外并购中都具备独特的优势，这种独特的优势使得民营企业境外并购主力军作用凸显。相对于发达国家的跨国企业，中国民营企业“船小好调头”，对国际市场的适应性较快，管理成本较低；而与国内的国有企业相比，民营企业经营灵活，海外并购决策效率更高，更容易把握国际市场机遇。2020 年，由于新冠肺炎疫情在国外的肆虐和某些政治性因素严重阻碍，中国企业境外并购变得异常困难，尤其是在美国和欧洲等发达市场。据普华永道 2021 年 1 月发布的《2020 年中国企业并购市场回顾与前瞻》报告披露，2020 年，中国企业境外并购交易数量跌至 403 宗，同比下降 40%，是自 2015 年以来的最低值，境外并购交易金额降至 420 亿美元，是自 2010 年以来的最低值[①]。在此背景下，虽然民营企业境外并购交易数量和交易金额也都出现下降，但民营企业并购活跃度依然超过国有企业。无论是从境外并购数量还是并购金额来看，民营企业仍然是最活跃的海外买家。2020 年，中国内地民营企业海外并购交易数量为 253 宗，占中国内地企业海外并购交易数量的比重超过六成；同期，中国内地民营企业海外并购总交易金额为 219 亿美元，占中国内地企业海外并购交易的比重超过一半[②]。同期，中国国有企业海外并购交易

① 普华永道：《2020 年中国企业并购市场回顾与前瞻》第 31 页。
② 普华永道：《2020 年中国企业并购市场回顾与前瞻》第 12 页。

数量仅为27宗，国有企业海外并购交易金额仅为63亿美元（见表3）。[1]

表3 2020年中国内地企业境外并购情况

并购主体	并购数量			并购金额		
	数量(宗)	同比增长(%)	占比(%)	金额(亿美元)	同比增长(%)	占比(%)
民营企业	253	-34	62.8	219	-18	52.1
国有企业	27	-55	6.7	63	-61	15
财务投资者	123	-45	30.5	138	-9	32.9
合计	403	-40	100	420	-28	100%

数据来源：普华永道，《2020年中国企业并购市场回顾与前瞻》。

二、主要问题与挑战

当前，在全球面临百年变局和世纪疫情交织、地缘政治局势紧张成为“新常态”、贸易投资保护主义加剧和经济全球化遭遇逆流的新形势下，我国民营企业对外贸易和投资虽然总体仍呈现积极的发展态势，同时也遇到了一些前所未有的问题与挑战。

（一）新冠肺炎疫情前景尚不明朗，对民营企业对外经贸合作带来多重影响

当前，全球疫情发展前景仍不明朗，全球经济复苏前景不确定性和国际贸易下行压力加剧。特别是近期随着变异新冠病毒奥密克戎毒株加速传播，许多国家的新冠肺炎疫情的感染人数暴增。根据Worldometers实时统计数据[2]，截至北京时间2022年1月7日6时30分，全球累计确诊新冠肺炎病例超过3亿例，累计死亡病例548.8万例，全球单日新增确诊病例248万例。2022年1月3日，美国首次在24小时内记录到100万以上新冠染疫病例，刷新新冠肺炎大流行瘟疫暴发以来的全球新峰值纪录。法国、英国、西班牙等欧洲国家新冠肺炎确诊病例也创新高，2022年1月4日公布的数据显示，

① 根据普华永道：《2020年中国企业并购市场回顾与前瞻》披露的相关信息，中国内地海外并购主体包括国有企业、民营企业和财务投资者。国有企业、民营企业和财务投资者的境外并购交易数量分别为27宗、253宗和12宗；境外并购金额分别为63亿美元、219亿美元和138亿美元。

① 网址链接：https://www.worldometers.info/。

法国单日新增新冠肺炎确诊病例超过 27 万例；英国单日新增新冠肺炎确诊病例超过 20 万例。受新冠肺炎疫情影响，主要发达经济体潜在增长率大幅下降，部分发达国家着手重建本国制造业，号召企业回迁，保护主义、单边主义上升，全球产业链供应链因非经济因素而面临冲击，在中长期重构中面临着较大不确定性。

新冠肺炎疫情对民营企业对外经贸合作在人员往来、正常交付及市场开发等方面均带来不同程度的影响。一是人员往来受到限制，阻碍项目的正常推进。由于办理赴外签证受阻或者入境限制等原因，无论是项目的考察、现场的尽职调查，乃至更进一步的项目谈判磋商、合同签署，都受到了一定程度的影响，阻碍开发中项目的正常推进。二是面临交货延迟和高额罚金的风险。以比亚迪公司在欧洲的大巴业务为例，比亚迪已确认订单的纯电动大巴项目面临交货延迟的风险，将面临高额罚金。三是市场开发方面，新项目签约和追踪受到很大影响。以欧盟市场为例，受新冠肺炎疫情影响，部分招标项目停滞数月甚至无限期推迟。即使部分项目正常招标，欧盟各国限制性及封锁政策陆续出台，针对人员的出入境管制措施使得市场开发人员受境内隔离或出入境管制影响，延迟或无法抵达项目所在国从事市场开发及经营活动。

（二）全球能源、原材料等供应短缺影响世界经济复苏进程，民营企业面临更加不利的外部市场环境

2021 年以来，随着世界经济持续复苏，原油、天然气、煤炭等能源需求持续增加，加上绿色能源受到极端天气影响供应下降，全球能源市场供给面临短缺，如欧洲天然气库存创新低，英国爆发“汽油荒”，供给短缺导致能源价格持续飙升。世界银行《大宗商品市场展望》报告预测，2021 年能源价格比 2020 年提高 80% 以上。能源短缺将产生连锁反应，造成全球供应链紧张，许多制造业企业实施限产甚至停产，影响经济复苏进程，并加剧全球通胀压力。IMF 预估 2021 年全球 CPI 将达到 4.3%，相比 2020 年提升 1.1 个百分点，其中发达国家上涨幅度尤为明显，CPI 达到 2.8%，相比 2020 年提升 2.1 个百分点。伴随着世界经济复苏，铜、铁矿石、钢铁等原材料以及半

导体、化工、消费电子、汽车等中下游行业也出现了不同程度的供应短缺和价格上涨问题，给全球供应链带来压力，影响全球经济复苏的进程，民营企业对外贸易和投资将面临更加不利的外部市场环境。

（三）全球贸易投资壁垒高企，民营企业开拓国际市场风险与障碍增多

近年来，随着全球经济复苏进程中风险积聚，全球主要发达经济体反全球化浪潮上升，叠加 2020 年年初以来在全球蔓延的新冠肺炎疫情，贸易投资保护主义明显抬头且愈演愈烈，全球范围内贸易投资保护性措施显著增加，加剧了全球经济复苏前景的不确定性。

根据中国贸促会法律事务部发布的各国（地区）因新冠肺炎疫情实施相关应对措施信息的提示，截至 2021 年 1 月 18 日，共有 68 个国家（地区）对货物贸易采取了相关措施，共有 90 个国家（地区）对医疗物资贸易采取了相关措施，共有 176 个国家（地区）对交通工具采取了相关措施，共有 127 个国家（地区）对边境口岸采取了相关措施，共有 194 个国家（地区）对人员入境采取了相关措施[①]。全球范围内贸易保护性措施显著增加加剧国际贸易下行压力，而民营企业作为我国出口的第一大经营主体，对我国民营企业扩大出口带来挑战和障碍。

近年来，以美国为首的西方国家以“国家安全”“长臂管辖”等为由加大中国海外项目审查，构筑对华投资壁垒，意在将中国排除在全球供应链体系之外。特别是 2020 年年初以来的新冠肺炎疫情暴发以来，美国、欧盟及其主要成员德国、法国、意大利等和英国、澳大利亚等主要发达经济体强化投资保护主义，通过扩大审查范围、降低审查门槛等多种方式收紧外商投资监管（具体情况见表 4），包括民营企业在内的中国企业境外投资合作面临的风险与障碍明显增多，面临的营商环境公平性和公正性下降。主要发达经济体除了独自构筑外商投资壁垒之外，还打造特定领域投资审查常态化合作机制，共同构筑对我国企业的投资壁垒。2021 年 6 月，在美国拜登访问布鲁

① 数据来源：中国国际贸易促进委员会海外安保信息技术（北京安库）经贸摩擦预警中心、中国国际商会 ICC-iCover 全球安全研究信息数据库。

塞尔期间，美国宣布新设“欧盟—美国贸易与技术委员会”（TCC），旨在打造技术领域投资审查常态化合作机制，将共同筛查可能对欧洲和美国产生安全影响的相关领域的投资，共同遏制中国在5G网络安全和人工智能等关键技术领域的崛起。

表4 近年来主要发达经济体外商投资壁垒一览

主要发达经济体	外商投资壁垒情况
美国	2018年7月和2020年1月，分别通过《外国投资风险审查现代化法案》（FIRRMA）及相关实施细则，审查范围进一步扩大到涉及关键技术（不再要求属于特定行业）、关键基础设施、敏感个人数据和特定房地产的非控制性投资，并加强对来自重点关注国家投资交易的审查力度
欧盟	2019年3月，欧盟理事会通过《欧盟外资审查条例》，该条例于2020年10月生效实施；2020年3月，欧盟委员会发布“欧盟外资审查指南”，强调小型初创企业相对价值较小但可能对诸如研发和科技等具有重要的战略性意义也会面临安全审查；2021年5月发布《外国政府补贴草案》，规定在收购年营收超过5亿欧元的欧盟实体时，若收购方在过去三年中从非欧盟成员国累计收到超过5千万欧元的外国政府财政资助，则须向欧盟委员会进行申报；2021年11月，欧盟委员会公布首份年度外商直接投资审查报告，提到自新的外国直接投资审查法案生效一年以来欧盟委员会审查了400项外国投资
德国	2018年12月和2020年6月，分别修订《对外贸易和支付条例》和《对外贸易和支付法》，在涉及国家安全的关键基础建设领域与敏感行业时，将非欧盟投资者并购德国企业的审查门槛从持股25%大幅下调至10%，审查范围从“关键基础设施”扩大到“关键技术”，涵盖人工智能、机器人、半导体、生物技术和量子技术等领域
法国	2019年年底和2020年4月两次修订外资审查办法，提高投资审查门槛，将纳入审查的外资股比限制从33.3%降至25%，进而下调至10%
意大利	2020年4月修订《黄金权力法案》，将审查范围从人工智能、机器人、5G等比较敏感的高新科技领域，扩大到“非敏感”的食品、金融、保险和医疗领域，审查范围显著扩大
英国	2021年4月颁布《国家安全和投资法案》，针对先进材料、高端机器人、人工智能民用核能等17个重点行业依法应申报的收购活动需遵守强制申报要求，不仅大幅降低了政府干预的门槛，还扩大了政府可干预范围
澳大利亚	2020年3月29日开始实施外商投资暂行规定，将澳大利亚外商投资的审批金额门槛降低至零澳元，并将法定审批期限延长至六个月，且不论投资者是国有企业还是民营企业

数据来源：根据美国、欧盟、英国、澳大利亚等政府网站提供的相关法律法规内容整理。

（四）全球最低税制度或将导致部分民营企业海外投资收益减少

全球最低税制度源于经济合作与发展组织（OECD）发布的“双支柱”方案。为共同打击跨境逃避税行为，2013年9月G20圣彼得堡峰会上，包括中国在内的G20成员国领导人一致同意委托经济合作与发展组织（OECD）推进税基侵蚀和利润转移（BEPS）十五项行动计划。作为BEPS的其中一项行动计划，2021年10月8日，OECD发布《关于数字经济税收挑战双支柱解决方案的声明》。目前137个包容性框架成员辖区进一步达成全面共识，形成"双支柱"方案。其中，支柱一增加市场国的征税权，通过修改现有跨境所得税分配规则，将超大型高利润跨国企业25%的剩余利润分配给市场国；支柱二要求建立全球最低税制度，确保集团合并财务报表年度收入达到7.5亿欧元门槛的大型跨国企业在每个市场辖区的有效税率至少达到15%全球最低税率标准。支柱二方案拟定于2022年完成立法，2023年生效，低税支付规则（UTPR）立法2024年生效。全球最低税制度一旦实行，将对我国大型民营企业"走出去"产生重要影响，特别是高科技数字化大型民营企业的海外收益将受到影响。一方面，这些企业往往是中国政府积极鼓励发展的企业，在国内适用优惠的所得税率；另一方面，这些企业在海外的运营也因行业特性，利润往往集中在相对低税率的国家或地区。"一带一路"沿线部分国家企业所得税税率低于15%，如中东欧国家中，匈牙利（9%）、保加利亚（10%）、波黑（10%）、北马其顿（10%）；中东、非洲和拉美一些国家的企业所得税税率也较低。根据全球最低税制度，如果我国大型民营企业在上述实行所得税优惠的国家或地区实际税率未达到全球15%的最低税率，将面临被追加征收部分补足税，从而导致海外收益减少。

（五）境外企业和人员安全问题日益突出

当前，全球面临百年变局和世纪疫情交织，地缘政治局势紧张成为"新常态"，国际安全形势复杂严峻，各种地区冲突和局部战争此起彼伏，尤其是部分"一带一路"沿线国家与地区处于新旧体制转轨期，社会矛盾、宗教矛盾、种族矛盾等问题尖锐，加上2020年以来新冠肺炎疫情持续蔓延造成经济低迷且治安恶化，中资企业驻当地机构和人员的人身财产安全保障问题日益突出。2020年以来，上述地区出现多起境外中资企业和人员遭遇的安全事件（见表5）。面对安全保障问题日益突出的形势，我国民营企业在安全防范方面普遍投入不足，部分民营企业片面重项目经济效益，对"走出去"

人员安全保障培训、教育重视不够，派出人员安全意识和应对能力参差不齐。

表 5　2020 年以来中资企业和人员遭遇的部分境外安全事件

发生时间	事件经过
2020年10月18日	在南非自由州省博察贝洛（Botshabelo）地区经营超市的一对中国夫妻在开门营业期间突遇多名歹徒持枪抢劫并被殴打致伤
2020年12月12日晚至13日凌晨	尼日尔东南部迪法大区（Diffa）博索市图穆尔村（Toumour）遭到武装分子袭击，造成至少28名平民死亡，100多人受伤，800多所房屋以及中央市场和部分车辆被烧毁。迪法大区（Diffa）近年来频遭尼日利亚的极端组织“博科圣地”（Boko Haram）的袭击与威胁
2020年12月22日晚	巴基斯坦卡拉奇市郊发生针对华人袭击事件，两名乘坐摩托车的袭击者向两名华人开枪射击后逃逸，所幸未造成人员伤亡；事后，俾路支武装组织“信德革命军”（SRA）宣称对袭击事件负责
2021年7月14日	巴基斯坦开普省达苏水电站项目中方通勤班车遭遇恐怖袭击，造成9名中国公民遇难、28名中国公民受伤，是近年来中资企业在海外遭遇伤亡人数最多、损失最严重的一次暴恐事件
2021年11月21日凌晨	刚果（金）南基伍省一矿业公司营地遭到不明身份武装分子袭击，5名中国公民被绑架。刚果（金）南基伍省、北基伍省和东部伊图里省安全形势极其复杂严峻，此前多次发生涉中资企业人员的武装劫掠和绑架等恶性案件
2021年12月29日	刚果（金）卢阿拉巴省，6名劫匪闯入一中资企业位于该省首府科卢韦齐的驻地，抢走贵重物品，造成5人受伤

数据来源：中国贸促会海外安保信息技术（北京安库）经贸摩擦预警中心、中国国际商会 ICC-iCover 全球安全研究信息数据库、中国驻刚果民主共和国大使馆。

（六）民营企业“走出去”金融支持有待加强

金融支持是民营企业“走出去”发展的关键环节，如果完全靠企业自有资金、自我滚动发展，资金需求往往难以满足，会丧失很多市场机遇和发展机会。从目前情况看，民营企业“走出去”过程中普遍遇到的融资难问题依然没有得到根本解决。主要表现如下：

一是商业金融对企业“走出去”支持力度不足。一方面，国内商业银行出于自身利益考虑，大多不愿意承担中小民营企业“走出去”面临的风险，贷款条件比较苛刻且金额有限，难以满足企业的融资需求。另一方面，相对民营企业对外直接投资的蓬勃发展而言，商业银行银行产品创新能力不强，提供的金融服务比较单一，难以满足企业跨国经营和境外发展对各类创新金融产品服务的需求，特别是对于资金使用期限长、高风险和低回报等资金需求的产品较少。

二是政策性金融支持滞后于企业“走出去”步伐。一方面，政策性银行海外投融资规模较小。近年来政策性金融对企业“走出去”的融资服务发展迅速，但提供的海外投融资规模目前仍然较小，未能对企业境外投资提供充分的金融支持力度。另一方面，融资成本偏高。由于综合成本很高，往往导致民营企业在国际投标活动中缺乏竞争力。

（七）民营企业海外投资收益回流缺乏制度保障

民营企业海外投资收益回流对推动国内国际业务协同发展、有效参与构建双循环新发展格局具有重要意义，但目前海外投资收益回流缺乏一些制度保障①。一方面，我国与部分国家尚未签署避免双重征税协定。国家税务总局公开资料显示，截至 2021 年年底，我国已与 109 个国家和地区正式签署了避免双重征税协定，其中 103 个协定已生效。同期，据商务部统计，我国境内投资者共对全球 166 个国家和地区进行了非金融类直接投资，避免双重税收协定覆盖我国开展对外非金融类直接投资的全部国家和地区的比重仅为 65.7%，民营企业在未签署避免双重征税协定国家或地区汇回利润时面临双重征税问题，收益回流缺乏制度保障，往往选择将利润在境外调配，使得这部分资金难以参与国内大循环，也难以推动其国内国际业务协同发展。另一方面，在已签署双重税收协定的情况下，部分企业利润回流也很困难。部分发展中国家为吸引外资，税率一般远低于我国，这往往是对营商环境相对不足的一种风险补偿。但依照现行境外税收抵免法规，企业在税率低于中国的国家和地区投资，投资后收益要按照国内税制将差额补齐。这导致我国民营企业即使到税率较低的国家投资，也难以享受低税赋带来的税收红利。

三、对策建议

针对存在的上述问题与挑战，应以习近平时代中国特色社会主义思想为指导，贯彻中央支持民营企业发展的系列方针政策，采取切实措施积极应对

① 袁铂宗，祁欣．对外投资合作促进“双循环”新发展格局的实践路径及优化对策［J］．国际贸易，2021（9）：52-60。

新冠肺炎疫情影响，妥善应对贸易投资保护主义，为民营企业走出去提供更充分的制度保障和法律保护，促进民营企业外贸和对外投资高质量发展。

（一）采取切实措施，应对新冠肺炎疫情对民营企业贸易投资的影响

一是针对疫情造成人员往来受限，建议民营企业可以采取灵活的工作方式。比如境外投标中的当面递交材料、现场述标的安排，可同对方协商进行调整，争取将标书送达方式由邮寄改成电子送达，现场述标调整为视频述标等。

二是针对疫情影响难以赴国外进行现场尽职调查，建议民营企业委托当地中介机构负责现场尽调工作。同时对目标公司管理层及核心人员的访谈通过当地团队现场进行而国内团队采用视频的形式。

三是建议针对本次疫情影响境外收购的不同情况采取不同的应对措施。如果本次疫情确实严重影响中国民营企业拟收购的境外目标公司，建议企业先审查一下交易文件中是否包含重大不利影响条款，特别是要审查重大不利影响条款是否排除了瘟疫。对于已签署的跨境收购合同，如果本次疫情影响到中国民营企业作为买家的履约，应先审核相应的不可抗力条款，分析本次疫情是否构成约定的不可抗力范围，中方企业是否负有通知义务、减损义务，以及有哪些救济措施及相应的法律后果。如果交易文件中不包含重大不利影响或不可抗力条款，中方企业应该做好充分准备，并积极与交易对方进行合情合理的协商，以期找到减损的解决办法。

（二）加快构建高标准全球自由贸易区网络，为民营企业“走出去”提供更充分的制度保障和法律保护

党的十九届五中全会提出，实施自由贸易区提升战略，构建面向全球的高标准自由贸易区网络。应以习近平新时代中国特色社会主义思想为指导，认真贯彻落实党的十九届五中全会精神，乘势而上、开拓进取，努力开创自由贸易区建设新局面。

一是进一步拓展自由贸易区网络。为了给我国民营企业开展对外贸易投资提供更充分的制度保障和法律保护，推进中日韩、中国—海合会、中

国—斯里兰卡、中国—挪威、中国—以色列等自贸协定谈判和中国—韩国自贸协定第二阶段谈判、中国—秘鲁自贸协定升级谈判进程，适时启动加入《全面与进步跨太平洋伙伴关系协定》（CPTPP）谈判，同时积极做好与其他经济体自贸安排可行性研究等前期准备工作，持续扩大自贸伙伴“朋友圈”。

二是提升自贸区建设水平。RCEP 大量吸收了国际上其他自贸协定的经验，在海关程序和贸易便利化、知识产权保护、贸易救济、电子商务、竞争、政府采购、中小企业和经济技术合作等广泛领域，达到了较高标准。在此基础上，我们将继续面向国际上更多的主要经济体、主要区域贸易安排，积极开展对话与沟通，不断提高我国自贸协定的含金量。

（三）共同应对贸易保护主义，捍卫民营企业对外贸易合法权益

我国政府部门、行业商协会和民营企业应通力合作，积极共同应对日益严重的贸易保护主义，捍卫民营企业对外贸易合法权益。

1. 政府部门对外积极推进完善全球经济治理，对内深化市场化改革、合理合规构筑补贴机制

第一，坚定维护多边贸易体制，积极推进完善全球经济治理。坚持反对单边主义、保护主义，积极参与世贸组织改革。加强与各国经贸合作，深化互利共赢，共同维护全球产业链供应链稳定。

第二，深化市场化改革，严格遵守加入世界贸易组织时候的承诺，不触碰世贸组织规则中补贴规则的“红线”，不搞进口替代补贴和出口补贴。

第三，认真研究主要贸易伙伴的国内相关法律，从而在政策制定过程中，不触碰主要贸易伙伴国内有关补贴的法律“红线”。

第四，相关部门应当加强对于补贴政策性质的审查，选择更合规的补贴方式。减少在 WTO 框架下极易被认定为 “禁止性补贴”的专项补贴、价格支持补贴等直接补贴，尽量多采用间接补贴，间接补贴的隐蔽性和模糊性的特点可以帮助我国更好地规避 WTO 框架下的法律摩擦。

第五，在符合我国市场经济要求的前提下，妥善选择接受补贴的对象和范围，从而防止不合理的财政资助对政策的市场经济秩序产生干扰。

2. 行业商协会等机构牵头捍卫民营企业对外贸易合法权益

行业商协会等机构牵头，利用法律手段妥善应对某些发达经济体发起的反补贴、反倾销调查案件，捍卫我国民营企业对外贸易的合法权益。

一是全国工商联下属的行业商协会可以组织本行业民营企业集体应诉。如全国工商联纺织服装商会，可以组织纺织服装行业的民营企业集体应诉，建立本行业企业集体应诉基金，不仅解决单个企业应诉力量弱小、难以形成影响力的问题，而且会降低单个企业的应诉成本，同时解决一些企业不应诉"搭便车"的现象。

二是积极建立我国贸易摩擦预警体系。商协会利用自身所具备的信息优势，与政府企业共同建立我国贸易摩擦预警体系。一方面，行业商协会应该建立完整的出口指标监测体系，对加强本行业出口产品的数量、价格和市场变化等方面的监测，避免过度依赖某个国家市场，对出口产品可能遭受的贸易保护进行及时预警。另一方面，行业商协会还应建立专门机构负责收集和研究各主要贸易国的贸易壁垒信息，尤其是正在制定中的规则，以便尽快制定应对策略。

3. 民营企业主动实施市场多元化战略，积极开拓新兴市场

我国民营企业应合理配置出口额度，主动实施市场多元化战略，避免"把所有鸡蛋都放入同一个篮子里"，改变过度依赖某些发达国家市场的局面，积极开拓新兴市场。我国民营企业要积极拓展"一带一路"沿线国家和地区的市场，既符合国家政策导向，也符合规避发达国家贸易保护主义风险的要求。另外，对于非洲、拉丁美洲、大洋洲等地区的市场，我国民营企业也应积极开拓，从而降低对欧美发达国家市场的依赖，降低贸易摩擦风险。

（四）全方位应对投资安全审查，加强民营企业投资风险防范

为应对投资安全审查，要进一步扩大我国市场开放，同时完善我国外资安全审查机制，对外形成潜在反制；积极借鉴日本企业赴美并购应对美国安全审查的经验，围绕非敏感领域进行投资，利用中国资本为欧美国家增加就业，带动当地出口；积极完善企业治理结构，同当地媒体智库做好沟通与交流。

1. 进一步扩大我国市场开放，同时完善我国外资安全审查机制

一方面，进一步扩大我国外资市场准入，回应和消除欧美在市场开放“对等”方面的疑虑。近年来，欧美发达国家在对华经贸关系中日益强调对等性，主张中国应当开放更多市场。这在很大程度上也符合中国推进新一轮高水平对外开放的总体方向。深入贯彻落实习近平主席 2021 年 11 月 4 日在第四届中国国际进口博览会开幕式上的重要讲话精神，坚定不移推动高水平开放，进一步缩减外资准入负面清单，有序扩大电信、医疗等服务业领域开放，引导更多外资投向先进制造业、现代服务业、高新技术、节能环保等领域，出台自由贸易试验区跨境服务贸易负面清单，积极推进加入《全面与进步跨太平洋伙伴关系协定》和《数字经济伙伴关系协定》。

2. 完善外商投资安全审查机制，根据对等原则进行精准反制

2020 年 12 月国家发展改革委、商务部发布的《外商投资安全审查办法》（以下简称《安审办法》）规定了适用审查的外商投资类型、审查机构、审查范围、审查程序、审查决定监督执行和违规处理等，进一步提高了审查工作的规范性、精准性和透明度。不过相对于发达国家的安全审查法规，《安审办法》较为简明扼要，有一些概念的界定尚不明确。建议继续完善我国外商投资国家安全审查机制，由有关部门尽快推出相关实施细则或指引、明确相关概念、阐明审查内容，列出关键技术领域和重要行业领域的清单，以便进行更精准威慑。

3. 积极借鉴日本企业赴美并购应对美国安全审查的经验

20 世纪 80 年代，日本对美国投资快速增加，引起美国政府的密切关注，CFIUS 开始对日本企业的并购投资进行严格审查，防止产业竞争力受日本企业威胁。当前，我国对欧美投资也面临日本当时类似的情形。可以借鉴日本努力避免经贸摩擦、促进双向开放等手段来缓解美国“紧张”情绪。在美收紧对日资企业安全审查的背景下，日本企业与美国当地经济深度融合，带动了美国原材料、中间产品、服务的出口。借鉴日本企业赴美投资的经验，我国民营企业可以围绕非敏感领域进行投资，利用中国资本为欧美国家增加就业，带动当地出口。

4. 积极完善企业治理结构，同当地媒体智库做好沟通与交流

中国民营企业赴欧美投资应积极完善企业治理结构，提高企业治理的透

明度，同时积极开展与欧美媒体、智库机构等的沟通和交流，通过介绍企业的投资动机和做法、宣传给当地带来的好处等方式，讲好“中国故事”，表达合理诉求、塑造企业良好形象，有助于加深双方理解、增信释疑，构筑和谐共赢的对外经贸关系，从而为民营企业“走出去”营造更有利的国际环境。

（五）构建和完善对外投资国家风险评级、预警和管理体系，妥善应对境外企业和人员的安全保障问题

针对境外投资企业和人员日益突出的安全保障问题，提出如下建议。

第一，国家财政应加大对在国家风险识别与评估方面研究的支持力度。加强对安全问题突出的国家和地区有关政治经济形势、民族宗教矛盾、社会治安状况、恐怖主义活动等信息的收集工作，适时以相应方式经授权发布，提醒我境外企业和人员采取适当预防和自我保护措施。进一步完善政府对外经贸合作公共服务，加强对相关企业的风险防范培训，提供准确、前沿、全面的信息支持。

第二，引导境外投资的民营企业要将一定比例的费用用于境外安保支出。在国家支持下成立民间化、市场化、国际化的国际安保机构以服务和保障民营企业“走出去”的安全防范。

第三，加强对出国企业人员的防战、防恐、防疫、防盗等领保、安保工作的教育与培训。

第四，加快《对外直接投资保险法》的立法，适度提高中国出口信用保险公司的注册资金规模，强化其海外投资保险业务。

（六）尽快梳理与全球最低税率存在冲突的现行税收优惠政策，优化企业海外业务国别布局

全球最低企业所得税制度是新形势下国际经济规则制定的重要议题，是多边主义的体现。我国应积极参与，提升参与国际经济治理能力和规则制定的能力，维护我国企业特别是民营企业的海外投资利益，并提前应对相关影响。一是建议尽快梳理与最低税率存在冲突的现行税收优惠政策，厘清国内实际税率。我国名义企业所得税税率虽然远高于 15%，但按行业、地域、企

业类型设定的各类税收优惠政策较多，部分政策可能与最低税率产生冲突，如高新技术企业税收优惠和研发费用加计扣除政策。通过梳理并清理与最低税率存在冲突的现行税收优惠政策，方可避免我国民营企业在国内享受优惠所得税率之后在海外投资经营被追加征收部分补足税。二是对于部分跨国经营的民营企业而言，适当优化企业海外业务区域布局。如果企业在某些国家或地区（如某些避税地）开展经营活动主要是为了享受税率优惠，而不是主要基于真实的市场需求，为了避免在该地区享受优惠所得税率之后而在全球其他市场区域经营则面临被追加征收部分补足税，则可考虑减少甚至退出该地区经营业务，加大在真实市场需求较大的国家或地区的投资力度，在符合全球最低企业所得税率的前提下选择税率更优惠的国家和地区。

（七）多渠道解决民营企业境外投资融资难题

深入贯彻落实2019年12月《中共中央　国务院关于营造更好发展环境支持民营企业改革发展的意见》，为广大民营企业特别是中小民营企业提供更为公平的发展环境。在此基础上，多渠道解决民营企业在对外投资中的融资问题。

一是健全银行业金融机构服务民营企业体系。进一步提高金融结构与经济结构匹配度，支持发展以中小微民营企业为主要服务对象的中小金融机构。深化联合授信试点，鼓励银行与民营企业构建中长期银企关系。健全授信尽职免责机制，在内部绩效考核制度中落实对小微企业贷款不良容忍的监管政策。强化考核激励，合理增加信用贷款，鼓励银行提前主动对接企业续贷需求，进一步降低民营和小微企业综合融资成本。

二是完善境外投资的金融服务体系，合理配置商业性金融和政策性金融。金融机构将业务重点转向民营企业境外投资分布的主要区域，不断强化银行系统对民营企业境外投资支持。在民营企业“走出去”的不同阶段，商业性金融和政策性金融在其中起的作用不大一样。总的来说，在“走出去”的初级阶段，要更多发挥政策性金融的作用，商业性金融作为补充。随着“走出去”阶段的深化，商业性金融越来越发挥出主要作用，政策性金融越来越处于补充的作用。

三是提供稳定的股权性资金支持。建议丝路基金、中拉产能合作基金等多边和双边金融机构为民营企业对外投资合作提供稳定的股权性资金支持。

（八）为民营企业海外收益回流提供制度保障

一是加大力度商签避免双重税收协定。积极与相关国家开展避免双重税收协定谈判，扩大协定覆盖国家范围。完善已有避免双重税收协定内容，新增或升级协定规定。加强政策宣传，让企业了解中国与相关国家已签订的避免双重征税协定，优化企业办理避税业务流程，积极吸引本国企业的海外利润回流。二是创新政策措施。借鉴相关国家实施部分免税来解决海外企业利润回流问题，有针对性对部分国家实施部分免税试点，考察税制改革对资金回流的影响，尝试海外税制创新解决企业资金回流难这一顽疾。同时，考虑到即将实施的全球最低企业所得税制度影响，为避免同全球最低企业所得税制度冲突，对于集团合并财务报表年度收入达到 7.5 亿欧元门槛的大型民营企业，在确保使其实际有效税率不低于全球最低企业所得税税率的前提下，对其海外企业回流利润实施尽可能多的免税额度。对于集团合并财务报表年度收入远未达到 7.5 亿欧元门槛的民营企业，则不用考虑即将实施的全球最低企业所得税制度影响，尽可能提升免税额度。

撰稿人：
商务部国际贸易经济合作研究院、副研究员　闫实强

区 域 报 告

2020—2021年京津冀民营经济发展报告

摘要：2020年，面对新冠肺炎疫情冲击和错综复杂的国际国内经济形势，京津冀三地在党委、政府的坚强领导下，民营经济实现平稳健康发展，产业结构优化升级，创新实力逐步提升。在牢牢抓住疏解非首都功能这个“牛鼻子”的基础上，各地营商环境不断优化、放管服改革不断深入、新业态新行业不断涌现、企业社会责任感渐趋增强。但还存在区域产业协同不均衡、整体布局明显不足、发展质量不够高、人才流失隐患凸显、融资问题突出、中小微企业经营形势不容乐观等问题，报告针对问题提出了相关建议。展望未来，京津冀在协同发展的背景下、在走共同富裕之路的基础上、在积极构建亲清政商关系的前提下，助力三地民营经济高质量发展更有可为。

2020年，面对新冠肺炎疫情冲击和错综复杂的国际国内经济形势，京津冀三地坚持以习近平新时代中国特色社会主义思想为指导，按照党中央国务院决策部署，在党委、政府的坚强领导下，三地民营经济努力克服下行压力，全面落实“六稳”“六保”，在发展规模、质量和效益上不断攀升，结构持续优化，保持了“总体平稳、稳中有进”的发展态势，以疏解非首都功能为突破口、积极构建“高精尖”经济结构，助力京津冀民营经济阔步向前。

一、2020 年京津冀民营经济发展基本情况

（一）市场主体平稳增长，经济增速放缓

截至 2020 年年底，京津冀民营经济市场主体共有 1 007.68 万户，比上年同期增加了 369 万户。民营经济实现增加值 42 961.11 亿元，比上年同期减少 233.65 亿元。实现纳税总额 10 920.23 亿元，比上年同期减少 694.19 亿元。民营经济从业人数 3 387.38 万人，就业贡献大。入围全国民营企业 500 强的企业数量达 61 家，比前年增加 5 家。

（二）产业结构进一步优化，新业态新行业不断涌现

北京市从事农林牧渔业的民营经济市场主体共有 3.18 万户，同比下降 2%；从事第二产业的民营经济市场主体共有 11.26 万户，同比增长 4%。其中，一般制造业或高耗能行业的单位数明显下降，制造业共有 2.91 万户，同比下降 6%，按照新增产业禁限目录，全市腾退一般制造业企业 335 家；从事第三产业的民营经济市场主体共有 178.59 万户，同比增长 1%。同期，天津民营企业行业分布第一产业 0.41 万家，占总量的 0.69%；第二产业 10.46 万家，占总量的 17.43%，其中工业 5.42 万家，占总量的 9.04%；第三产业 49.11 万家，占总量的 81.88%，第三产业比重逐年加大。河北以加快压减过剩产能和优化促进县域经济发展，促进民营经济结构健康发展，压减退出钢铁产能、煤炭、水泥、焦炭分别为 1 402 万吨、1 006 万吨、334 万吨、319 万吨；县域特色产业振兴工作跃上新台阶，280 个县域特色产业集群营业收入 23 485.86 亿元，同比增长 14.95%；上缴税金 578.54 亿元，同比增长 4.68%；从业人员 446.99 万人，同比增长 3.14%。

（三）科技型民营企业不断增加，创新实力逐步提升

北京市高新技术产业快速发展，增加值同比增长 6.4%，国家级高新技术企业数量达 2.9 万家，位居全国第一，人工智能企业数量和专利数量居全

国第一，全市科创板上市企业达 33 家，较去年增加 11 家，在全国排名第二。独角兽企业达 93 家，较去年增加 19 家，数量在全国占比 40%。天津市拥有国家高新技术企业中民营企业 6 969 家，国家科技型中小企业，其中民营企业 7 409 家，占比 90.58%，评价市级雏鹰的民营企业 2 880 家，评价市级瞪羚的民营企业 305 家。河北省开展“专精特新”中小企业梯度培育，省级认定总量已有 1 600 余家，91 家企业入围工信部第二批“专精特新”“小巨人”企业名单，31 家省级众创空间新入选国家级众创空间，新增数量位列全国第四，总数达到 114 家，培育省级工业设计项目 308 个，民营企业参与制修订河北省地方标准 12 项，占比达 36.3%，承担国家标准化示范试点建设项目 10 项。

（四）民营企业百强队伍又添新兵，发展潜力巨大

2020 年京津冀三地入围全国民营企业 500 强的企业数量达 61 家，比前年增加 5 家，其中地产、金属冶炼、煤炭等行业为 29 家，其他主要集中在医药、电子、服务等领域。北京有 22 家企业入围，数量较 2019 年的 11 家翻了一番。天津有 6 家入围，与上年持平。河北省有 33 家民营企业在 500 强榜上有名，其中敬业集团有限公司、新奥集团股份有限公司、河北新华联合冶金控股集团有限公司，分别位列榜单第 27、45、46 位。

（五）民营企业社会责任感渐趋增强，社会贡献日益突出

京津冀三地民营经济发展壮大同时不忘社会责任，积极参与社会公益事业，致力扶贫攻坚行动。2020 年北京市社会责任百强企业的公益慈善捐赠总额达 5.9 亿元，其中，有 9 家企业捐赠超过 1 000 万元，北京市社会责任百强企业扶贫投入合计达 7.6 亿元，签约贫困结对村 276 个。天津市在“万企帮万村”扶贫任务中，累计有 2 464 家民营企业向五大对口支援地区 3 112 个贫困村投入帮扶资金 4.03 亿元，为应对新冠肺炎疫情累计捐款捐物 3.3 亿元，累计为市场主体减免租金 1.16 亿元。河北省参与“千企帮千村”行动的民营企业共投入资金 165.73 亿元，帮扶 18 847 个村，惠及 175.77 万贫困人口，贫困人口的基本生活得到了保障。

二、政策举措

（一）积极构建亲清政商关系

制定构建亲清政商关系实施意见及行为清单，如天津市制定了《天津市关于建立健全企业家参与涉企政策制定机制的实施办法》，河北省制定了构建亲清政商关系实施意见的行为清单；建立政府重大经济决策主动向企业家求计问策制度；推进行业协会商会与行政机关脱钩，厘清政府与行业协会商会职能边界。

（二）持续优化营商环境

持续优化市场准入环境，积极推进精简环节，再造流程，推行企业开办“网上办、即时办、联合办、一日办”，做到周末“人在岗、网不断、事能办”。持续推进“证照分离”改革，提高中小企业登记注册效率。深入推进“双随机、一公开”监管，组织开展市场监管系统企业信用风险分级分类内部联合双随机抽查。推动审批服务提速升级，将准入准营、资质资格等高频审批事项“一揽子”整合，实现“一次告知、一次提交、一门受理、一次办好”，明显提高办事效能。

（三）打造高效的金融支持政策

健全银行业金融机构服务民营企业体系，提高民营企业融资业务权重，支持辖内金融机构建立“敢贷、愿贷、能贷”长效机制。如天津“信易贷”服务累计为 6 万余户中小企业提供近 600 亿元信用贷款支持，河北省为中小微企业融资额度 12 427 亿元。三地积极制定出台关于支持企业上市融资加快新动能引育的有关政策，鼓励企业上市融资。进一步加大清理和防止拖欠审计监督制度，如河北省截至 2020 年 12 月底，清偿拖欠民营和中小企业款项 14.5 亿元，圆满完成年底前无分歧欠款应清尽清目标任务。

（四）推动创新发展培育新业态新动能

持续推动创新平台建设，加大对新技术、新工艺、新产品、新设备应用的支持，与高校、科研院所合作共建技术研发平台；实施高新技术企业培育工程，以民营企业为重点，持续实施科技型中小企业成长计划，推进苗圃、雏鹰、科技小巨人、企业上市四项工程，强化组织推动、政策聚焦、科技金融等举措，积极开展“专精特新”中小企业梯度培训。推动孵化器和众创空间建设，初步形成了以科技创业带动高质量就业的良好氛围，提升企业核心竞争力；推动工业设计政策措施落地，开展工业设计进企业、进园区、进集群活动，加速设计与制造对接融合。

（五）提升企业家素质，服务企业发展

开展万名创新型企业家和职业经理人培训工程。以“走出去”“请进来”相结合的方式，面向全省中小企业经营管理者开展系列培训服务活动，帮助其提升经营管理水平和核心竞争力。围绕市场营销、数字化赋能、工业设计、品牌建设、精益管理、政策解读等方向，优选京东、好品中国等一批高端服务机构，线上线下为助力中小企业家素质提升提供精准服务。

（六）建立应对疫情影响的政策体系

适应疫情防控常态化要求，三地党委政府积极助力民营企业做好新冠肺炎疫情防控和复工复产的相关工作。落实疫情防控税费优惠政策有关事项，特别是针对疫情防控期间中小微企业和个体工商户的税收优惠政策，立足落地落实，出台配套措施，集中解决民营中小企业面临的用工难、融资难、成本上升、运输不畅、产业链断裂、原材料供应不足、疫情防护物资短缺等难点问题。

三、京津冀区域民营经济发展存在问题及对策建议

尽管京津冀民营经济发展取得了一定的成绩，但也应看到，民营经济发

展中仍存在一些困难。

（一）存在问题

一是区域民营经济产业协同有待进一步强化。京津冀区域民营经济发展不均衡一直制约着区域经济协同发展，究其因，一方面是产业转型升级淘汰过剩产能的思路和做法等越来越受到国家新出台政策的限制，加之环保的约束，有些本地传统产业（如玻璃、水泥、化工、有色金属冶炼等）在本地区的生存空间逐渐收窄，一些服务贸易（如北京大红门服装批发市场）在向区域内转移时也因发展不均衡而不顺。另一方面，即使转移了的产业也未能与原有行业集群、产品配套以及产业链条尽快相衔接，弱化了行业竞争优势。

二是京津冀三地交通整体布局与发展明显不足。由于先前对北京首都功能定位，导致了京津冀三地交通布局与发展存在不足，比如物流运输有的与北京无关，但其所走线路必须过京，增大了北京交通物流压力。本区域内交通布局特点主要以北京为中心，制约了区域内及区域内与周边毗邻地区优势互补和强强联合，河北有的设区市高铁经过却没有高铁站。

三是京津冀区域民营经济发展质量有待提升。京津冀地区民营经济发展有其特殊性，在区域政策的影响下，入围全国民营企业 500 强企业京津冀三地仅有 61 家，与浙江省一地相比相差 35 家。而京津冀中黑色金属冶炼和压延加工业企业数量突出，占据入围企业三分之一以上，民营经济高质量发展的步伐需进一步巩固和提速。

四是人才和企业流失隐患凸显。人才供应与人才需求矛盾突出，人才结构不合理与人才短缺并存，留不住技能型人才的主要原因是待遇低、房价高、落户难、子女就学难；高端技术人才流出苗头显现，京津冀三地中高端人才向外地投递最多的是上海和深圳。企业流失严重，据调查，在疏解非首都功能背景下，北京高新技术企业年增长率出现下滑，仅有 5% 的迁出企业依然留在京津冀地区，绝大部分流向长三角与珠三角城市。

五是融资难问题依然突出。在获取贷款方面，民营企业与国有企业仍存在“差别待遇”。民营企业的融资成本高，民营企业贷款通常会在规定利率基础上上浮 50% 左右，再加上房产土地抵押登记费、工商查询费、抵押物评估费、担保费、会计审计等中间费用，融资成本在20%左右。很多民营企业获取贷款难度大，政策性担保公司对民营企业的担保支持力度尚显不足，政策性担保惠及面较为有限。此外，知识产权质押、融资保险试点工作和银税互动业务整体进展较慢，其中银税互动业务目前仅对名单内企业开放，很多企业无法享受。

六是中小微企业经营形势不容乐观。受新冠肺炎疫情影响，国际贸易保护主义思潮抬头，使区域内中小微企业经营形势不容乐观。从外部环境看，三地民营企业在来料加工贸易、对外承包工程出口货物、租赁贸易、出料加工贸易中的进出口额同比均有下降，从事对外加工、租赁、承包贸易的企业影响尤为显著。从内部环境看，大多数民营企业规模小，抗压能力差，大部分处于产业链的低端，涉企中介服务等非行政性收费依然高企，疫情期间有的产业链条中间环节停工停产，相关民营企业因此面临原材料缺乏和大规模订单被取消的情况，存货、人工、房租等压力凸显，造成收入下滑、现金流短缺等困境。同时在疫情中受冲击比较大的餐饮、娱乐、商场、百货、旅游、运输、教育等服务行业中，民营企业占绝大多数。

（二）对策建议

一是稳步快速推进京津冀协同发展。牢牢抓住疏解非首都功能这个“牛鼻子”，以北京城市副中心和河北雄安新区建设为契机，努力在区域创新链、产业链、供应链布局上取得突破性进展；围绕“十四五”规划加强战略协同，重点推动三地民营经济形成更加紧密的协同发展格局、用好举办2022年北京冬奥会、冬残奥会契机，建立健全京津冀协调联动机制，在区域间形成生产要素的优化配置，推进产业链上下游企业合理布局、联动发展、互惠共赢；充分发挥政府职能，积极为企业搭建平台，开展全方位、多层次、宽领域的深度合作，深入推进三地民营经济对接合作机制，打造优势互补、良性互动的京津冀产业走廊；积极对接京津冀协同发展战略，利用环渤海发展战略，积极加强与周边省区协作，优化交通布局。

二是加大政策供给。深入推进落实纾困政策，加大减税降费力度，加大降低企业生产经营成本力度，特别是社保成本和用地成本。打造企业政策解读、反映诉求、提出建议、解决困难的便利载体。注重从深化改革开放、完善财税政策、强化金融创新、有效供给土地、健全价格机制和加强基础工作等方面，出台支持企业转型升级的配套政策。

三是进一步简化企业登记审批程序。持续压减行政审批事项，对于单一政府部门审批、审批要求标准化程度高的政务服务事项，分批推出智能化审批事项清单，逐渐实现政务服务事项智能化审批。在具备条件的许可延续、行政给付、政策兑现等领域，推广市场主体“标准自行判别、权利自行享受、资料自行留存”的备查制，实现“零材料、零跑动、零接触”。

四是完善市场准入机制。进一步梳理市场准入事项清单，建立健全市场准入统筹协调机制。破除招投标方面的隐性壁垒，不向民营企业提出超过业务能力、与招投标无关的业务能力要求，以及超过招投标（项目）要求的资质要求，让民营企业更多参与国家基础设施建设等重要战略。

五是加大投融资创新力度。设立企业转型升级发展专项资金，为企业转型升级提供资金补贴。帮助企业拓宽融资渠道，成立小微企业股权投资基金及并购投资基金，对优质的中小微企业进行债转股扶持，降低其负债率，增强其流动性和经营能力。

六是优化人才政策。继续严格执行针对高精尖企业的优惠政策，让优秀人才更有归属感，安心扎根发展。鼓励支持企业广泛建立与高校、科研机构、金融机构的战略合作关系，加大企业宣传推介力度，办好高校毕业生就业实习基地，建立稳定的优秀毕业生引进渠道。支持企事业单位引进产业发展急需紧缺高技能人才。

七是支持数字经济发展。加大数字经济领域对民营企业开放力度，让民营企业更多地参与到一些国家基础设施建设等重要战略领域里来。将优先扶持数字经济领域优秀民营企业的产品和服务纳入政府采购清单，政府和公共事业单位优先尝试创新产品和服务。打通政府与企业数据共享通道，明确数据采集及使用流程和权限，逐步形成“一次采集、多次使用、永久保存”的平台化监管通道，加快构建以大数据为核心的新型信用体系建设，推动数据共享依法合规使用。

八是促进消费水平提升。加大国际招商力度，扩大国际商务区优势，出台政策，促进国际间流动消费。继续创新消费模式，发展文旅经济、夜间经济，为消费者提供便利的消费环境，吸引全国消费者来消费。加快培育和发展新兴消费产业，促进消费领域互动融合和创新发展，特别是强化商品消费和服务消费间的融合互动，促进消费中心产业结构调整升级。

四、京津冀区域民营经济发展展望

一是京津冀协同发展战略实施为破解区域民营经济一体化发展奠定了基础。随着以疏解非首都功能为突破口的京津冀协同发展战略上升为国家发展战略，雄安新区建设稳步推进，京津冀三地党委、政府为民营经济发展不断推出政策红利，为三地民营经济发展提供了广阔空间。京津冀地区市场活力将加速释放，人才、技术、资本等创新要素的聚集和流动将为三地协同发展注入新动力。通过优化产业、交通空间布局、深化产城融合，强化城市创新形象，将逐步构建起以“高精尖”为特色，集科研、企业孵化、中试、产品转化为一体的产业集群，用集群创新增强经济发展的核心竞争力和内生动力，驱动经济平稳健康发展。通过国家战略层面政策引导促进三地协同发展，三地民营经济以市场为内在动力向一体化方向积极迈进。

二是中央提出走共同富裕之路政策的实施不仅让三地民营经济体现更多责任担当，也为三地民营经济发展激活了潜在的巨大消费市场。近年来，三地民营企业已经在参与“万企兴万村”行动、光彩事业、公益慈善事业、推动构建和谐劳动关系等方面取得了一些成绩。未来，他们还将在乡村振兴、城乡融合发展，在促进共同富裕中实现自身发展，履行社会责任。

三是营商环境更加优化。通过实施分类管理、精简审批前置要件、“多规合一”平台统筹、互联网 + 政务服务等多项组合拳，为企业创造审批少、流程优、效率高、服务好、稳定公平透明可预期的营商环境，最大限度地给企业松绑减负、提供服务，持续激发市场主体活力和社会创造力，从而助力三地民营经济实现更高效、公平、可持续的发展。

四是三地民营经济高质量发展之路更加宽广。经过多年努力，转变发展方式、调整经济结构取得明显成效，服务主导、高端引领的内生动力进一步增强，科技创新、文化创新的资源优势和政策效应持续显现，各方面推动科学发展、促进社会和谐的积极性不断提高，三地民营经济将以更小的投入获得更大的产出和更高的附加值，不断推动本地区经济结构向高端化、高质化发展。

五是亲清政商关系的逐步构建为三地民营经济健康发展廓清道路。各级党政领导干部积极联系和服务民营企业、建立与民营企业家联系机制和渠道。及时了解并切实帮助解决企业生产经营中的问题和困难。在引导三地民营企业家弘扬爱国敬业遵纪守法艰苦奋斗精神、弘扬创新发展专注品质追求卓越的精神、弘扬履行责任敢于担当服务社会的精神，京津冀三地民营企业家在推动实现中华民族伟大复兴中国梦的实践中将会谱写出更加华彩的篇章。

课题组：

负责人：曲　斌

北京市工商联　谌应新　唐　宁　李金舟　廖　楠　赵　星　桂在泓
张一鸣

天津市工商联　邢文华　王利民　张　兵　郑海燕　侯力永　刘亚娟
孙域桐

河北省工商联　陈　霞　刘培培　李明辉　畅彦周

2020 年长三角地区民营经济发展报告

摘要：2020 年是极不平凡的一年。长三角地区坚持以习近平新时代中国特色社会主义思想为指导，认真贯彻中央决策部署，旗帜鲜明地坚持“两个毫不动摇”和“三个没有变”，紧紧围绕“六稳”“六保”，着力营造民营经济发展的良好环境，促进民营经济平稳健康发展，实现了疫情防控和经济发展“双胜利”。

2020 年，长三角地区民营经济总量持续增加，市场主体活力增强、民间投资触底回升、贸易总额增速较快，对税收和就业贡献依然突出。长三角地区民营经济实现增加值 11.19 万亿元，同比增长 4.15%，占生产总值的 54.32%；上缴税金共计 2.3 万亿元。截至 2020 年年底，长三角地区私营企业和个体工商户总数达到 2 238.11 万户；年度全国民营企业 500 强榜单中，长三角地区占 202 席，占比 40.4%。

长三角地区民营经济既面临着新冠肺炎疫情全球大流行带来的眼前问题，又面临着结构性换挡升级转型期的长期问题，经济恢复基础尚不牢固。但逆市上扬的增长趋势日益明显。长三角地区将立足调整优化产业布局和要素资源配置，捕捉培育完善内需体系等战略机遇，通过科技自立自强持续增强产业链韧性和竞争力，推动再创民营经济高质量发展的新辉煌。

2020 年是极不平凡的一年。面对突如其来的新冠肺炎疫情和错综复杂的国际形势，长三角地区坚持以习近平新时代中国特色社会主义思想为指导，认真贯彻中央决策部署，旗帜鲜明地坚持“两个毫不动摇”和“三个没有变”，紧紧围绕“六稳”“六保”加大对民营经济发展的支持力度，着力营造民营经济发展的良好环境，促进民营经济平稳健康发展，为疫情防控和经济发展“双胜利”提供了有力支撑。

一、2020 年长三角地区民营经济发展总体概况

（一）增势稳健，经济总量持续增加

2020 年，长三角地区民营经济继续保持平稳健康的发展态势。全年实现民营经济增加值 111 903.3 亿元，同比增长 4.15%，占三地生产总值的 54.32%。其中，上海市实现民营经济增加值 11 103.31 亿元，同比增长 1.0%，占全市 GDP 的比重为 28.7%；江苏省实现民营经济增加值 5.8 万亿元，同比增长 5.3%，占全省 GDP 的比重为 56.8%；浙江省实现民营经济增加值 42 800 亿元，同比增长 3.7%，占全省 GDP 的比重为 66.3%。

（二）信心提振，市场主体稳步回升

截至 2020 年年末，长三角地区私营企业和个体工商户共计 2 238.11 万户。其中，上海市私营企业和个体工商户为 273.31 万户，同比增长 8.6%，占全市市场主体的比重为 92.97%；江苏省私营企业和个体工商户为 1 189.1 万户，同比增长 0.4%，占全省市场主体比重为 96.1%；浙江省私营企业和个体工商户为 775.7 万户。2020 年全国工商联公布的民营企业 500 强榜单中长三角地区占 202 席，占全国 40% 以上。

（三）投资回暖，民间投资由降转增

2020 年，受新冠肺炎疫情影响，长三角地区民间投资增速较 2019 年有所回落，但整体呈现下半年降幅明显收窄的趋势。其中，上海市民营固定资产投资增速由上半年下降 3.7% 转为全年增长 9.3%；江苏省民间投资同比下降 0.8%，占全社会投资比重 68.8%，三、四季度降幅明显收窄；浙江省民间投资同比增长 2.6%，占固定资产投资总额的 59.8%。

（四）外贸向好，民营进出口强劲增长

2020 年，在全球贸易萎缩背景下，长三角地区对外贸易实现正增长，取得了较为优异的成绩。其中，上海市民营企业进出口总额 3.48 万亿元，创历史新高，占全市比重为 23.9%，较上年提高 1.9 个百分点；江苏省民营企业进出口总额 2 265.4 亿美元，占全省比重为 35.2%，同比增长 14.4%；浙江民营企业进出口总额 25 639.2 亿元，占全省比重为 75.7%，同比增长 13.5%。

（五）贡献突出，引擎作用日益增强

民营经济的社会贡献依然突出，已成为推动区域经济社会发展的新引擎。从税收情况看，2020 年长三角地区民营经济上缴税金共计 23 290.19 亿元。其中，上海市民营经济上缴税金 4 777.70 亿元[①]，同比下降 1.9%，降幅低于全市平均 3.8 个百分点；江苏省民营经济上缴税金 9 829.9 亿元，占全省税务部门直接征税总额的 69.9%，同比增长 1.0%，高于全省税收增幅 0.5 个百分点；浙江省民营经济上缴税金 8 682.59 亿元，贡献了全省 73.9% 的税收。从就业情况看，上海市经备案的民营企业招工数为 248.34 万人次[②]，占全市比重为 68.2%；江苏省私营个体经济新增就业数 69.7 万人，占城镇新增就业比重的 52.5%；浙江省民营经济就业人员 3 374.9 万人，占全省就业人员的 87.5%。

二、2020 年长三角地区民营经济发展特点

长三角地区是我国经济最具活力、开放程度最高、创新能力最强的区域之一。近年来，在以习近平同志为核心的党中央坚强领导下，长三角地区各部门认真贯彻落实党中央、国务院决策部署，坚持稳中求进工作总基调，全面贯彻落实新发展理念，区域一体化步伐不断加快、营商环境不断改善、发展水平不断提高，“两省一市”民营经济高质量发展呈现各自特色。

① 民营经济税收收入：不含海关代征的增值税、消费税、证券交易印花税。统计范围包括私营企业、集体企业、个体经营以及非国有控股的联营企业、有限责任公司、股份有限公司。

② 民营企业招、退工数据：统计范围包括私营企业、城镇集体、股份制、有限责任公司及个体经营户，其中股份制和有限责任公司根据全市情况推算。

（一）上海：第三产业引领发展，创业热度强劲反弹，创新动能不断积聚

1. 服务业引领发展，盈利势头良好

2020 年，上海市民营经济实现服务业增加值 8 570.27 亿元，同比增长 1.4%，增速快于各产业平均水平 0.4 个百分点。民营服务业企业实现营业收入 14 354.24 亿元，同比增长 2.5%，占全市服务业比重 41.4%；营业利润 968.43 亿元，同比增长 8.4%，占全市服务业比重 33.1%；营业收入利润率 6.7%，略低于全市平均 1.7 个百分点。分行业看，科学研究和技术服务业，信息传输、软件和信息技术服务业营业利润增速较快，分别达到 41.9% 和 28.1%，以上两个行业及居民服务业、交通运输业营业收入利润率均略高于全市平均水平。民营批发零售业和住宿餐饮业受疫情冲击较大，全年限额以上企业实现营业收入分别为 36 295.69 亿元和 395.72 亿元，同比分别下降 3.4% 和 21.1%。

2. 营商环境不断优化，创业热度强劲反弹

在“以告知承诺为基础的审批程序”等措施精简流程的推动下，新型基础设施规模和创新能级不断提升，营商环境不断优化，促进新生业态发展。疫情后上海市大众创业、万众创新的势头不减反增，全年新设民营市场主体共 46.03 万户，月均达到 3.84 万户，同比增长 11.3%，增速较 2019 年提高 3.4 个百分点；新设民营市场主体占全市新设市场主体比重为 96.5%，较 2019 年提高 0.6 个百分点。爱康企业集团等 81 家企业被认定为 2020 年度民营企业总部，其中百亿能级企业占比达 15%，喜马拉雅、途虎、珍岛等在线新经济企业占比达 30%。截至目前，上海共认定三批民营企业总部，总数达到 274 家。

3. 企业创新亮点频现，发展动能不断积聚

一批创新能力强、业态模式新、质量品牌优、管理水平高、国际融合好的成长型民营企业不断做强做优，实现创新发展，民营经济已成为体现上海经济活力、创新能力的骨干力量。2020 年，上海市新认定高新技术企业 7 396 家，民营企业占比八成以上；“专精特新”企业达到 3 005 家，民营企业占比超过九成；科创板已上市的 39 家上海企业中，民营企业达 24 家。例如，上海博泰车联网致力于以“大排档”价格为用户提供“米其林”产品体

验，拥有超过4 000项知识产权，2020年首次成功入围世界物联网500强企业，是行业中重研发、肯投入的典范；珍岛集团作为智能营销领域技术革新的引领者，致力于为全球中小微企业进行营销力赋能，已申请专利22项，软件著作权240项，2020年成功入选“商务部第二批数字商务企业”等。一批创新成果成功打破国外垄断，助推产业发展。如上海榕融新材料宣布完成国产氧化铝连续纤维中试，产品性能和指标接近国际水平，价格比进口产品价格大约降低40%，一举打破国内耐高温新材料长期被国外巨头垄断的局面，将在临港实现量产。

（二）江苏：积极破除要素制约，加快推进转型升级，创新能力显著提升

1. 着力破除要素制约

为帮助中小、民营企业应对疫情影响，江苏省以真金白银的惠企政策及真抓实干的助企行动着力支持民营经济高质量发展。2020年，江苏省民营企业新增减税降费1 590.4亿元，占全省减税降费总额的62%。扎实推进清理拖欠民营企业、中小企业账款工作，加强问题线索核查，累计处置清偿欠款129.8亿元，无分歧欠款全部清零，清偿率位居全国前列。同时，推动金融机构认真落实小微企业普惠金融政策，截至2020年年底，省内主要银行机构民营企业贷款余额3.9万亿元，较年初增加5 797亿元，增长17.6%，惠及323.7万户民营企业，比年初增加109.6万户；全年新发放民营企业贷款平均利率4.7%，较2019年下降58个基点。与江苏股权交易中心合作打造“专精特新板”，累计挂牌“专精特新”小巨人企业490家，实现股权融资13.5亿元，债权融资2.1亿元。积极支持民营企业上市融资，2020年全省61家企业在境内首发上市，其中民营企业53家，首发募资总额393.2亿元；引导民营企业登陆科创板，25家已成功上市，数量居全国第一位。

2. 着力推进转型升级

以先进制造业集群培育为总抓手，积极开展产业强链行动，印发产业强链三年行动计划，部署“一机制一竞赛四行动”，聚焦30条优势产业链，建立省领导挂钩联系制度，组建产业强链专班，形成具体工作方案，不断提

升产业链自主可控能力。深入实施智能制造工程，累计创建省级示范智能车间 1 307 家，其中民营企业 850 家，占 65%；全省智能工厂试点企业 42 家，其中民营企业 36 家，占 85.7%。实施工业互联网创新发展三年计划，推进阿里 133、华为 365、腾讯 666 合作工程，累计认定省重点工业互联网平台 104 家，其中民营企业牵头的有 82 家，占 78.6%；累计上云企业超过 30 万家，民营企业占比近 80%。

3. 着力提升创新能力

持续推进大规模技术改造，2020 年民营企业参与省重大项目 77 个，占省重大项目数的 35%。深化揭榜攻关机制，全年发布 71 项攻关方向，参与攻关工程的 44 家企业中 42 家为民营企业。支持民营企业建设制造业创新中心，江苏华进半导体集成电路特色工艺及封装测试创新中心成为第二家成功创建国家制造业创新中心的民营企业。全省累计建有省级以上企业技术中心 2 901 家，民营企业占 75% 以上。实施百企引航千企升级行动计划，省市联动培育 98 家引航企业和超 5 000 家“专精特新”入库企业，累计培育国家制造业单项冠军 104 家、国家“专精特新”“小巨人”企业 113 家、省级“专精特新”小巨人企业 1 374 家，其中民营企业占比均超过 80%。实施“英才名匠”产业人才培训计划，培训产业人才超万名。全省新增高技能人才 26.2 万人，高技能人才总量达 455.1 万人，保持全国第一，每万名劳动者中高技能人才数达 959 人。

（三）浙江：减负降本成效明显，创新驱动加快推进，新产业新动能加快成长

1. 减负降本成效明显，企业效益加快好转

浙江省全年规模以上工业企业利润总额 5 545 亿元，比上年增长 14.7%，呈现快速恢复态势。盈利水平明显提升，规模以上工业企业营业收入利润率为 7.1%，比上年提升 0.8 个百分点；规模以上工业 38 个大类行业均实现盈利，其中利润比上年增长的有 27 个。据企业景气调查，94.3% 的工业企业反映四季度“减税降费”政策有成效。企业成本持续下降，规模以上工业企业每百元营业收入中的成本为 82.86 元，比一季度、上半年和前三

季度分别下降 1.04 元、0.34 元和 0.05 元，比上年下降 0.71 元。劳动生产率不断提高，全年规模以上工业劳动生产率为 25.0 万元 / 人，比上年增长 5.9%，增速比上半年和前三季度分别提高 2.8 个和 1.3 个百分点。

2. 投资运行稳步增长，创新驱动加快推进

全年固定资产投资比上年增长 5.4%。制造业投资增长 3.4%，拉动投资增长 0.6 个百分点。高新技术产业、生态环保城市更新和水利设施投资分别增长 7.4% 和 2.0%。规模以上工业企业研发费用比上年增长 18.0%，增速比上半年提高 4.5 个百分点；研发费用相当于营业收入的比例为 2.6%，比上年提高 0.3 个百分点。新产品产值增长 5.1%；新产品产值率为 39.0%，比上年提高 1.3 个百分点。列入国家“三新”统计的 11 种新产品中，新能源汽车（77.7%）、碳纤维及其复合材料（58.7%）、光缆（50.8%）、工业机器人（43.6%）、太阳能电池（39.3%）、集成电路（21.2%）等产量快速增长。

3. 数字经济表现突出，新产业新动能加快成长

全年数字经济核心产业增加值比上年增长 13.0%，增速比 GDP 高 9.4 个百分点，占比为 10.9%，比上年提高 0.9 个百分点。规模以上工业中，高新技术、装备和战略新兴产业增加值占比分别为 59.6%、44.2% 和 33.1%，对规模以上工业增长贡献率分别为 102.4%、79.9% 和 57.7%，分别拉动增长 5.5 个、4.3 个和 3.1 个百分点。高技术服务业发展态势良好。据初步统计数据，全省 2 957 家规模以上高技术服务业营业收入比上年增长 17.0%，增速高于规模以上服务业 6.2 个百分点，占比（55.6%）比上年提高 3.0 个百分点。规模以上服务业营业收入增长 10.8%。

三、长三角地区民营经济面临挑战与发展展望

2020 年，面对全球大流行的疫情之变、全球增长衰退的经济之变、经贸摩擦的贸易之变，长三角地区民营企业既面临着新冠肺炎疫情全球大流行带来的眼前问题，又面临着结构性换挡升级转型期的长期问题，具体来看，民营企业产能恢复不确定性提高、盈利面收窄流动性趋紧、国际国内市场需求下降、关键核心技术受制于人、融资难题未能有效缓解等，多重因素交织

叠加，说明经济形势复杂严峻，复苏不稳定不平衡，经济恢复基础尚不牢固。同时也应看到，当前逆市上扬的增长趋势日益明显，我国经济长期向好的基本面没有改变。长三角地区要准确把握新发展阶段的历史方位，立足调整优化产业布局和要素资源配置，在产业优势领域精耕细作，锻长造优，要捕捉培育完善内需体系等战略机遇，通过科技自立自强持续增强产业链韧性和竞争力，必将在危机中育新机、于变局中开新局，推动再创民营经济高质量发展的新辉煌。

（一）加强政策供给，加码惠企服务

一要持续优化政策环境。做好助企纾困政策的适当接续，保持政策的连续性、稳定性和可持续性，把握好政策调整的时机和节奏，分类并精准施策，激发市场主体活力，稳定市场预期。二要持续优化营商环境。进一步深化“放管服”改革，积极营造市场化、法治化、国际化的一流营商环境。全面落实国家新出台的结构性减税政策，将制造业企业研发费用加计扣除比例由 75% 提高到 100%。三要持续优化服务环境。构建政府与企业良性互动的政商机制和环境，畅通政商正常交往的途径；营造依法保护企业家合法权益的法治环境，严格规范涉案财产处置的法律程序，谨慎把握产权处理和经营纠纷的司法政策；弘扬企业家精神，加强新时代民营企业家队伍建设，全力营造尊重和激励企业家实干、创业的社会氛围和民营经济发展的良好生态。

（二）抢抓发展机遇，增强发展动能

一是抢抓“新政策”机遇。引导企业抓住当前大批高含金量惠企政策出台的契机，变政策红利为发展活力，析透新形势、谋定新战略、实施新举措、实现新飞跃。二是抢抓“新投资”机遇。引导企业抓住国家实施的新一轮关于新型基础设施、新型城镇化和涉及国计民生重大项目的“两新一重”重点投资机遇，特别是要充分利用产业优势，在 5G 技术、大数据、区块链、云计算等方面取得新突破，增强数字化赋能。三是抢抓“新发展”机遇。引导企业危中寻机、危中抢机、化危为机，把握危机中蕴含的全球产业链重构新机遇，占领产业链的关键环节；把握长三角产业一体化合作机遇，在集群数字化转型、大规模技改、品牌建设等方面协同推进，以产业链为重点提升产业协作融合度；把握危机中蕴含的产品需求变化新机遇，挖掘智能装备、生命健康、新材料等领域发展新机会。

（三）加快创新赋能，夯实核心动力

一是加快核心技术创新攻关。支持企业以混合所有制等形式，参与重大科技基础设施平台建设和使用，参与关键领域核心技术创新攻关，加大数据、研发等公共平台向企业的开放力度，进一步提升创新平台的使用效率。二是加快高新技术成长培育。实施创新型领军企业培育计划，培育一批核心技术突出、集成创新能力强、引领产业发展、具有国际竞争力的创新型民营企业，推动面广量大的民营科技企业加快成长为高新技术企业。三是加快业内共性技术成果推广。可以考虑充分发挥行业商协会桥梁作用，以行业商协会为平台，依托龙头企业的带动作用，组织行业内企业开展行业共性技术攻关和成果推广，提升全行业的创新能力和竞争力。

（四）加强金融创新，破解融资难题

一是积极推进普惠金融发展，鼓励金融机构创新开发符合中小企业特点的金融产品和服务，提高中小企业获得信贷的便利化水平；用好再贷款再贴现政策，引导金融机构加大对民营企业科技创新、绿色发展、制造业等领域的信贷投放。二是探索多种融资机制。发展知识产权质押融资，引导民营企业与数字经济、智能制造等技术创新结合，加快转型升级。建立多层次的债权和股权融资市场，探索在金融监管的 KYC、风控和合规等方面实现多层次化，在丰富民营和中小企业融资渠道的同时满足金融监管需求。探索推进中小企业直接融资发展工作机制，按照“优选储备一批、重点培育一批、推动改制一批、协助辅导一批”的梯度推进目标，摸底一批企业直接融资需求，组织开展专题培训辅导。三是深化信用体系建设。利用大数据、区块链等技术手段完善中小企业信用信息，积极打造供应链小微企业、优势核心企业和银行机构订单信息在线确认系统，推进订单信息依法有效确认，增强应收账

款融资可操作性，以金融科技促进解决民营企业与金融机构之间信息不对称、抵质押物登记衔接等问题。

课题组：

江苏省工商联　高　敏　李卓霖
上海市工商联　王　倩　韩　莹
浙江省工商联　李燕娜　王新喜

2020—2021 年中部地区民营经济发展报告

摘要：2020 年，面对突发的新冠肺炎疫情和复杂多变的国内外形势，中部地区六省党委、政府认真学习贯彻落实习近平总书记关于民营经济发展的重要讲话、批示精神，及时出台了一系列抗击新冠肺炎疫情、助力企业复工复产的政策措施，坚持疫情防控和经济发展“两场硬仗”一起打，中部地区民营经济呈现稳中有进、效益提升的积极向上良好态势，在稳就业、保民生、促发展等方面发挥着越来越重要的作用。但是，与东部地区相比，中部地区民营经济整体发展水平不高，市场主体数量存在显著差距，科技创新能力较弱，营商环境还有较大提升空间。2021 年 7 月 22 日，中共中央、国务院发布《关于新时代推动中部地区高质量发展的意见》，为推动中部地区高质量发展勾勒蓝图。中部地区各省应积极贯彻落实文件精神，加强统筹协调，健全省际协同合作机制，着力优化营商环境，切实做好成本压降文章，聚焦高端人才驱动创新，奋力开创中部地区民营经济高质量发展新局面。

面对突如其来的新冠肺炎疫情和复杂多变的国内外环境，中部地区六省党委、政府认真学习贯彻落实习近平总书记关于民营经济发展的重要讲话、批示精神，增强“四个意识”，坚定“四个自信”，做到“两个维护”，及时出台了一系列抗击新冠肺炎疫情，助力企业复工复产的政策措施，扎实做好“六稳”工作、全面落实“六保”任务，从金融、税务、政务服务等多方面发力，坚持疫情防控和经济发展“两场硬仗”一起打，坚决夺取“双胜利”，奋力实现“双收官”。2020 年，中部地区民营经济呈现稳中有进、效益提升的积极向上良好态势，在稳就业、保民生、促发展等方面发挥着越来越重要的作用。

一、中部地区民营经济发展状况

中部地区东接沿海，西接内陆，2020 年，中部地区以占全国 10.7% 的国土面积承载了全国 25.8% 的人口、贡献了全国 22% 的地区生产总值，是我国的人口大区、经济腹地和重要市场，在我国的经济版图中具有重要的地位。

（一）民营经济增加值情况

2020 年，中部地区 GDP 总量达 22.2 万亿元，同比增长 1.6%，增速低于全国 GDP 增速 0.7 个百分点，但山西、安徽、江西、湖南 GDP 增速均超过全国 GDP 增速水平。中部地区民营经济为地区经济增加做出了重要贡献，2020 年，中部地区民营经济增加值近 13.5 万亿元，占中部地区 GDP 比重超过 60.6%，较上年提高超过 1.4 个百分点（见表 1）。

表 1　2020 年中部地区生产总值与民营经济增加值情况

分类 地区	地区 GDP 总额（亿元）	民营经济增加值情况		
		总额（亿元）	同比增速（%）	占地区 GDP 比例（%）
山西	17 651.9	8 563.6	3.2	48.5
安徽	38 680.6	23 440.4	3.6	60.6
江西	25 691.5	15 592.3	4.5	60.7
河南	54 997.1	>34 847.5	>1.3	>63.3
湖北	43 443.5	22 944.7	−8.3	52.8
湖南	41 781.5	29 359.9	3.6	70.3
合计	222 246.1	>134 748.4	—	>60.6

注：河南未能提供民营经济增加值准确数据，表中增加值数据按照 2020 年河南 GDP 增速推算。

（二）民营经济上缴税金情况

2020 年，在中部地区（除河南）中，除江西民营经济上缴税金保持上期同等水平外，其他省份均有不同程度下降。其中，湖北受 2020 年疫情影响非常大，民营经济上缴税金同比下降达到 25.4%，山西受疫情影响也较大，下降幅度超过 10%，安徽和湖南受疫情影响较小。从中部地区民营经济上缴税金占税收总额比例来看，江西以占比 78.9% 位列中部地区（除河南）首位，安徽占比也接近 70%（见表 2）。

表 2 2020 年中部地区民营经济上缴税金情况

分类 地区	民营经济上缴税金情况		
	总额（亿元）	同比增速（%）	占税收总额比例（%）
山西	1 653.9	-10.2	58.3
安徽	2 944.0	-1.5	68.1
江西	2 701.8	0	78.9
河南	—	—	—
湖北	2 560.2	-25.4	60.7
湖南	2 347.7	-0.7	55.6

注：河南未能提供民营经济纳税数据。

（三）民营经济固定资产投资情况

2020 年，中部地区民营经济固定资产投资 13.8 万亿元，同比下降 0.8%（主要是因为湖北受疫情影响较大，其民营经济固定资产投资同比下降超过 20%），占中部地区全社会固定资产投资比重的 65.1%，比上年减少 2.3 个百分点。中部地区所有省份民营经济固定资产投资增速均低于全社会固定资产投资增速，可见各省份民营企业对未来经济发展都持保守观念，投资较为谨慎。从增速上看，山西增速最快，表现出良好的发展趋势；河南增速较低，但总量依然雄踞中部地区之首（见表 3）。

表 3 2020 年中部地区民营经济固定资产投资情况

分类 地区	固定资产投资增速（%）	民营经济固定资产投资		
		总额（亿元）	同比增速（%）	占固定资产投资比重（%）
山西	10.6	3 896.7*	10.2	53.3
安徽	5.1	25 316.6*	0.8	61.7
江西	8.2	22 509.8*	8.1	75.4
河南	4.3	38 573.9*	2.5	69.1
湖北	-18.8	19 222.2*	-21.3	60.5
湖南	7.6	28 618.7*	3.0	61.7
合计	1.5	138 137.9*	-0.8	65.1

注：* 各省份均未公布民营经济固定资产投资总额具体数据，故该数据为推算数据。

（四）个体私营企业数量及注册资本情况

截至 2020 年年底，中部地区实有个体私营企业 2 908.3 万户，同比增长 11.4%。其中，实有民营企业数达 759.8 万户，同比增长 15.9%；实有个体工商户数达 2 148.5 万户，同比增长 9.9%（见表 4）。

表 4　2020 年中部地区个私企业数量及注册资本情况

分类/地区	民营企业				个体工商户			
	户数（万户）	同比增长（%）	注册资本（亿元）	同比增长（%）	户数（万户）	同比增长（%）	资产总额（亿元）	同比增长（%）
山西	71.8	18.5	39 672.9	24.2	194.5	8.4	1 466.4	14.1
安徽	156.0	15.9	96 735.9	1.1	408.5	14.1	5 484.2	21.0
江西	88.7	17.1	54 476.7	20.4	215.5	8.8	3 239.2	12.7
河南	196.3	17.6	107 468.4	13.7	546.9	10.5	3 599.9	2.3
湖北	137.2	12.7	93 300.0	39.9	415.3	4.8	4 964.1	25.9
湖南	109.8	14.3	102 174.6	16.3	367.8	12.2	4 151.6	17.2
合计	759.8	15.9	493 828.5	18.9	2148.5	9.9	22 905.4	17.5

从注册资本看，中部地区民营企业户均注册资本为 649.9 万元，同比增长 2.5%；个体工商户户均资产为 10.7 万元，同比增长 6.9%。其中，民营企业户均注册资本最高的为湖南，达到 930.6 万元 / 户，湖北、安徽、江西、山西、河南依次为 680.0 万元 / 户、620.1 万元 / 户、614.2 万元 / 户、552.5 万元 / 户、547.5 万元 / 户；个体工商户户均资产最高的为江西达到 15.0 万元 / 户，安徽、湖北、湖南、山西、河南依次为 13.4 万元 / 户、12.0 万元 / 户、11.3 万元 / 户、7.5 万元 / 户、6.6 万元 / 户。此外，湖北民营企业注册资本和个体工商户资产总额的增速均为最高，分别为 39.9% 和 25.9%。

从民营企业与个体工商户数量比值来看，中部地区平均为 2.83，比值最高的湖南达到 3.3，市场主体整体结构偏低，湖北、河南、山西、江西、安徽依次为 3.0、2.8、2.7、2.6、2.4。

从每万常住人口拥有民营企业和个体工商户数量来看，中部地区平均为 791.5 户 / 万人。其中，最高的为湖北达到 956.7 户 / 万人，最低的江西仅为 673.2 户 / 万人。安徽、山西、河南、湖南依次为 925.0、762.7、747.9、690.3 户 / 万人。同期，江苏、浙江、山东每万常住人口拥有民营企业和个体工商户数量分别是 1 403 户、1 201 户、1 127 户，可见中部地区与东部地区发展水平仍有较大差距。

（五）民营企业规模情况

截至 2020 年年底，在中部地区（除河南、湖南）中，注册资本在 100 万 ~500 万元的有 168.3 万户，占企业总数的 38.3%；注册资本在 500 万 ~ 1 000 万元的有 49.4 万户，占企业总数的 11.1%；注册资本在 1 000 万 ~ 1 亿元的有 72.5 万户，占总数的 16.4%；注册资本在 1 亿元以上的有 2.7 万户，占总数的 0.6%（见表 5）。

表 5　2020 年中部地区民营企业规模情况

分类 / 地区	100万~500万元			500万~1 000万元			1 000万~1亿元			1亿元以上		
	户数	同比增长（%）	比重（%）	户数	同比增长（%）	比重（%）	户数	同比增长	比重（%）	户数	同比增长（%）	比重（%）
山西	370 939	20.3	54.2	67 648	36.3	9.4	44 849	30.2	6.3	2 344	31.3	0.3
安徽	448 640	22.0	30.9	171 808	17.8	11.8	339 951	21.8	23.4	7 966	10.1	0.6
江西	361 731	15.8	40.6	101 738	31.9	11.4	102 890	29.0	11.6	9 505	110.2	1.1
河南	—	—	—	—	—	—	—	—	—	—	—	—
湖北	501 434	11.8	36.6	153 086	12.4	11.2	237 720	7.3	17.3	7 354	3.0	0.5
湖南	—	—	—	—	—	—	—	—	—	—	—	—

注：河南、湖南未公布具体数据。

在 2020 年全国民营企业 500 强中，中部地区共有 51 家企业入围，占总数的 10.2%，比上年减少 7 户（见表 6）。从营收数据上看，中部地区 51 家 500 强民营企业平均营收额为 463.75 亿元，低于 702.4 亿元的全国平均值。在中部地区中，湖南三一集团有限公司以 1 253.18 亿元营收额位居中部首位，但在全国仅排名第 53 位，河南洛阳栾川钼业集团股份有限公司、湖北九州通医药集团股份有限公司、湖北卓尔控股有限公司营收额也均破千亿，分别以 1 129.81 亿元、1 108.59 亿元、1 020.87 亿元位列中部地区第 2、3、4 位，山西、安徽、江西尚无一家营收额上千亿的民营企业。

表 6　2020 年中部地区进入全国民营企业 500 强情况

分类 地区	进入全国民营企业500强情况		
	户数	同比增加户数	中部地区排名
山西	5	−2	5
安徽	5	1	并列第5
江西	6	−1	4
河南	12	−3	2
湖北	16	−3	1
湖南	7	1	3
合计	51	−7	—

（六）民营企业进出口情况

2020 年，中部地区民营企业累计实现外贸进出口额达 14 466.0 亿元，同比增长 18.7%，高于中部地区外贸进出口额增速 5.8 个百分点，占中部地区进出口总额的比例由上年的 51.4%提高到 54.1%。其中，江西、湖南民营企业占中部地区进出口比例为 73.9%、78.1%，明显高于中部地区其他省份。山西进出口多为煤炭资源和钢铁贸易，民营企业涉足较少，无论是进出口总量还是比重均较低。河南海关特殊监管区较为发达，虽然进出口总额为中部地区最高，但归属于民营企业的只占 30.4%，而归属于外商投资企业的进出口总额达到 4 100.7 亿元，占同期河南进出口总值的 61.6%（见表 7）。

表 7　2020 年中部地区民营企业进出口情况

分类 地区	进出口总额		民营企业进出口情况		
	总额（亿元）	同比增长（%）	总额（亿元）	同比增长（%）	占进出口总额比例（%）
山西	1 505.8	4.0	359.6	29.6	23.9
安徽	5 406.4	14.1	2 762.5	19	51.1
江西	4 010.2	14.3	2 964.9	21.1	73.9
河南	6 654.9	16.4	2 020.7	19.0	30.4
湖北	4 294.1	8.8	2 554.7	20.9	59.5
湖南	4 874.5	11.7	3 803.6	14.4	78.1
合计	26 745.9	12.9	14 466.0	18.7	54.1

二、中部地区省会城市发展比较

（一）中部崛起战略成效显著，中部地区省会城市发展差距拉大

中部崛起战略成效显著。2006 年，党中央、国务院颁布实施《关于促进中部地区崛起的若干意见》（中发〔2006〕10 号）。十五年来，中部地区经济社会发展取得显著成就，粮食生产基地、能源原材料基地、现代装备制造及高技术产业基地和综合交通运输枢纽地位日益巩固。据统计，自 2006 年至 2020 年年底，合肥市 GDP 增长 8.4 倍，长沙市 GDP 增长 5.8 倍，武汉市 GDP 增长 5.0 倍，郑州市 GDP 增长 5.0 倍，南昌市 GDP 增长 3.9 倍，太原市 GDP 增长 3.1 倍。中部省会城市发展活力和可持续发展能力不断提升。

中部地区省会城市发展差距拉大。图 1 显示，2006 年之前，中部地区是我国经济较为落后的地区，中部地区省会城市国内生产总值高低差距在 1 倍左右。到 2020 年年底，中部地区省会城市 GDP 最高是武汉市（1.6 万亿元），GDP 最低是太原市（0.4 万亿元），高低差距已扩大到 4 倍左右。

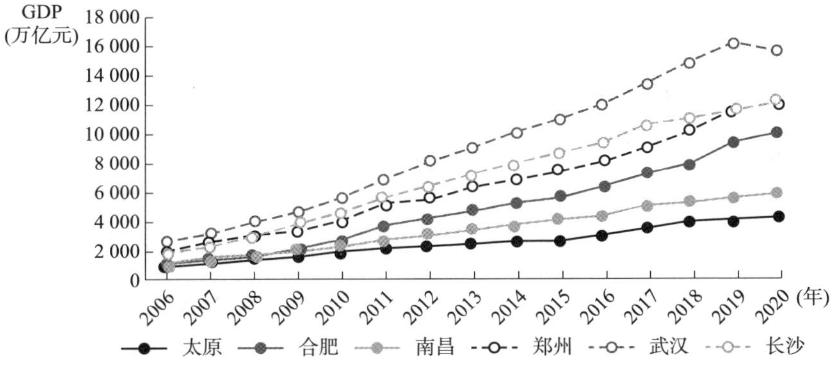

图 1 中部地区省会城市 GDP 比较

资料来源：国家统计局。

中部地区省会城市呈现你追我赶的发展势头。2008 年，合肥市 GDP 首次超过南昌市 GDP，到 2020 年年底，合肥市 GDP 已是南昌市 GDP 的近 2 倍。2009 年，长沙市 GDP 首次超过郑州市 GDP，到 2020 年年底，长沙市 GDP 已超过郑州市 GDP 近 140 亿元。

（二）发展质量出现分化，中部地区省会城市已形成两个梯队

发展质量出现分化。自 2006 年至 2020 年年底，合肥市人均 GDP 增长 3.6 倍，长沙市人均 GDP 增长 3.3 倍，武汉市人均 GDP 增长 3.1 倍，南昌市人均 GDP 增长 2.7 倍，郑州市人均 GDP 增长 2.2 倍，太原市人均 GDP 增长 2.2 倍。合肥市和长沙市呈现出发展质量高的特征（见图 2）。

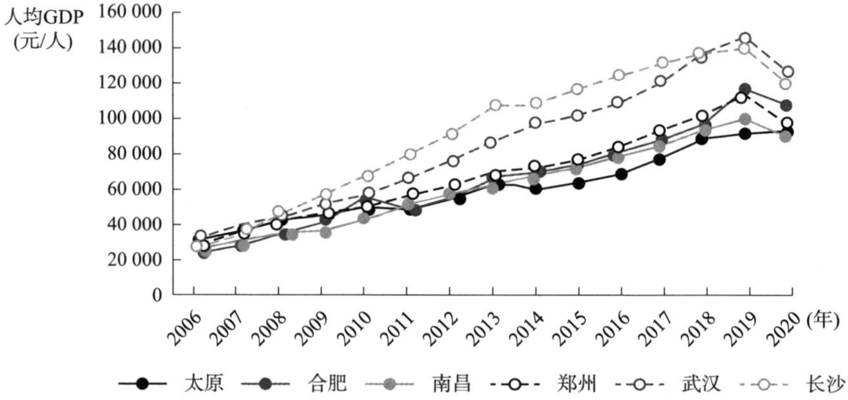

图 2　中部地区省会城市人均 GDP 比较

资料来源：国家统计局。

中部地区省会城市已形成两个梯队。图 2 显示，2008 年长沙市人均 GDP 首次超过武汉市、郑州市、太原市，到 2020 年年底，武汉市人均 GDP（12.7 万元）、长沙市人均 GDP（12.1 万元）高于其他中部地区省会城市的 12% 以上，属于人均 GDP 第一梯队。2020 年年底，合肥市人均 GDP（10.7 万元）、郑州市人均 GDP（9.5 万元）、太原市人均 GDP（9.3 万元）、南昌市人均 GDP（9.2 万元）与第一梯队相差 10% 左右，属于人均 GDP 第二梯队。

（三）发展阶段特征明显，中部地区省会城市规模以上民营企业是拉动发展的主要动力

发展阶段特征明显。以 2010 年为分水岭，分为两个阶段。自 2003 年至 2010 年，中部地区省会城市规模以上内资企业数量总体呈快速上升趋势，合

肥市增长 4.8 倍，长沙市增长 2.0 倍，武汉市增长 1.2 倍，南昌市增长 1.2 倍，郑州市增长 0.8 倍，太原市增长 5%。自 2010 年至 2017 年，中部地区省会城市规模以上内资企业数量呈波动状态，南昌市增长 33%，长沙市增长 11%，郑州市增长 6.6%，合肥市增长 2%，武汉市减少 12%，太原市减少 18%。

规模以上民营企业是拉动发展的主要动力。据统计，2017 年年底中部地区省会城市规模以上内资企业占规模以上市场主体的比例均高于 85%，郑州市占比 97%，太原市占比 95%，长沙市占比 95%，合肥市占比 91%，南昌市占比 91%，武汉市占比 87%。中部地区省会城市规模以上民营企业占规模以上内资企业均超过 85%。因此，规模以上民营企业拉动城市 GDP 总量呈上升趋势做出了重要贡献。

（四）内陆特征明显，中部地区省会城市规模以上港澳台企业和外商投资企业数量少，增长近乎为零

2009 年后，规模以上港澳台企业数和外商投资企业数在中部地区省会城市数量均较少，且基本上都没有增长，对省会城市 GDP 增量贡献不大。除太原市规模以上港澳台企业特少外，其他五个中部地区省会城市均属于同等较低水平状况；除武汉市外商投资企业数稍多外，其他五个中部地区省会城市均属于较低水平。

因此，中部地区省会城市呈现出典型的内陆特征，对规模以上港澳台企业和外商投资企业的吸引力明显不足。

三、中部地区民营经济发展面临的问题和不足

（一）整体发展水平不高

中部地区与东部地区相比，民营经济整体实力较弱。从 2021 年中国民营企业 500 强上榜情况来看，浙江入围 96 家，继续稳居全国各省之首，江苏、广东、山东的入围数量分别达到 92 家、61 家、53 家，而中部地区最高的为湖北 16 家，河南、湖南、江西、山西、安徽分别只有 12 家、7 家、6 家、5 家、

5 家企业入围，中部地区入围企业总数不及山东企业数量，差不多只是浙江的一半，可见中部地区民营企业整体实力与东部地区发达省份之间还存在较大差距。

（二）市场主体数量差距明显

2020 年，山西、安徽、江西、河南、湖北、湖南实有各类市场主体分别为 270.8 万户、580.3 万户、319.1 万户、781.2 万户、571.4 万户 、488.8 万户，中部地区实有各类市场主体总数为 3 011.6 万户。而同期山东、广东实有各类市场主体分别达到 1 999.9 万户、1 384.8 万户，两个省份之和 3 384.7 万户就已经超过中部地区总数，此外，江苏、浙江实有各类市场主体也分别达到 1 238.0 万户、803.2 万户，可见中部地区市场主体数量与东部地区相比差距明显，市场活力较为不足。

（三）科技创新能力较弱

首都科技发展战略研究院和中国社会科学院城市与竞争力研究中心联合发布了“中国城市科技创新发展指数 2020”。从省级区域来看，城市科技创新发展指数排名前 20 位的城市中，除北京、上海、天津 3 个直辖市外，江苏地区的城市最多，有 4 个城市；广东排名第二，有 3 个城市；浙江和山东并列第三，分别有 2 个城市；而中部地区的安徽、湖北、湖南分别只有 1 个城市入选，山西、江西、河南均没有城市入选。

此外，从全国层面看，中部地区民营企业整体发展水平依然不强，在科技研发上与全国平均水平仍有一定差距，同东部地区相比差距较大。根据《2020 年全国科技经费投入统计公报》数据，2020 年，中部地区共投入研究与实验发展（R&D）经费 4 330.3 亿元，占全国总投入的 17.8%，而在东部地区中，广东、江苏投入研究与实验发展（R&D）经费分别为 3 479.9 亿元、3 005.9 亿元，分别相当于中部地区总和的 80%、70%。山西、安徽、江西、河南、湖北、湖南投入研究与实验发展（R&D）强度分别为 1.2%、2.3%、1.7%、1.6%、2.3%、2.2%，均低于 2.4% 的全国平均水平，与东部地区中的北京（6.4%）、天津（3.4%）、上海（4.2%）、广东（3.1%）、江苏（2.9%）、浙江（2.9%）

差距明显。

（四）营商环境还有较大提升空间

营商环境由多种因素共同决定，国际直接投资（FDI）水平和新增就业是反映地区营商环境的关键指标变量，优化营商环境可以显著地提高地区FDI水平和新增就业规模。

与中部地区不同，东部地区一些省份规模以上港澳台与外商投资企业数持续增长。例如，2019年广东省规模以上港澳台企业数达到63 796个，比2010年增长26 396个。上海、江苏、浙江、福建规模以上港澳台企业数保持稳定发展水平。2019年广东省、浙江省规模以上外商投资企业数分别达到19 633个、15 663个，比2010年分别增长3 333个、4 363个。上海、江苏、福建规模以上外商投资企业数稳中有降。因此，与东部地区相比，中部地区营商环境仍有较大提升空间。

四、促进中部地区民营经济发展的对策建议

2021年7月22日，中共中央、国务院发布《关于新时代推动中部地区高质量发展的意见》，顺应新时代新要求，为推动中部地区高质量发展勾勒蓝图。中部地区各省要积极贯彻落实文件精神，加强统筹协调，形成发展合力，以高度的政治责任感和历史使命感，强化担当、狠抓落实，奋力开创中部地区民营经济高质量发展新局面。

（一）健全省际协同合作机制

中部地区各省应该合力健全省际协同合作机制，做深做实一体发展。在积极响应国家建设珠江三角洲经济圈、长江三角洲经济圈和环渤海湾经济圈的同时，不要分散中部地区抱团发展的精神，更不应该各自为战，而应相融共生、共同发展。要建立沟通、协调、决策、执行层面的共同推进机制，加大重大项目对接、重大事项合作、重大政策落实力度，在经济发展、科技创新、文化交流、生态保护等领域实行无障碍沟通合作，形成多层次、跨地域、

全方位的合作格局。按照“优势互补、互利共赢”原则，充分发挥各省优势产业，加强产业协同，做强产业链、做大产业群。加强省际产业分工与协作，提高区域产业综合竞争力，合力打造先进优势产业链条，共同培育世界级产业集群。进一步强化省际交通枢纽建设，加快推进铁路、公路、航空、水运、港口建设，打通断头路，加密运输线，促进互联互通，构建中部地区四通八达、无缝衔接的综合性、智能型、现代化交通体系，不断提升中部地区交通枢纽地位。

（二）着力纵深优化营商环境

中部地区各省要全面贯彻落实《优化营商环境条例》，推广先发地区优化营商环境做法和经验，持续深化“放管服”“不见面审批”模式，大幅压减行政审批前置事项，行政审批和公共服务事项实现“一网通办”。实施惩戒措施清单管理制度，执行部门不得随意增加或减少，不得升级或降级采取惩戒措施，不得因企业性质、规模、地域等因素采取差别化惩戒措施，不得随意叫停企业生产。建立“非请勿扰”诚信管理机制，深入实施信用风险分类管理试点工作，对诚信守法企业实行“非请勿扰”。开展招投标领域专项整治，取消没有法律法规依据的投标报名、招标文件审查、原件核对等事项以及能够采用告知承诺制和事中事后监管解决的前置审批或审核环节，消除对不同所有制企业设置的各类不合理限制和壁垒。

（三）切实做好成本压降文章

中部地区各省要继续降低制度成本，进一步缩减市场准入负面清单，实施市场主体准入“零门槛”，规定除法律法规规定以外，一律不得擅自设立市场主体准入门槛和其他附加条件，做到凡是法律法规未明确禁止的，一律允许各类市场主体进入；凡是已开放或承诺开放的领域，一律向民间资本开放；凡是影响民间资本公平进入和竞争的各种障碍，一律予以清除，推动“非禁即入”普遍落实。加大民营经济领域标准化工作力度，除了畅通民营企业和商会参与制定国家标准和行业标准的渠道和机制外，还需要开展标准的清理工作，及时废止不适应产业发展、阻碍技术进步的标准，抓紧制定缺失的标准，尽快修改落后、不完善的标准。

（四）聚焦高端人才驱动创新

中部地区应鼓励各省民营企业发挥自身优势设立研究机构，支持高校科研人员能够在中部地区各省企业自由流动，引导高校和科研院所实验室向民营企业开放。建立与市场经济相适应、与中部地区崛起相配套的人才管理新体制，探索建立科学的人才评价和激励机制，中部地区可以统一规划，建立各类人才的分类、分级、分层管理制度，改善宏观调控，建立高端人才动态管理机制。完善人才发展联合推进体系、人才互认机制等举措，实现中部地区各省在人才资源上的优势互补、智力成果互通互享，打造创新创业人才高地。

课题组：

山西省工商联　郭卫东　吴晋臣　杨永峰　赵珈艺

安徽省工商联　许　飞　齐会龙　盛小娇　王　敏

江西省工商联　张新芝　黄　虞　乐志为　王亚飞　叶国良

河南省工商联　孙同军　张　涛　王瑞聪

湖北省工商联　徐茜茜　余水晶

湖南省工商联　李超玲　熊福义　任茂森　张　柯

2020—2021 年粤港澳大湾区民营经济发展报告

摘要：2020 年，粤港澳大湾区积极用好一系列助推民营经济高质量发展的政策举措，通过数字赋能、创新赋能、金融赋能和企业家精神赋能有效应对新冠肺炎疫情持续、全球经济不确定性陡增等不利因素，民营经济持续健康发展、经济总量优势进一步增强、发展质量优势得到凸显。民营企业连续 4 年成为最大外贸主体，当年外贸贡献度超过 50%；大湾区数据驱动创新、人工智能创新蓬勃发展，智能制造转型步伐全国领先；金融服务“组合拳”精准施策，中小微企业融资纾困与战略性新兴产业金融支持双轮驱动，产业结构不断优化。但是，中美贸易摩擦升级对湾区外向型经济形成较大冲击，产业同质化现象较为严重，港澳与珠三角互联互通仍待加强，产业附加值偏低，核心竞争力较为缺乏，新消费增长点培育愈加紧迫。本文在分析上述问题的基础上，研究提出了推动粤港澳大湾区民营经济进一步发展的意见建议，包括：加快突破制度障碍，促进协同发展；优化产业结构，推进转型升级和产业融合；积极培育新消费增长点，降低外向型经济依赖；建立健全金融服务体系，加快民营经济创新发展；提高基础创新能力，实现强基补链。

2020 年，广东省出台《关于促进民营经济高质量发展的若干政策措施》，《广东省国民经济和社会发展第十四个五年规划和 2035 年远景目标的建议》提出优化民营经济发展环境相关政策举措，民营经济把握粤港澳大湾区建设、深圳先行示范区建设重大战略机遇，有效应对新冠肺炎疫情持续、全球经济不确定性陡增等不利因素，深入实施创新驱动发展战略，通过数字赋能、创新赋能、金融赋能和企业家精神赋能积极应对市场变化，民营经济总量优势和质量优势不断凸显。

一、粤港澳大湾区民营经济发展总体概况

（一）经济总量优势进一步增强

粤港澳大湾区聚集香港、澳门及珠三角核心区9市（广州、深圳、珠海、佛山、惠州、东莞、中山、江门、肇庆），总面积5.6万平方公里，约占全国0.6%，而经济总量约占全国1/7，是我国经济最为发达、民营经济最为活跃的地区之一。一方面，截至2020年年末，粤港澳大湾区的常住人口数量已接近8 326万，较2019年末统计数字（7 266万）同比增长近14.6%，湾区内广东9市常住人口占粤港澳大湾区人口总量从2019年的88.74%上升到90.21%，而香港、澳门两个特别行政区的常住人口占比分别从10.32%、0.94%下降为8.98%和0.82%，珠三角核心区始终是粤港澳大湾区人口增幅最大的区域，其中深圳、佛山、东莞、惠州、珠海和中山等民营经济较发达地市的人口吸引力较为明显。另一方面，截至2020年年末，粤港澳大湾区GDP总量达11.82万亿元，较2019年（11.62万亿元）同比增长1.7%；在保持经济总量优势的前提下，深圳、广州等湾区龙头城市经济增速相对较快。2020年，广东实现地区生产总值110 438.22亿元，按可比价格计算，比上年（107 671.07亿元）增长2.57%；而珠三角核心区9市实现地区生产总值91 232.52亿元，占全省82.6%，较上年增长1.9个百分点。2020年，广东全省民营经济完成增加值62 545.18亿元，同比增长6.3%，增幅高于全省GDP增幅3.7个百分点，占全省GDP比重达56.5%，比上年提高1.9个百分点；而大湾区内广东9市民营经济完成增加值47 300.08亿元，同比增长3%，增幅高于全省地区生产总值增幅0.4个百分点。上述数据表明，尽管面临新冠肺炎疫情、全球供应链疲软等不利因素，大湾区经济总量优势仍持续增强，民营经济占比持续提升，正成为牵引大湾区经济高质量发展的重要引擎（见表1、表2）。

表 1　2019—2020 年粤港澳大湾区常住人口统计

城市	2020 年（万人）	2019 年（万人）	2020 年同比增速（%）
深圳	1 756	1 343.88	30.7
广州	1 575.59	1 530.59	2.9
东莞	1 046.66	846.45	23.7
佛山	949.89	815.86	16.4
香港	747.42	752.07	−0.6
惠州	604.29	488	23.8
江门	479.81	463.03	3.6
中山	441.81	338	30.7
肇庆	411.36	418.71	−1.8
珠海	244.96	202.37	21.0
澳门	67.96	66.74	1.8
总计	8 325.75	7 265.7	14.6

注：珠三角核心区 9 市常住人口数据来自各市统计年鉴。香港、澳门两地常住人口数据来自香港政府统计处、澳门统计暨普查局。

表 2　2019—2020 年粤港澳大湾区地区生产总值统计

城市	2020 年（亿元）	2019 年（亿元）	2020 年同比增速（%）
深圳	28 197.17	27 429.15	2.8
广州	25 495.88	24 075.43	5.9
香港	23 410.07	24 134.09	−3
佛山	11 023.37	10 957.62	0.6
东莞	9 834.19	9 660.30	1.8
惠州	4 302.62	4 255.81	1.1
珠海	3 548.52	3 445.17	3
澳门	3 524.09	3 596.01	−2
江门	3 262.21	3 191.99	2.2
中山	3 212.30	3 164.83	1.5
肇庆	2 356.25	2 292.07	2.8
总计	118 166.68	116 202.48	1.7

注：珠三角核心区 9 市常住人口数据来自各市统计年鉴。香港、澳门两地常住人口数据来自香港政府统计处、澳门统计暨普查局。

（二）产业结构调整进一步优化

2020年，广东第一产业增加值4 769.99亿元，比上年增长9.6%；第二产业增加值43 450.17亿元，比上年增长0.2%；第三产业增加值62 540.78亿元，比上年增长3.8%。截至2020年，三次产业结构为4.3∶39.2∶56.5，服务业占GDP比重较上年增长1个百分点，已接近六成规模。全省民营经济一、二、三次产业增加值分别完成4 378.16亿元、25 143.16亿元和33 023.86亿元，同比增长1.5%、2.2%和6.4%，三次产业结构为7∶40.2∶52.8。大湾区珠三角核心区9市一、二、三产业民营经济增加值分别为1371.70亿元、19 440.33亿元、25 488.04亿元，同比增长3.1%、1.4%、4.2%，占全省民营经济对应产业增加值比重分别为31.3%、71.3%、80.2%，三次产业的比重为2.9∶41.1∶56。在上年基础上，大湾区民营经济的服务业优势进一步凸显，第三产业比重较上年高出0.6个百分点，服务业对民营经济增长的贡献率超过60%。2020年，大湾区内珠三角核心区9市共有规模以上服务业28 008家，占全省比重（93.2%）比上年提高1.3个百分点，其中现代服务业保持领先地位，增速（6.1%）高于全省平均水平0.3个百分点。总体来看，湾区9市在“双循环”新发展格局下，经济增长的内生协调性不断增强，产业结构进一步优化。

（三）民间投资指标企稳回升

2020年，受新冠肺炎疫情反复、经贸摩擦升级对于投资信心的不利冲击，广东全年完成固定资产投资49 412亿元，比上年增长7.2%。其中，全省民间固定资产投资完成21 925.86亿元，比上年增长1.1%，较全省固定资产投资整体增速偏低6.1个百分点。与全省民间投资增速多年下降、企业家投资信心不足形成鲜明对比的是，大湾区广东9市有效逆转了2019年民间投资增速的下滑趋势，在大湾区建设、深圳先行示范区建设等重大战略机遇期面前，各项投资指标企稳向好、表现亮眼。一方面，2020年珠三角核心区9市完成固定资产投资33 112.41亿元，投资增速为9.3%，大湾区9市与全省投资增速差距从2019年的1.2个百分点扩大到2.1个百分点，大湾区对全社会固定资产投资的吸引力进一步增强。其中，除佛山、江门、深圳3市外，大湾区广东其余6市的固定资产投资增速均超过10%，深圳、广州和佛山的投资总量持续保持全省前三。另一方面，2020年大湾区多地民间投资占比企稳回升。从民间投资增速来看，深圳、珠海、江门和肇庆4市民间投资增速要快于全社会固定资产投资增速，广州则保持了民间投资与全社会固定投资的增速一致。从民间投资占比来看，除深圳、广州、珠海3市外，佛山、中山、惠州、东莞、江门、肇庆6市民间投资占本地区固定资产投资的比重过半，民营经济活跃度表现较为突出。值得注意的是，与2019年相比，尽管2020年湾区9市民间投资整体呈现企稳回升态势，但民间投资信心仍待持续性地有效释放。具体而言，除深圳、珠海、江门和肇庆4市民间投资占比有所增长之外，广州民间投资占比与上年基本持平，其余4市则仍呈现一定程度下降趋势。这说明，民间投资信心有待提振仍是助推民营经济高质量发展的一个突出问题（见表3）。

表3　2020年珠三角各市固定资产投资、民间投资总额增速

	固定资产投资（亿元）	民间投资（亿元）	固定资产投资增长率	民间投资增长率	民间投资占比（2019）	民间投资占比（2020）
广州市	7 612.23	3 069.28	10%	9.4%	40.5%	40.3%
深圳市	7 958.02	3 684.66	8.2%	14.5%	43.8%	46.3%
珠海市	2 230.41	1 049.61	13.1%	15.4%	46.1%	47.06%
佛山市	4 785.90	3 440.15	0.8%	−0.5%	72.9%	71.9%
惠州市	3 084.44	1 776.63	16.0%	6.8%	62.6%	57.6%
东莞市	2 405.13	1 465.11	13.0%	7.2%	64.2%	60.9%
中山市	1 117.69	596.22	21.5%	−1.2%	65.5%	53.3%
江门市	2 249.98	1 458.27	6.9%	8.8%	63.7%	64.1%
肇庆市	1 668.61	1 101.16	12.1%	12.6%	65.7%	66.0%

注：珠三角核心区各市固定资产投资增长率及民间投资增长率数据来源于各市统计公报，固定资产投资额、民间投资额及民间投资占比系根据历年统计年鉴及上述增长率由笔者计算得出。

（四）民营工业企业质量升级步伐加快

2020年，受新冠肺炎疫情冲击、全球供应链疲软等不利因素影响，工业企业效益指标增长整体有所下降。当年，全省规模以上工业实现增加值34 120.34亿元，比上年增长1.5%；全省规模以上民营工业实现增加值

18 242.08 亿元，比上年增长 1.7%，增速较规模以上企业整体增速略高 0.2 个百分点。2020 年，广东规模以上工业实现营业收入 149 930.12 亿元，比上年增长 2.2%，民营企业增长 2.7%，高出全省 0.5 个百分点。2020 年，大湾区内广东 9 市规模以上工业增加值 28 828.76 亿元，与上年指标（28 817.72 亿元）基本持平，占全省比重 81.98%，比上年下降 2.52 个百分点。尽管受疫情冲击、全球供应链疲软等多重因素叠加影响，湾区工业企业绩效整体出现一定下滑，但规模优势仍较为明显。从规模以上工业企业情况来看，湾区内广东 9 市集中了全省 84.23% 的工业企业，贡献全省 86.78% 的利润总额，平均用工人数占全省比重达 87.25%。值得注意的是，为应对外部经济环境不利影响，大湾区民营工业质量转型升级步伐明显加快。一方面，凭借港澳生产性服务业与大湾区广东 9 市的制造业产业集群优势，大湾区制造以质量升级为切入点，积极实施产业集群团体标准建设，对标国际先进标准，推进无人机、新能源汽车、智能装备与机器人、新材料和精细化工等新兴产业的“湾区标准”建设，推进“湾区制造”品牌培育和评价。2020 年，大湾区广东 9 市民营企业累计参与团体标准 852 项，约占全国总数的 10%。另一方面，充分利用大数据、人工智能、工业互联网和互联网营销等科技创新的赋能力量，大湾区在智能制造方面成效突出。2020 年，大湾区智能制造产值规模约为 8 910 亿元，占全国的 1/3，大湾区内广东 9 市先进制造业、高技术制造业增加值分别同比增长 4.1% 和 4.8%，增速高于全省平均水平 0.7 个和 3.7 个百分点。

（五）民营企业外贸主力军作用进一步突出

2020 年，广东货物进出口总额 7.08 万亿元，比上年下降 0.9%。其中，出口额 4.35 万亿元，增长 0.2%；进口额 2.73 万亿元，下降 2.6%；实现贸易顺差 1.62 万亿元，扩大 5.3%。2020 年，广东进出口规模继续稳居全国第一，进出口规模占全国 22%；出口已连续 4 年保持增长，规模再创历史新高。面对中美经贸摩擦升级、单边主义抬头等不利外部环境，民营企业“稳外贸”的主力军作用进一步彰显。2020 年，民营进出口总额完成 39 005.11 亿元，增长 5.5%，增幅高于全省 6.4 个百分点，占全省进出口总额的比重为 55.1%，比上年增长 3.3 个百分点，已连续 4 年成为最大外贸主体。2020 年，大湾区内广东 9 市进出口总额 67 666.36 亿元，占全省 95.5%，占比与上年基本持平。为有效对冲外部环境恶化对外贸的不利影响，大湾区民营企业在防疫物资、“宅经济”商品上大做文章。2020 年，大湾区民营企业出口防疫物资 1 780.6 亿元，增长接近 1 倍，医药材及药品、医疗仪器及器械分别增长 56.4%、42.7%，出口电脑及其零部件等增长 10.3%，上述领域出口合计拉动广东出口增长近 2.6 个百分点。根据《中国海关》杂志发布的“2020 年中国外贸百强城市”名单，大湾区内广东 9 市均榜上有名，深圳更是连续 14 年霸榜第一，广州、珠海、东莞、佛山、惠州、中山、江门、肇庆分别位列第 4、5、6、13、26、40、45、92 位，经济发展程度较低的江门、肇庆 2 市的排名分别较上年提高 9 位和 7 位，表明大湾区外贸发展活力持续彰显，区域间外贸发展的协同性得到增强。

（六）新经济发展动能持续发力，创新高地效应初步凸显

2020 年，广东有效发明专利数量、PCT 国际专利申请量继续稳居全国首位，国家级高新技术企业总量超 5.3 万家，新登记市场主体 238.87 万户，同比增长 8.01%；市场主体总量 1 384.85 万户，较 2019 年年末增长 10.5%。截至 2020 年年末，新经济增加值比上年增长 3.0%，占地区生产总值比重达 25.2%。根据中国科学院《中国区域创新能力评价报告》，2020 年广东区域创新能力得分为 62.14 分，连续 4 年全国排名第一；并且在企业研究开发投入、设计能力、技术提升能力、新产品销售收入等二级指标上均位居全国第一，领先优势进一步巩固。粤港澳大湾区围绕半导体集成电路、高端装备制造、智能机器人、区块链与量子信息、前沿新材料、新能源、激光及增材制造、数字创意、安全应急与环保、精密仪器制造等十大战略性新兴产业集聚创新高端要素，创新高地效应初步凸显。截至 2020 年年末，大湾区战略性新兴产业上市公司总数达 250 家，总数位居全国第一，占比接近二成（19.6%）。根据世界知识产权组织（WIPO）发布的全球创新指数报告，2020 年深圳—香港—广州科技集群位居全球第二，仅次于东京—横滨。依托大数据科技，大湾区广东 9 市在数字经济转型上成效显著，2020 年大湾区数字经济规模达 4.9 万亿元，占 GDP 比重达 45.3%，数字经济领域就业岗位达 2642 万个，占总

就业人数比重达到37%[①]；新经济动能对高质量发展的驱动作用进一步增强。

（七）普惠金融服务助推民营经济融资纾困

2020年，面临严峻疫情形势，金融逆周期调节力度较大，有效帮扶民营经济融资纾困。2020年，全省社会融资规模增量为40 692亿元，较上年（29 190亿元）增长39.4%，融资规模持续位居全国首位。通过中小微企业融资平台专属服务通道、中征应收账款融资平台、降低小额贷款和再贷款利率、减少政府性担保收费、减免融资租赁租金利息、部分减免区域性股权市场服务费用等金融服务“组合拳”的精准施策，民营企业的普惠金融服务得到明显改善。2020年，全省民营企业贷款余额5.48万亿元，同比增长20.1%，增速比上年提高2.9个百分点；民营企业贷款占企业贷款余额比重55.1%，该比例与民营经济增加值占地区生产总值比例基本一致。2020年普惠小微贷款余额2.09万亿元，同比增长39.1%，占各类贷款余额比重10.7%，比上年高出1.7个百分点。

（八）骨干民营企业领先优势更为明显

在全国工商联发布的“2021年中国民营企业500强榜单”中，广东共有61家民营企业上榜，较上年增加3席，其中：深圳27家、广州17家、佛山7家、东莞和汕头各2家，中山、珠海、江门、惠州、茂名、云浮各1家，57家来自大湾区内广东9市。中国民营企业500强前十强广东占五席，分别是华为、正威、腾讯、碧桂园、万科。上榜企业中，千亿级企业共14家，较上年增长3席，分别为：华为、正威、腾讯、碧桂园、万科、美的、格力、比亚迪、顺丰控股、TCL、鼎龙实业、阳光保险、唯品会、龙光，均来自珠三角核心区。另据财富中文网发布2021年《财富》世界500强榜单，中国共有143家企业上榜，25家粤港澳大湾区企业上榜，较上年上榜企业增加4席，分别是香港9家、深圳8家、广州5家、佛山2家、珠海1家。上述数据表明，粤港澳大湾区骨干民营企业的领先优势更为突出。

---

① 中国信通院广州分院：《粤港澳大湾区数字经济发展与就业报告2020》。

二、粤港澳大湾区民营经济发展中的主要问题

（一）中美贸易摩擦升级对湾区外向型经济形成较大冲击

粤港澳大湾区作为改革开放的前沿阵地，外向型经济特征较为明显。2018—2020 年大湾区广东 9 市的外贸依存度（进出口总额 / 地区生产总值）平均约为 80%，远高于全国水平 33%。其中，东莞、深圳、珠海的外贸依存度均超过 100%，在所有城市中位居前列。与我国其他区域相比，经贸摩擦升级、单边保护主义盛行等外部环境变化将对大湾区外向型经济产生更大冲击。并且，大湾区对美出口占比较高，美方关税清单中机械、电气设备、电视机及音响设备 3 个行业设计金额比例超过清单的 40%，而上述 3 个行业也是大湾区广东 9 市民营企业出口排名前三的出口产业类别，占民营企业出口比重分别为 55%、6.7% 和 9.3%。经贸摩擦持续将对未来大湾区民营经济外向型发展产生显著影响。

（二）产业同质化现象较为严重，产业协同性有待提高

当前，大湾区已经形成了比较完备的产业体系，其中港澳以服务业为主，大湾区广东 9 市则形成了电子信息产业和装备制造业产业集群。正是上述产业集群的发展壮大，成就了大湾区经济四十余年的快速发展。但是，在新冠肺炎疫情持续、经贸摩擦升级等不利形势下，大湾区产业协同性差等现实问题也暴露得更为充分。参考联合国产业结构相似系数的测算方法，研究表明：大湾区广东 9 市存在较为显著的产业同质化问题，其中深圳与东莞、惠州之间，佛山与中山、珠海之间的产业相似系数均在 0.8 左右，产业趋同现象较为明显。如果将各城市制造业中增加值占比大于 5% 的行业部门界定为主导产业，将 5 个以上城市均占主导地位的行业部门定义为同质化产业，研究发现大湾区广东 9 市在计算机通信、电气机械、基础化工、金属制品 4 个行业部门上存在产业同质化现象。

（三）港澳与珠三角互联互通仍待加强，体制瓶颈亟待突破

港澳与珠三角分属三个单独关税区，体制机制瓶颈约束对高端要素流动构成了较大阻碍。尽管政策在 CEPA 框架下开放了会计、律师等专业服务领域，但是由于会计准则、执业牌照认定规则、法律体系和法律观念等差异，港澳与珠三角业务交流难度仍然较大。受限于港澳与珠三角个人所得税的差别，港澳科研人员在内地就业超过 183 天，则需按照内地税率缴税。由于三地个人所得税税赋差额大，珠三角地区实施累进税率，个人所得税率最高可达 45%，这显著影响了高端科研人才的长期来往意愿，不利于区域协同创新推进。上述因素使民营企业在投资、发展和合作等方面面临不同约束，区域一体化对民营经济高质量发展重要性日趋凸显。

（四）产业核心竞争力较为缺乏，产业附加值偏低

与世界其他著名大湾区相比，粤港澳大湾区科技创新投入仍待提高。2020 年，大湾区研发支出占 GDP 的比重为 3.2%，是全国投入强度最高的地区，但与之对标的旧金山湾区研发支出占比超过 5%，与世界先进水平仍存在明显差距。并且，科技创新的区域发展不平衡问题较为突出，排名第一的深圳接近 5%，显著超过大湾区广东其他 8 市，而发展较为滞后的肇庆则仅有 1% 的研发强度。香港、澳门则由于制造业空心化，研发投入也存在显著不足，2020 年香港研发支出占 GDP 比重在 1% 左右，且基本为高校的学术研发投入；而澳门当年的研发强度则趋近于 0。产业升级呈现明显的区域分化，深圳高技术和先进制造业占规模以上工业比重均在 2/3 以上，遥遥领先其他城市；而广州高技术制造业占比仅在 15% 左右，佛山、江门、肇庆 3 市则基本不到 10%。由于原始创新能力不足，湾区产业附加值偏低的状况多年未得到根本性改善。仅从高技术制造业来看，除医疗医药、航空航天、部分专用设备制造业工业增加值率高于 30% 外，其他类别附加值均有限，其中计算机通信产业的增加值率仅为 22%，甚至低于 27% 的平均工业增加值率水平。

（五）消费动能进一步放缓，新消费增长点培育更为紧迫

2020 年，大湾区内广东 9 市完成社会消费品零售总额 28 255.57 亿元，占全省 71.2%，占比较上年进一步回落 0.9 个百分点。从增长速度看，湾区消费增速放缓更趋严重，2020 年大湾区内广东 9 市社会消费品零售总额同比下降 6%，降幅高于全省平均水平 0.3 个百分点。分城市统计表明，2020 年湾区 11 个城市消费均呈现较为严重的负增长，其中香港、澳门由于受到疫情隔离政策影响，降幅更分别高达 24.3% 和 41.5%，而佛山、惠州等城市的消费降幅也在 10% 左右（见表 4）。与 2019 年相比，2020 年大湾区消费动能不足问题更趋严重，这表明疫情冲击、经贸摩擦升级等不利因素多重叠加已使消费处于明显的下行区间，通过新消费增长点培育激活消费动能的紧迫性日益提高。

表 4　粤港澳大湾区城市社会消费品零售总额及增长率

	2018 年零售总额（亿元）	2019 年零售总额（亿元）	2020 年零售总额（亿元）	2019 年增长率（%）	2020 年增长率（%）
广州	9 256.19	9 978.17	9 628.93	7.8	−3.5
深圳	6 168.87	6 582.85	6 240.54	6.7	−5.2
珠海	1 160.64	1 233.36	1 140.86	6.3	−7.5
佛山	3 287.54	3 516.33	3 136.57	7.0	−10.8
惠州	1 478.97	1 599.53	1 450.77	8.2	−9.3
东莞	2 905.61	3 179.78	2 969.91	9.4	−6.6
中山	1 490.79	1 535.95	1 336.28	3.0	−13
江门	1 407.58	1 520.43	1 464.17	8.0	−3.7
肇庆	866.70	925.48	887.54	6.8	−4.1
香港（亿港元）	4 851.69	4 311.74	3 263.99	−11.1	−24.3
澳门（亿澳门元）	768.07	771.87	451.54	0.5	−41.5

注：珠三角核心区各市为“社会消费品零售总额”，香港为“零售业总销售额”，澳门为“零售业销售额”，增长率由笔者自行计算。

三、推动粤港澳大湾区民营经济进一步发展的意见建议

（一）加快突破制度障碍，促进大湾区协同发展

一是通过全面优化营商环境改革加快要素流动，消除市场主体的准入壁垒。营商环境改革重心应从降低审批成本、公平透明企业行政监管转向促进资金、人才、信息等高端要素流动。将法治营商环境建设作为突破性重点，完善信用、法治、知识产权等要素配给，稳定民营企业家投资信心、提高多种所有制资源配置效率。二是建设更具国际吸引力的开放经济新高地。以投资贸易便利化、港航物流合作、产业科技合作、人文交流等为重点，建设自由贸易区和自由贸易港，打造高能级对外开放平台，建成区域性国际贸易中心城市和现代化国际港口城市，培育对外开放竞争新优势。三是推动港澳和湾区广东 9 市创新要素融合，加快促进粤港澳之间的深度融合，充分发挥各地比较优势，创新完善合作体制机制，加强政策和规划协调对接，促进区域经济协同发展，着力解决基础设施、跨境工作许可及签注安排、教育、医疗、住房等基本公共服务的三地“互联互通”，提升湾区综合国际竞争力。

（二）优化产业结构，推进转型升级和产业融合

一是加快优化产业结构，提高产业附加值。加快推动制造业逐步向服务业转型，提高第三产业占比，引导与服务民营企业向生产性服务业和现代服务业转型，改变除深圳、广州两地外大湾区广东其余 7 市服务业占比偏低的现状；在提高服务业规模基础上，充分发挥创新创业政策的“指挥棒”作用，改变湾区多地服务业中低端化、同质化的发展现状，通过现代服务业体系建设提升服务业质量。二是推动制造业的中低端向高端产业、战略性新兴产业转型。围绕新一代通信终端设备、集成电路、新型显示及关键元器件、激光器件、智能制造、新能源、节能环保、海洋工程、航空航天装备等比较优势产业，打造高端信息技术产业集群和先进装备制造产业集群。通过税收、补贴、金融等经济杠杆，引导民营企业加快从非核心零部件制造、组装加工等低附

加值工序环节退出，增加 R&D 投入，推动产业高端化，进而在全球价值链中占领高地。三是通过“智能制造＋传统产业”融合模式实现民营企业降成本、增效率。打造全国数字经济创新发展示范区，以数字经济为引领，结合大湾区先进制造、海洋产业发展优势，打造以智能制造为主导、智慧海洋为重点的数字经济产业体系，融合带动产业协同发展。通过产业创新重塑智能制造发展新优势，通过技术创新培育智慧海洋产业发展新引擎，通过模式创新营造最佳商业环境。四是优化创新协同，引导民营经济高质量发展。完善粤港澳大湾区涉企政策和服务体系，落实各项减税降费政策，着力帮助企业解决好融资、用地、用工等方面的突出问题，实质性降低企业负担。加强企业公共服务平台建设，搭建企业、项目与资本的对接平台，充分引导民营企业发展新产业新业态。通过企业家咖啡、创客空间、创新创业分享会等多种形式，激活民营企业家创新动能；加快团体标准、联盟标准建设，打造“湾区制造”品牌高地，助推民营企业产品质量升级。

（三）积极培育新消费增长点，降低外向型经济依赖

一是立足“双循环”新发展格局，将扩大内需作为区域经济高质量发展的重要着力点，提振湾区社会消费疲软的不利趋势，释放内需潜力，形成湾区强大的需求市场，为经济平稳运行提供有力支撑。通过营造高品质消费环境、提供高质量消费供给、创新高水平消费业态、建设国际消费中心城市四大举措，建设宜居、宜业、宜游的优质生活圈。通过发放现金消费券、电子消费券等方式，促进传统消费回补、激发消费潜能，带动零售、餐饮、文旅等产业回暖；针对新消费热点，培育夜经济、宅经济、定制消费和体验消费等新增长点，延长加深内需产业的价值链条；充分发挥数字技术的赋能作用，带动消费领域的创新突破，推动网络购物、直播带货等新形式实现传统消费领域与新消费增长点无缝对接。二是减少外向型经济依赖，通过“一带一路”倡议引导大湾区民营企业主动拓展沿线国家市场，运用多元战略降低对美国、欧盟等传统发达经济体市场的过度依赖；借助澳门与葡语国家的联系优势，大力发展大湾区与葡语国家的商贸平台，拓展葡语国家市场。对标国际一流湾区，加快建设与国际高标准投资和贸易规则相适应的制度规则，助推服务

贸易、跨境电商等新贸易形态持续发展。

（四）建立健全金融服务体系，加快民营经济创新发展

一是充分发挥港澳优势，服务民营企业融资创新。充分发挥香港、澳门两地引擎作用，通过金融创新增强金融体系对实体经济的支持力度，实现民营经济更好发展。凭借香港国际金融中心优势，鼓励金融机构在香港创新资产支持证券发行模式，将优质民营企业资产打包发行资产抵押债券；充分利用香港公开市场的人民币成本优势，降低民营企业直接融资成本。鼓励大湾区金融机构在内地、澳门金融监管部门货币互换协议框架下，充分利用澳门离岸人民币业务优势，实现湾区民营企业贸易和投资便利化，推进中国—葡语国家金融服务平台建设。二是充分利用港深两地资本市场和境内外金融资源，积极培育和发展创业投资、科技企业孵化器、天使投资引导基金等，鼓励科技金融产品创新，吸引知名会计、审计、资产评估、知识产权等金融服务机构集聚，解决民营企业缺乏征信数据、存在数据壁垒等关键性融资问题。三是以战略性新兴产业领域为突破点，实现民营企业融资轻资化、信用化。重点支持湾区内人工智能、集成电路、生物医药、高端装备、新能源、新材料战略性新兴产业领域发展，建议由监管部门牵头联合湾区金融机构建立科创企业授信标准，解决知识产权的信用化、数字化等问题，使民营企业尤其是高科技民营企业的贷款更为便捷。四是用金融科技推进金融数据平台管理规范化。支持湾区金融机构加快互联网、大数据、人工智能和区块链等金融科技应用，搭建统一的金融数据管理平台，打破数据孤岛、提高数据质量，实现数据集中化管理和信息共享，前瞻性防范系统性金融风险。

（五）提高基础创新能力，实现强基补链

一是通过核心技术攻关突破创新链“卡脖子”领域。围绕人工智能技术、高超声速技术、生物技术、量子科技、先进计算、高端芯片元器件、能源等核心技术领域，充分整合科学、工程、金融、管理和金融领域专家，围绕全产业链发展构建大数据平台，对“卡脖子”技术领域的供应链弹性、创新链要素配置、价值链升级、产业竞争力动态进行精准评估，提高创新生态整合，

实现核心技术的集成性突破。二是打造共享创新平台，实现原始创新的多点突破。从维护国家科技安全高度，构建涵盖湾区境内外高校、科研院所、企业、政府等利益相关方的共享创新平台。建议以广深港澳科技创新走廊为主轴，围绕中新广州知识城、深圳光明科学城、东莞中子科学城等重点项目建设，以综合性国家科学中心、世界一流重大科技基础设施集群、前沿科学交叉研究平台、一流大学和一流科研院所建设为着力点，加快建设大湾区创新战略联盟，实现资源共享、合理分工、优势互补。打破现有专业、人员、机构的分割体制，实现创新资源抱团式整合，驱动科技创新位置前移，降低创新过程的搜寻成本与交易成本。三是有效发挥企业科技创新主体地位。通过专利质量审核、基础研究投入税收减免等经济杠杆，引导大湾区民营企业将更多资金投入于基础研究领域。推动有意愿的中小微企业组建基础研究联盟，通过企业与高校、科研院所的产学研合作，加快原始创新成果的市场转化，巩固湾区创新高地优势。

课题组：

广东省工商联宣传调研部副部长　杨　平

广东外语外贸大学副教授　李　唐

广东省工商联宣传调研部四级调研员　许　可

2020—2021 年西南四省市民营经济发展报告

摘要：2020 年，西南四省市民营经济实现“V”形探底回升走势，增加值实现正增长，市场主体规模不断扩大，民间投资走出低谷，市场消费逐季恢复，民营经济进出口贸易逆势上扬，民营经济吸纳就业能力持续增强，民营主体生产经营回稳向好。民营经济政策支持力度加大，发展环境不断优化。广大民营企业逐步走出困境，信心逐渐提升。高质量发展持续推进，新兴产业加快发展。同时也要看到，疫情对民营经济产生了较大影响，民营经济面临不少困难和问题，民营企业资金紧张周转困难，市场拓展难度大，转型升级缺乏足够动力。展望未来，挑战前所未有，但发展机遇也前所未有。建议进一步引导民营企业改革创新，提高核心竞争力；加大民营企业培育力度，不断提升民营经济发展水平；积极对接国家战略，拓展民营企业外贸新途径；挖掘消费潜力，培育民营经济新增长点；深耕县域经济，推动民营经济高质量发展；加强政策扶持，提升民营经济扶持精准度。

2020 年，西南四省市民营企业和民营企业家把习近平总书记对民营经济发展提出的重要指示要求作为强大精神动力，按照党委政府统筹抓好疫情防控和经济社会发展的总体部署，积极参与做好“六稳”工作、落实“六保”任务，以落实政策为核心、企业培育为重点，提升服务水平、优化营商环境，推动民营经济持续恢复、稳定向好，促使民营经济持续保持了恢复性增长态势。总体上，西南四省市民营经济“稳”的基础更加扎实，“进”的动能更加强劲，“保”的底线更加牢固，地区民营经济全年实现“V”形探底回升走势，为稳住经济基本盘、决战决胜脱贫攻坚、全面建成小康社会做出了应有的贡献。

一、2020 年西南四省市民营经济发展总体情况及主要数据分析

（一）民营经济稳步回升，增加值实现正增长

受新冠肺炎疫情和严峻复杂的国内外经济形势影响，2020 年西南四省市民营经济受到很大冲击，但仍然实现了稳步回升。重庆市民营经济实现增加值 14 759.71 亿元，增长 3.8%，占 GDP 比重 59%。四川省实现民营经济增加值 26 532.93 亿元，增速 2.9%，占全省 GDP 比重为 54.6%。贵州省民营经济增加值呈现先抑后扬态势，最终达到 9 375.45 亿元，增长 4.13%，占全省 GDP 总量的 52.6%。云南省民营经济完成增加值 11 411.3 亿元，增长 2.6%，占 GDP 比重为 46.5%（见表 1、表 2）。

表 1　2020 年西南四省市民营经济增加值

单位：亿元

地区 年份	重庆市	四川省	贵州省	云南省
2019	12 475.3	26 252.6	9 003.71	10 954.8
2020	14 759.71	26 532.93	9 375.45	11 411.3
增长率（%）	3.8	2.9（可比价）	4.13	2.6（可比价）

表 2　2020 年西南四省市民营经济增加值占国民生产总值比重

单位：%

地区 年份	重庆市	四川省	贵州省	云南省
2019	52.8	56.3	53.7	47.2
2020	59	54.6	52.6	46.5
增长（个百分点）	6.2	−1.7	−2.05	−0.7

（二）民营经济市场主体规模不断扩大，户数持续增长

2020 年年底，重庆市民营经济市场主体达到 290.12 万户，同比增长 8.79%，占全市市场主体的 97.26%。四川省民营经济市场主体达 681.48 万

户，同比增长 14.15%，占全部市场主体（699.25 万户）的 97.46%。贵州省民营经济市场主体达到 332.08 万户，同比增长 13.5%，占全省市场主体总量的 95.77%。云南省民营经济市场主体达 352.2 万户，同比增长 12.6%，占全省市场主体的 96.6%（见表 3）。

表 3　2020 年西南四省市民营经济户数及增长率（含个体工商户和民营企业）

单位：万户

年份 \ 地区	重庆市	四川省	贵州省	云南省
2019	266.68	597	292.54	312.7
2020	290.12	681.48	332.08	352.2
增长（%）	8.79	14.15	13.5	12.6

（三）民间投资走出低谷，转负为正

面对疫情影响，经过不懈努力，2020 年重庆市民间固定资产投资同比增长 1.1%。四川省民间投资负增长的市（州）由一季度的 10 个减少到四季度的 4 个，同比增长 4.7%。贵州省民营经济固定资产投资增长 10.1%，高于全省固定资产投资增速 7.9 个百分点。云南省民间投资增长 12.6%，高于全省固定资产投资增速 4.9 个百分点，拉动全省投资增长 5.2 个百分点，对全省投资增长的贡献率为 68.0%，成为全省投资增长的关键因素（见表 4）。

表 4　2020 年西南四省市民间投资情况

年份 \ 地区	重庆市	四川省	贵州省	云南省
2020年增长（%）	1.1	4.7	10.1	12.6

（四）民营经济市场消费逐季恢复，形势好转

以四川、云南两省为例。2020 年四川省实现社会消费品零售总额 20 824.9 亿元，比上年下降 2.4%，降幅比全国平均水平小 1.5 个百分点，并且降幅呈逐季收窄的态势。按消费形态分，餐饮业收入 2 482.5 亿元，下降

9.0%；商品零售业 18 342.4 亿元，下降 1.5%。在商品零售业中，限额以上企业（单位）通过互联网实现商品零售额 1 226.5 亿元，增长 16.9%。云南省民营经济实现零售额 7 945.2 亿元，比上年下降 3.6%，降幅较前三季度分别收窄 10.7 个、5.0 个和 1.9 个百分点，呈现逐季恢复态势，与全省社会消费品零售额降幅基本持平，占全省社会消费品零售额比重为 81.1%，比重较上年下降 0.1 个百分点，下拉全省社会消费品零售额 3.0 个百分点。

（五）民营经济进出口贸易逆势上扬，增势强劲

2020 年，重庆市民营企业进出口总额 2 497.7 亿元，增长 30.13%。四川省民营企业实现进出口总额 1 848.5 亿元，增长 13.13%；其中，进口额 536.7 亿元，增长 7.7%，比上年下降 3.8 个百分点；出口额 1 311.8 亿元，增长 13.1%，比上年下降 12 个百分点。贵州省民营企业进出口大幅增长，全年累计实现进出口总额 355.26 亿元，增长 54.5%，增速较上年上涨 33.6 个百分点；其中，出口 281.85 亿元，比上年增长 88%，进口 73.41 亿元，比上年下降 8.2%。云南省民营企业完成进出口总额 269.5 亿美元，比上年增长 30.3%；其中，进口总额 73.4 亿美元，比上年下降 7.3%；出口总额 196.0 亿美元，比上年增长 53.6%，民营企业外贸出口总额实现了大幅增长（见表 5）。

表 5　2020 年西南四省市民营企业进出口情况

地区 年份	重庆市	四川省	贵州省	云南省
2019	1 919.4（亿元）	253.7（亿美元）	229.98（亿元）	206.8（亿美元）
2020	2 497.7（亿元）	1 848.5（亿美元）	355.26（亿元）	269.5（亿美元）
增长（%）	30.13	13.13	54.5	30.3

（六）民营经济吸纳就业能力持续增强，从业人员不断增加

2020 年，重庆市城镇新增就业人员 65.56 万人，其中超过 70% 在民营市场主体实现就业。四川省城镇新增就业 96.22 万人，其中民营经济吸纳城镇新增就业 87.86 万人，占城镇新增就业的 91.31%。贵州省民营经济法人单

位从业人员 256.72 万人，比上年同期增加 4.32 万人，同比增长 1.71%。云南省民营经济继续为吸纳社会就业做贡献，全省就业形势保持稳定，全年城镇新增就业人数 49.35 万人。

（七）民营主体生产经营回稳向好，积极纳税

2020 年，重庆市民营经济税收总量达 1 506.8 亿元，占辖区内税收总量的比重达到 58.3%，较上年下降 0.2 个百分点。四川省民营经济税收经历三个季度负增长后在四季度由负转正，完成 3 893 亿元，同比增长 2.1%。贵州省由于规模以上民营企业营业收入和盈利水平下降，全省规模以上民营企业上缴税金 422.51 亿元，较上年减少 19.14 亿元，同比下降 4.33%。云南省重点监测的中小企业生产经营回稳向好，全省民营企业上缴税金 1 609.6 亿元，比上年增加 17.5 亿元，同比增长 1.1%，占全省税收总额的 46.1%（见表 6）。

表 6　2020 年西南四省市民营企业上缴税收情况

单位：亿元

地区 年份	重庆市	四川省	贵州省 （规模以上民营企业）	云南省
2019	1 637.1	3 812.83	441.65	1 592.1
2020	1 506.8	3 893	422.51	1 609.6
增长（%）	-0.2	2.1	-4.33	1.1

（八）金融支持力度加大，贷款余额持续增长

2020 年，重庆市融资担保机构为企业（个人）授信 156.45 亿元，提供担保、委托贷款等融资支持 208.06 亿元，共计减免担保费用 9 348.2 万元；小贷公司为受困客户减免本息 3 337.85 万元；帮扶企业贷款延期还本付息超 2 400 亿元。四川省开展了“战疫贷”“稳保贷”“金融甘露计划”等行动，截至 12 月末，民营企业贷款余额达到 11 710.79 亿元（增长 8.47%），占贷款总余额的 16.48%。贵州省持续开展金融服务民营经济专项行动，推动 24 家在黔银行 120 余名银行领导联系服务 130 余家重点民营企业，为这些重点

企业做好协调服务，贷款余额突破 3 000 亿元。云南省中小微企业贷款余额 14 001.6 亿元，比上年增长 12.6%；其中，小微企业贷款余额 6 536.4 亿元，比上年增长 14.8%。

二、2020 年西南四省市民营经济发展主要特点、存在问题及原因分析

（一）主要特点

一是民营经济政策支持力度加大，发展环境不断优化。贵州省制定出台《关于营造更好发展环境支持民营企业改革发展的实施意见》，着力破解制约民营企业改革发展的突出困难和问题，为民营企业发展营造更好环境；深入实施服务民营企业六大专项行动和市场主体培育“四转”工程，着力培育壮大市场主体；强化“民营企业省长直通车”和 12345 政府服务 “一号通”热线服务功能，畅通政企交流沟通平台。四川省 2020 年政府采购合同授予中小微企业金额 1 437.08 亿元，同比增长 33.59%，占比达到 87.28%，较上年增加 0.77 个百分点；民营资本参与 PPP 项目库 147 个项目，项目参与率达到 36.39%；实施小微企业“战疫贷”贴息政策，落实贴息资金约 2.4 亿元；落实阶段性减免企业社会保险费政策，帮助企业减负近 650 亿元；全年共拨付稳岗补贴资金 46.96 亿元，惠及约 29.74 万户企业；通过精准电价政策、阶段性用电、用气、用水政策等，帮助企业降低用电、用气、用水成本约 55 亿元。重庆市融资担保机构为企业（个人）授信 156.45 亿元，提供担保、委托贷款等融资支持 208.06 亿元，共计减免担保费用 9 348.2 万元，小贷公司为受困客户减免本息 3 337.85 万元，帮扶企业贷款延期还本付息超 2 400 亿元。云南省深入推进“放管服”改革，政务服务“好差评”、营商环境“红黑榜”等制度全面推开，审批事项网上可办率达 95%，58 项政务服务事项实现“跨省通办”；从 2020 年度云南省民营企业评议政府职能部门省级综合评议结果看，全省参评企业在所列的负面清单内选择“不满意”和“非常不满意”的同比降低 34.06%。

二是广大民营企业逐步走出困境，信心逐渐提升。为帮助企业尽快走出困境，西南四省市多措并举，全力支持民营经济积极应对新冠肺炎疫情冲击，

实现有序复工达产，民营经济逐步回稳向好。四川省 2021 年 1 月抽样调查了绵阳、宜宾、达州的 198 户民营企业，结果显示，半数以上民营企业已走出疫情困境。其中，21.03% 的受访民营企业经营恢复到疫情前的 100% 及以上，31.79% 的受访民营企业恢复到 80%~100%。36.92% 的受访民营企业用电量比去年增加，40.51% 的受访民营企业持平。31.79% 的受访民营企业用工量比去年增加，45.13% 的受访民营企业持平。28.72% 的受访民营企业营业收入比去年增加，25.13% 的受访民营企业持平。随着信心不断提升，四省市民间投资较快增长。2020 年四川省民间投资同比增长 4.7%，民间投资占全社会投资比重为 46.4%。重庆市民间固定资产投资全年增速达到 1.1%。贵州省民营经济固定资产投资比上年增长达 10.1%，高于全省固定资产投资增速 7.9 个百分点，占全部固定资产投资比重的 40.5%。云南省民间投资成为全省投资增长的关键因素，一季度云南民间投资增速明显回落，同比下降 6.1%，随着国内疫情得到控制，经济运行逐步恢复，二季度民间投资扭负为正，至 2020 年年底比上年增长 12.6%。

三是高质量发展持续推进，新兴产业加快发展。以重庆市为代表的民营类新一代信息技术、高端装备、新材料、生物医药、新能源汽车及智能网联汽车、节能环保等产业链持续完善；智能化发展提速，一大批民营企业实施智能化改造，积极建设智能工厂、数字化车间，推动“芯屏器核网”产业架构逐步形成，基本构建起以功率半导体为主导的集成电路产业体系。四川省科技创新型企业表现活跃，活力与潜能进一步激发，科技型中小企业突破 1 万家。截至 12 月末，四川省拥有民营科技型中小企业 12 279 家，同比增长 33.42%；拥有民营高新技术企业 8 103 家，同比增长 44.69%。贵州省坚持创新驱动，不断加大科技创新投入，着力激发创新活力，万众创新成效不断显现，全省规上民营工业企业研发经费投入 46.81 亿元，现有民营工程技术研究中心 60 家，占全省的 42%；民营科技企业孵化器 30 家，占全省的 77%；民营众创空间 53 家，占全省的 84%；星创天地 49 家，占全省的 100%，民营企业已经成为创新平台建设的核心力量和主要阵地。云南省着眼推动高质量发展，突出特色优势产业，深入打造世界一流“三张牌”，一批绿色铝硅项目陆续建成投产，认定 200 个“绿色食品牌”省级产业基地；全省高新技术企业达 1 670 家、科技型中小企业达 8 386 家。

（二）存在的主要困难、问题及原因分析

2020 年疫情对民营经济产生了较大影响，民营企业依然存在一些较为突出的困难和问题。

一是受疫情冲击较大。由于市场波动影响，要素保障能力、供应链稳定性较差。与上年相比，民营经济不同程度地出现增加值增速下降、占比下降、对经济增长的贡献率下降、民间投资增速下降、民间投资占全社会投资比重下降等情况，后疫情时期消费提振压力较大，服务业发展形势严峻。

二是资金紧张、周转困难。民营企业特别是中小企业资金链紧张的问题仍然普遍存在，一些中小企业有融资需求而无上市融资条件，大多希望通过银行融资以解“燃眉之急”。但多数银行针对中小企业金融产品较少、融资条件较高、贷款手续烦琐、抵押物限制较多，部分中小企业融资通过自筹或寻求民间借贷，资金短缺是影响企业发展的重要因素。不少民营企业认为资金紧张、周转困难，申请了贷款但没有成功。劳动力、原材料、土地厂房等要素价格上涨，中小微企业贷款利率、担保费率较高，资金压力仍很大，制约了民营企业技术创新和产业转型升级的能力。民营企业资金获得较低，主要资金来源靠市场化融资，由于民营企业缺乏融资抵押物和有效的信用担保，很难通过正规的金融渠道融资，致使民间投资在部分领域信心不足、投资意愿放缓，部分民间投资项目推进不力。

三是市场拓展难度大。民营企业市场拓展主要有“四难”，即产品供给难、线下销售难、市场恢复难、保订单难。产品供给难：部分行业民营企业产品质量、技术标准、品牌认可度不高，不能满足市场消费升级的需求，存在高端产品供给不足、中低端产品供过于求的问题。线下销售难：网络零售爆发式增长，一定程度挤压了线下市场，对传统制造业、商贸服务业企业带来挑战，有的民营企业甚至破产倒闭。市场恢复难：疫情冲击造成旅游、餐饮、住宿等行业市场明显收缩，消费提振不及预期，部分企业收益大幅减少，相当部分企业一直未恢复到疫情前水平。保订单难：世界经济持续低迷，各种保护主义上升，给民营企业开拓国际市场带来不利影响，特别是受中美经

贸摩擦影响，部分对美出口企业市场订单减少。

四是转型升级缺乏动力。有的民营企业对转型升级投入大、风险高感到焦虑迷茫，有的畏难于各种困难，“走一步、看一步”行动迟缓。有的民营规模以上工业企业虽然实施了智能化改造，但大部分对改造项目投入大、周期长、见效慢的顾虑多。有的民营企业依然采用传统家族式管理，效率不高、人才断层、后继无人的隐患突出。同时，民营经济面临推进供给侧结构性改革、做好“六稳”“六保”生力军、推动高质量发展、参与现代经济体系等多重压力。产能过剩与有效供给不足同时存在，在经济下行格局中又逢疫情冲击，市场需求和要素保障面临诸多不利局面，技术进步、优化重组、改革创新的难度进一步加大。

三、对西南四省市民营经济发展趋势的展望及建议

当前，世界正经历百年未有之大变局，新一轮科技革命和产业变革深入发展，国际力量对比深刻调整，国际环境日趋复杂，不稳定性不确定性明显增加，挑战前所未有，发展机遇也前所未有。总的来看，国内外大环境对我国发展总体有利，党的坚强领导和中国特色社会主义制度的显著优势，为西南四省市加快发展注入了强大动力；构建新发展格局、推进新时代西部大开发、推动共同富裕，为我们后发赶超带来重大机遇；大力推进“一带一路”建设、长江经济带发展、粤港澳大湾区建设、成渝地区双城经济圈建设等国家战略，为对外开放提供了有利条件；西南四省市特色产业、基础设施、资源能源、生态环境等方面优势凸显，为高质量发展奠定了坚实基础。

（一）引导民营企业改革创新，提高核心竞争力

抓住“十四五”时期国家加大核心技术攻关、基础研发和应用基础研发的大好机遇，加大东西协作、政企研学合作，与东部省份形成差异化、互补式的创新格局。引导民营企业深化改革，鼓励有条件的民营企业加快建立治理结构合理、股东行为规范、内部约束有效、运行高效灵活的现代企业制度。鼓励民营企业完善内部激励约束机制，规范优化业务流程和组织结构，推动质量、品牌、财务、营销等精细化管理。推动民营企业把依靠创新特别是自

主创新作为长期发展战略，在新技术、新产品、新业态、新模式的开发运用上狠下功夫，在增品种、提品质、创品牌上，塑造竞争新优势。加快创新发展，助力民营企业数字化转型。大力培育科技创新型民营企业，强化民营经济数字产业化和产业数字化，积极促进民营企业数字化转型。通过数字化、网络化、智能化，提升民营企业经营能力；着力培育集成电路与新型显示、新一代网络技术、大数据、软件与信息服务、人工智能、区块链等领域的新经济独角兽。

（二）加大民营企业培育力度，不断提升民营经济发展水平

引导和推动民营经济朝着规模化、智能化、绿色化的方向加快发展，优化产业结构，不断完善产业链和供应链，努力实现质量变革、效率变革、动力变革。深入实施智能制造和绿色制造工程，全面利用新技术改进生产经营方式，做大产业集聚规模，提高智能化水平，促进绿色低碳循环发展。推动民营经济发展从主要集中在传统制造业和商贸业转向全面发展先进制造业和现代服务业。加强产业基础能力建设，提升产业链供应链现代化水平，培育壮大先进制造业集群，推动互联网、大数据、人工智能和实体经济深度融合发展。在中高端消费、绿色低碳、共享经济、现代供应链等领域培育新的增长点。围绕“建链补链强链”，科学分析产业基础和发展目标，有效承接发达地区产业链转移和技术外溢，推动高成长性制造业向规模化、高端化、链条化发展。建立民营优势企业数据库，对于主业突出、行业优势明显、拥有自主知识产权、具有竞争潜力的企业，实行领导联系机制，加强跟踪培养，助力其提升综合实力、提高品牌竞争力，尽快成长为规模大发展快带动作用强的龙头企业。

（三）积极对接国家战略，拓展民营企业外贸新途径

抢抓自由贸易试验区建设和中老铁路建成带来的机遇，把握中欧班列对“一带一路”沿线国家外贸的带动作用，完善外贸促进政策，切实做好稳外贸稳外资工作，稳住外贸主体，稳住产业链供应链，发展加工贸易产业园区，加大对劳动密集型企业支持力度，完善产业转移对接机制，承接加工贸易梯度转移，拓展对外贸易线上渠道，提升通关便利化水平，为外贸企业融资提供增信支持，引导民营企业主动融入“一带一路”“长江经济带”建设，切

实强化内循环与外循环的互动效应。

（四）挖掘消费潜力，培育民营经济新增长点

加强需求侧管理，提振消费，强化内循环，融入新发展格局。借力成渝地区双城经济圈建设，建设区域消费中心城市，提升消费能级。在常态化疫情防控下，线上购物、直播带货、在线诊疗、在线教育等新型消费逆势上扬。持续推进新消费场景建设，发展"数字经济""夜间经济""赛事经济""宅经济"等新消费业态，拓展信息化消费服务，培育共享经济、平台经济等新消费模式。

（五）深耕县域经济，推动民营经济高质量发展

民营经济是县域经济的主战场，优化县域营商环境是民营经济发展的先手棋，营商环境好了才会吸引投资，才会实现产业成长。要在实施县域经济强县强区强镇培育方案中，把支持民营经济发展作为发展县域经济的重要抓手和突破口，切实优化县域营商环境。参考赛迪顾问的指标体系，着力提升服务效能、激发企业活力、强化要素吸引、推进基础设施领先、构建生态友好社会。

（六）加强政策扶持，提升民营经济扶持精准度

民营经济受疫情的冲击大，恢复慢，应适当延续有关民营经济的纾困政策。做好疫情相关帮扶政策的效果评估，完善民营经济帮扶政策体系，政策举措靶向更为精准。有效打通政策落实"最后一公里"，增强政策普惠性。拓宽中小微企业融资渠道，推动融资成本持续下行。持续向社会资本推介重点领域项目，激发全社会投资活力。

课题组：

重庆市工商联　肖泽成　薛强强　廖　欣

四川省工商联　胡景寿　赵　兵　仲旭林

贵州省工商联　陈广臣　汤　漫　吴　洁

云南省工商联　邓恒源　马　庆　赖德淑

2020 年东北三省和内蒙古自治区民营经济发展报告

摘要：2020 年，面对新冠肺炎疫情的严重冲击，东北三省和内蒙古自治区全面贯彻落实党中央、国务院决策部署，在党委政府坚强领导下，扎实做好“六稳”工作，全面落实“六保”任务，科学统筹疫情常态化防控和经济社会发展，民营经济实现平稳健康发展，为区域经济发展和社会稳定做出积极贡献。但是，东北三省和内蒙古自治区的民营经济面临发展能力先天不足，民企竞争力不强；发展环境有待优化，发展氛围不够浓厚；服务体系和平台建设滞后，要素有效供给不足等诸多困难和问题。下一步，应着力优化营商环境，全面强化和支持企业创新，加快补链、强链、延链步伐，构建完善服务体系，推动东北三省和内蒙古自治区民营经济发展再上新台阶。

2020 年是东北三省和内蒙古自治区民营经济发展极为特殊的一年，面对各种困难挑战叠加的严峻形势，各省区认真统筹推进疫情防控和经济社会发展，以扎实做好“六稳”工作、全面落实“六保”任务为主线，努力推动民营经济克难复增，为区域经济实现正增长和维护社会大局和谐稳定做出应有贡献。

一、区域民营经济发展基本情况

（一）基本情况

1. 民营企业数量持续增长

截至 2020 年年末，东北三省和内蒙古自治区民营经济单位户数达到 1 096.4 万户。从区域内各省区看，辽宁省实有民营经济市场主体 386.5 万户，同比增长 8.14%，占全省市场主体总量的 95.29%。吉林省民营经济市场主体共计 242.6 万户，其中私营企业 44.7 万户，同比增长 15.2%，个体工商户 197.9 万户，同比增长 8.6%。黑龙江省民营经济户数 246.72 万户，占实有市场主体 93.8%，同比增长 7.3%，其中私营企业 47.3 万户，同比增长 8.7%，个体工商户 199.4 万户，同比增长 6.9%。内蒙古自治区民营市场主体共有 220.58 万户，同比增长 7.36%，其中私营企业 44.43 万户，同比增长 11%，个体工商户 168.04 万户，同比增长 6.83%（见图 1）。

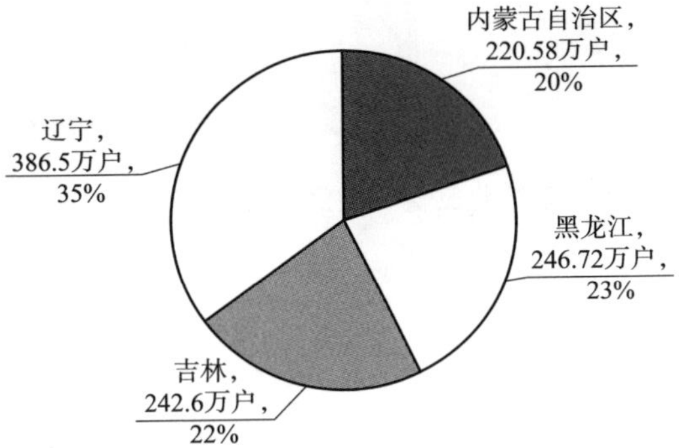

图 1　2020 年东北三省一区民营经济户数占比

2. 实缴税金总体略有下降

2020 年，东北三省和内蒙古自治区民营企业实缴税金 4 999.96 亿元，同比下降约 6.33%。从区域内各省区看，辽宁省民营经济上缴税金 2 132.7 亿元，同比下降 1.5%，占全部税收的 47.64%。吉林省民营经济上缴税金 597 亿元，同比下降 2.3%。黑龙江省民营经济上缴税金 644.8 亿元，同比下降 10.42%，民营经济纳税占全省税收比重达 40.4%。内蒙古自治区上缴税金 1 618.1 亿元，同比下降了 11.1%，占全部税收的 63%（见图 2、图 3）。

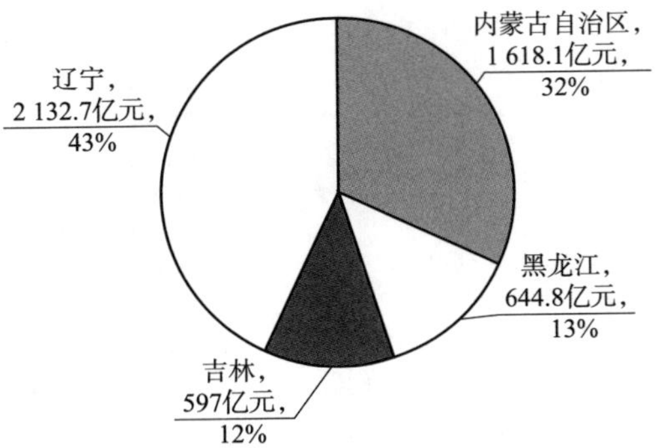

图 2　2020 年东北三省一区民营经济实缴税金占比

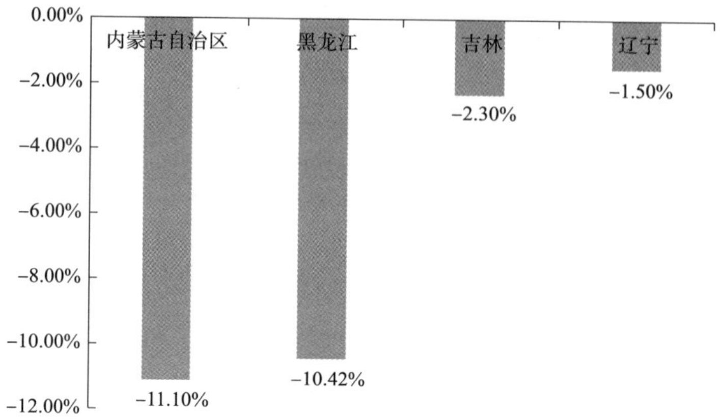

图 3　2020 年东北三省一区民营经济实缴税金增幅对比

3. 民间投资做出积极贡献

2020 年，东北三省和内蒙古自治区民间固定资产投资总体相较于同期有所增长。从区域内各省区看，辽宁省民间固定资产投资同比增长 2.2%，占全省固定资产投资完成总额的 65.3%。吉林省民间固定资产投资完成 7 703.05 亿元，同比增长 9.8%，占全省固定资产投资完成总额的 50.79%。黑龙江省民间固定资产投资同比增长 0.9%，占全部固定资产投资比重达到 46.9%。内蒙古自治区民间投资完成 5 567.74 亿元，同比增长 3.4%，占全区固定资产投资比重的 52.25%（见图 4、图 5）。

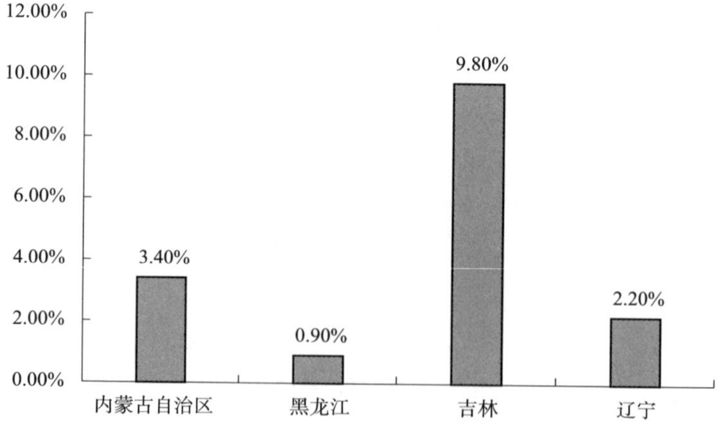

图 4　2020 年东北三省一区民间固定投资增长率对比

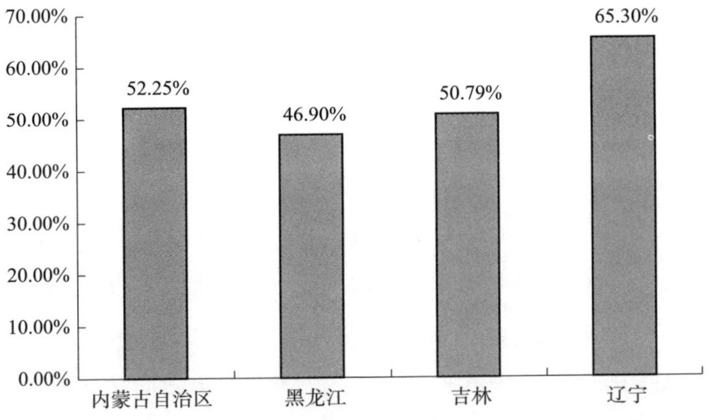

图 5　2020 年东北三省一区民间固定投资占全部固定资产投资的比重对比

4. 民营企业创新发展成绩显著

东北三省和内蒙古自治区坚定实施创新驱动发展战略，民营经济在科技创新方面也取得了不错的成绩。2020 年，辽宁省共有民营高新技术企业 6 450 户，同比增长 33%，其中新增 1 710 户，同比增长 47%。吉林省持续培育科技小巨人企业，先后认定 302 户科技小巨人企业，累计认定 1 049 户科技小巨人企业。黑龙江省新成立科技型企业 1.3 万家。新组织实施省科技重大专项、重点研发项目、重大科技成果转化项目 66 项，高新技术企业总数达到 1 932 家，同比增长 54.56%，其中民营企业占比达 97.5%。内蒙古自治区高新技术企业突破 1 000 家，总数达到 1 069 家，其中规模以上企业 553 家。

5. 民营企业为疫情防控做出贡献

助力打赢疫情防控阻击战，东北三省和内蒙古自治区各级工商联、直属商会、异地商会、海外商会同心抗疫，发动民营企业通过捐款捐物等多种形式参与疫情防控阻击战。辽宁省工商联发动 2 900 家民营企业、企业家、社会组织捐款捐物 9.34 亿元。吉林省工商联发动广大吉商民营企业积极抗疫累计捐款捐物 5.05 亿元。黑龙江省工商联发动民营企业 3 125 户（人）次捐赠款物总值 6.43 亿元。内蒙古自治区工商联发动 5 943 家民营企业和商会捐款捐物等共计 10.1 亿元。

（二）四省区党委政府推动民营经济的主要举措

1. 出台推动民营经济发展政策措施

东北三省和内蒙古自治区党委政府为更好地促进民营经济发展，大力出台有利于推动民营经济发展的政策措施。如辽宁省出台了《中共辽宁省委 辽宁省人民政府关于营造更好发展环境支持民营企业改革发展的实施意见》和《辽宁省应对新型冠状病毒感染的肺炎疫情支持中小企业生产经营若干政策措施》。吉林省出台了《中共吉林省委 吉林省人民政府关于营造更好发展环境支持民营企业改革发展的实施意见》《吉林省人民政府办公厅关于应对新型冠状病毒感染的肺炎疫情支持中小企业保经营稳发展的若干措施》《吉林省促进中小企业发展条例实施细则》《吉林省优化营商环境条例实施细则》。黑龙江省及时出台支持中小企业健康发展、精准稳妥复工复产两个“14 条”意见、中小企业稳企稳岗基金等精准推进复工复产和支持中小企业特别是民营经济健康发展的政策措施。内蒙古自治区出台了《自治区党委、人大、政府、政协领导干部联系走访商会和民营企业制度》，建立起常态化、制度化联系走访机制，加强与民营企业和商会沟通交流，主动反映和协调解决企业困难和问题。

2. 着力优化民营经济发展营商环境

东北三省和内蒙古自治区党委政府全面贯彻习近平总书记要求，全力打造市场化、法治化、国际化营商环境。辽宁省围绕打造“办事方便、法治良好、成本竞争力强、生态宜居”的营商环境，全面深化改革，取得了重要阶段性成果。吉林省大力营造重商、亲商、富商、安商的发展环境，创新开展省领导联系民营经济工作，帮助企业协调解决发展中的困难和问题，以此示范带动全省构建新型的亲清政商关系。黑龙江省持续深化“放管服”改革，全省“一张网”一体化在线政务服务平台初步形成，政务服务事项网上可办率省级达97.8%、市县级达 90.1%。内蒙古自治区党委政府编制盟市、旗县级通用清单，制定出台基础清单编制地方标准，实现行政权力“三级五同”，着力破解“准入不准营”难题。

3. 大力支持民营经济创新发展

辽宁省鼓励支持民营企业承担或参与省重大科技专项、重点研发计划等科技计划项目，启动实施的32个省科技重大专项，民营企业牵头承担的项目近八成，支持金额超2亿元。吉林省全年对166户科技小巨人企业给予贴息支持，累计为364户科技小巨人企业进行贴息，通过贴息支持，平均降低企业贷款利率1.72个百分点。黑龙江省支持民营企业承担各类省级科技计划，通过省应用技术研发项目支持5项，通过省“百千万”工程科技重大专项支持8项，省重大科技成果转化支持项目10项，项目经费分别达到952万元、4 391万元和4 600万元。内蒙古自治区加强与科技部合作，深入推进“科技兴蒙”行动，建立上海交大内蒙古研究院、中国农科院内蒙古草业与草原研究院，高新技术企业数量快速增加，高新技术企业研发投入达到164.5亿元。

二、区域内民营经济存在的主要困难和问题

（一）发展能力先天不足，民营企业竞争力不强

新冠肺炎疫情以来，东北三省和内蒙古自治区的民营企业的营收能力、市场拓展能力、甚至生存能力均受到极大的挑战。主要原因是东北三省和内蒙古自治区民营企业起步较晚，规模不大、层次不高、结构不优、实力不强、发展能力不足，致使竞争力不强。从规模上看，广东省私营企业户数568.13万户，浙江省260.38万户，四川省162.04万户，而四省区私营企业户数总量加起来有200万余户，差距明显；从产业层次看，多为资源型，主要分布在门槛较低的传统行业，以从事加工贸易型、资源依赖型、能源消耗型的企业居多，普遍处于产业链的中低端，低技术、低水平产能比较突出；从产业结构看，多为资源型、传统型，一般加工工业和资源密集型产业比重大，产品结构比较单一，多为原字号、初字号，新兴产业占比不高，高端制造业和生产性服务业发展滞后。

（二）发展环境还不够优化，发展氛围仍不够浓厚

一是政策落实环境有待优化，近年来，国家和省区相继出台一系列鼓励

和支持民营经济发展的优惠政策，但有的政策由于缺少相应配套的、可操作性强的具体办法，具体标准、操作程序等尚不明确，导致政策落实不够到位。二是法治环境有待优化，司法、行政执法不作为、慢作为现象还时有发生，维权难、执行难等问题仍然存在。三是投资环境有待优化，主要表现为吸引资源聚焦的产业优势还不明显。不少地区产业优势不突出，难以吸引资金、人才、技术聚焦。另外一些垄断领域对民间资本的开放度不够。四是政商关系有待进一步改善，在反腐高压态势的震慑下，部分官员担心做多错多担责多，对企业的合理诉求和合法权益关心不够、担当不够、主动作为不够，影响民营企业的发展壮大。

（三）服务体系和平台建设滞后，要素有效供给仍不足

东北三省和内蒙古自治区配套服务体系尚不健全，资本市场、人才市场、产权市场等服务平台建设不完善，难以满足民营企业对资金、人才和技术的需求，企业发展缓慢。一是融资难融资贵问题比较突出。融资难主要体现为融资渠道狭窄，主要是依赖银行的间接融资。融资贵主要体现在贷款利率高，不少民营企业所付出的贷款成本在 10%~12% 上下，有的甚至更高。二是企业用工短缺。受传统就业观念和就业环境影响，人们在选择民营企业时缺乏“安全感”和“归属感”，导致民营企业招工难、留住难，无法满足企业正常生产经营的用工需要。三是企业缺乏新技术、新产品、新工艺。主要是与民营企业发展相适应的技术市场体系不健全，致使民营企业获取新技术、新产品、新方法的渠道不畅。

三、主要对策建议

（一）进一步优化营商环境

一是持续优化营商环境，对标中国营商环境评价指标体系，向先进地区和国际标准看齐，让企业敢投资、善投资。二是着力营造高效政务环境，深入推进“办事不求人”。扎实推进“一网通办”，加快“数字政府”建设。开展领导干部体验式走流程，努力推进“一窗通办”“一次办结”。加

快推行惠企政策免申报兑现。三是着力营造优良市场环境，精准对接市场主体需求，强化优质要素供给，确保项目发展有空间、企业发展有依托、人才创新有保障。四是着力营造公平法治环境，加强执法队伍能力素质建设，提高运用法治思维、法治方式解决问题的能力。平等保护各类市场主体合法权益。

（二）全面强化和支持企业创新

一是发挥企业在产学研融合中的主导作用，构建以企业需求为导向的科研立项机制，企业“出题目”、院所“作答案”。二是探索实施以校企合作项目为资产核算单元的内部股权、期权改革，深化科研成果知识产权混合所有制改革、市场化协同研发和技术服务收益分红期权改革、货币薪酬及创新效益当期激励等不同方式的分类引导机制。三是充分发挥科技服务业对科技创新和产业发展的支撑和服务功能，建立健全高校、科研院所的科研设施和仪器设备开放运行机制，面向市场主体提供专业化的研发服务。大力推动创业孵化平台建设。培育专业化技术转移机构和技术经纪人，鼓励技术转移机构创新服务模式，为企业提供全过程的成果转化和技术转移集成服务。四是重点实施民营企业梯度成长培育计划，争创全国“小巨人”企业和制造业单项冠军企业、隐形冠军企业。

（三）加快补链、强链、延链

绘制产业链全景图谱，持之以恒抓招商促发展、抓项目增后劲，通过招商引资加快补链、强链、延链，构建产业生态。一是立足资源优势，围绕产业体系，做好项目论证、招商策划和投资项目推介，推出高质量投资机会清单，促进本地优势资源与资本精准对接。二是瞄准产业发展方向，紧跟科技创新演变趋势，围绕新一代信息技术、航空航天、高端装备等战略性新兴产业，以及现代农业、现代服务业加大招商力度，引进龙头企业。三是后疫情时代创新招商方式，大力推行以商招商、中介招商、基金招商、云端招商。四是支持民营资本和社会资本参与国企改制重组，引导民营企业和国有企业建立配套协作机制，支持民营企业参与关键核心技术研发和国家重大项目，推动大中小企业融通发展。

（四）着力构建完善服务体系

一是充分发挥商会在政企沟通中的重要作用，建立各级政府及相关部门重要经济决策、法规、规章、行政规范性文件委托工商联征询非公有制经济人士意见制度，汇总意见成为相关决策文件出台的必要条件。同时建立完善涉民营经济管理相关部门与工商联联系和业务协作制度，互通情况、交流信息、研究政策、解决问题。二是建立完善民营企业信用档案、信用数据库和信用评价体系。积极创新适应和促进民营企业发展的信贷服务品种。在贷款抵押担保方面，提高知识产权、无形资产及有效订单的担保比例。支持各级政府性融资担保、再担保机构加大对民营企业融资担保力度。构建“无还本续贷”“过桥贷”支持体系。三是细化惠企政策举措。把提升企业获得感作为政策制定的目标，对现有政策进行总体测算与评估，进一步改进与完善。四是做好民营经济代表人士队伍建设规划，加强民营企业家教育培训，支持民营企业党建工作，营造激励企业家创新创业创造的社会氛围，加快形成一批行业领军企业。

课题组：

负责人：赵延庆

辽宁省工商联　张　鸣　李文涛　孙东玥　李正锋

吉林省工商联　房提国　许　宁

黑龙江省工商联　周于威

内蒙古自治区工商联　张婧怡

2020年西北地区民营经济发展报告

摘要：2020年是新中国历史上极不平凡的一年。面对严峻复杂的国内外形势和前所未有的风险挑战，西北地区持续优化营商环境，大力培育市场主体，不断扩大对外开放，调整产业结构，推动民营经济稳中向好发展。本文基于2020年西北地区民营经济发展的基本情况进行对比分析，概括出当前民营经济发展的总体情况和主要问题，包括：民营企业整体实力偏弱，发展要素保障不足，政策落实不到位，科技创新能力不足，人才短缺问题突出等。结合对未来一段时间发展机遇挑战的判断，提出了大力拓展民营经济发展空间，持续优化营商环境，扎实推动惠企政策落地落实，全面构建科技支撑体系，强化民营企业人才储备等进一步促进西北地区民营经济高质量发展的对策建议。

2020年，西北地区[①]深入贯彻党中央、国务院关于促进民营经济发展的决策部署，狠抓“六稳”工作，全面落实“六保”任务，出台了一系列惠企纾困的政策和措施，西北地区民营经济逐季向好，呈现稳中有进态势。

一、2020年西北地区非公经济发展基本情况

（一）经济总量稳中有进

2020年，西北地区非公经济增加值实现21 677.93亿元[②]，占西北地区生产总值的比重为46.2%。其中，陕西省非公经济增加值实现13 389.78亿元，

① 西北地区包含陕西省、甘肃省、宁夏回族自治区、青海省、新疆维吾尔自治区（含新疆生产建设兵团）。
② 西北地区非公有制经济增加值及占比不含甘肃省数据。

居西北地区首位，新疆维吾尔自治区次之，实现 5 267.91 亿元。陕西省非公经济增加值占 GDP 的比重超过 50%（见表 1）。

表 1 2020 年西北地区非公经济增加值

单位：亿元、%

地区 \ 分类	地区 GDP	非公经济		
		增加值	占 GDP 比重	同比增长
陕西省	26 181.86	13 389.78	51.1	-3.5
甘肃省	9 016.7	—	—	—
宁夏回族自治区	3 920.55	1 897.26	48.4	0.3
青海省	3 002.62	1 122.98	37.4	0.1
新疆维吾尔自治区	13 790.34	5 267.91	38.2	0.2
合计	55 912.07	21 677.93	46.2	—

注：宁夏回族自治区统计数据为民营经济统计口径。

（二）市场主体持续增加

2020 年，西北地区个体私营企业累计达到 894.55 万户，同比增长 10.07%。其中，私营企业 205.32 万户，同比增长 11.21%；个体工商户 689.23 万户，同比增长 9.74%。青海省、甘肃省、陕西省和新疆维吾尔自治区私营企业数量均实现两位数增长。青海省、陕西省个体工商户增速较快，同比增长分别达到 14% 和 11.6%（见表 2）。

表 2 2020 年西北地区个体私营户数

单位：万户、%

地区 \ 分类	私营企业		个体工商户		合计
	户数	同比增长	户数	同比增长	
陕西省	99.99	14.87	326.65	11.6	426.64
甘肃省	45.17	15.65	128.92	8.59	174.09
宁夏回族自治区	16.56	3	46.48	6.3	63.04
青海省	7.92	19	31.10	14	39.02
新疆维吾尔自治区	35.68	10.8	156.08	7.4	191.76
合计	205.32	11.21	689.23	9.74	894.55

（三）民间投资活力较强

2020 年，西北地区民间投资逐渐恢复。新疆维吾尔自治区民间投资增速最快，达到 11.9%。在占比方面，宁夏回族自治区民间投资占全部投资的比重超过 50%，达到 56.9%（见表 3）。

表 3　2020 年西北地区民间投资情况

单位：%

地区＼分类	同比增长	占比
陕西省	6.9	48
甘肃省	6.1	—
宁夏回族自治区	7.8	56.9
青海省	−12.5	—
新疆维吾尔自治区	11.9	33.8

（四）对外贸易发展不均衡

受新冠肺炎疫情等多种因素的影响，除陕西省外，其他地区民营企业进出口总值均较 2019 年有所降低，其中，宁夏回族自治区私营企业进出口总额同比降幅最大，达 53.9%。陕西省非公企业进出口总值实现 3 478.41 亿元，同比增长 12.9%，占全省进出口总值的比重为 92.2%。新疆维吾尔自治区民营企业进出口总值实现 1 160.6 亿元，占总值的 78.2%，民营企业成为新疆维吾尔自治区最大的进出口经营主体（见表 4）。

表 4　2020 年西北地区民营企业进出口情况

单位：亿元、%

地区＼分类	进出口总值	民营企业进出口情况		
		总值	同比增长	占比
陕西省	3 772.12	3 478.41	12.9	92.2
甘肃省	372.8	142.3	−13.3	38.2

续表

地区＼分类	进出口总值	民营企业进出口情况		
		总值	同比增长	占比
宁夏回族自治区	123.2	79.72	-53.9	64.7
青海省	22.8	12.7	-45.5	55.7
新疆维吾尔自治区	1 484.3	1 160.6	−6.1	78.2
合　计	5 775.22	—	—	—

注：陕西省统计数据为非公企业进出口总值，宁夏回族自治区统计数据为私营企业进出口总值。

（五）税收增幅有升有降

2020 年，甘肃省、宁夏回族自治区、青海省民营经济纳税额同比实现正增长，新疆维吾尔自治区民营经济纳税额较 2019 年有所下降。宁夏回族自治区、青海省民营经济纳税额占地区纳税额的比重分别达到 58.4% 和 52.16%（见表 5）。

表 5　2020 年西北地区民营经济纳税情况

单位：亿元、%

地区＼分类	税收总额	民营经济纳税情况		
		纳税额	同比增长	占比
陕西省	—	—	—	—
甘肃省	1 291.24	452	5.8	35
宁夏回族自治区	530.23	311.82	3.4	58.4
青海省	391.66	204.29	5.09	52.16
新疆维吾尔自治区	1 825.57	806.9	-9.9	44.2
合　计	—	—	—	—

二、西北地区民营经济发展存在的主要问题

（一）民营企业整体实力偏弱

一是经营管理理念落后。部分民营企业发展初期借助家族力量，采用传

统的家族式管理模式，随着企业的发展壮大，与之相适应的现代化企业管理体系未能及时建立，制约了企业进一步做大、做强。同时，由于西北地区企业长期以来多遵循粗放式、外延式的发展方式和盲目追求扩大企业规模、追求产量的发展路径，导致企业不太注重自主研发与发展方式转变，造成企业发展质量和效益偏低，高耗能、高污染问题比较突出。二是龙头企业数量偏少。在全国工商联发布的《2020 中国民营企业 500 强》榜单中，西北地区仅有 9 家企业入围，其中陕西省 5 家，新疆维吾尔自治区 2 家，宁夏回族自治区 1 家，新疆生产建设兵团 1 家，在入围企业数量和总营收上远低于其他地区（见表 6）。三是小微企业市场竞争力较弱。西北地区小微企业主要分布在批发和零售业、住宿和餐饮业以及农林牧渔业等传统行业，同质性较高，技术含量低，生产规模有限，市场竞争劣势明显。

表 6　2020 年西北地区“中国民营企业 500 强”入围情况

排名	企业名称	省份	行业	营收（万元）
21	新疆广汇实业投资（集团）有限责任公司	新疆维吾尔自治区	零售业	19 834 749
39	陕西东岭工贸集团股份有限公司	陕西省	批发业	12 602 834
46	西安迈科金属国际集团有限公司	陕西省	商务服务业	11 218 875
139	宁夏天元锰业集团有限公司	宁夏回族自治区	有色金属冶炼和压延加工业	5 911 277
150	新疆特变电工集团有限公司	新疆维吾尔自治区	电气机械和器材制造业	5 211 513
216	荣民控股集团有限公司	陕西省	综合	4 103 429
223	陕西龙记泰信房地产开发有限公司	陕西省	房地产业	3 979 102
283	隆基绿能科技股份有限公司	陕西省	电器机械和器材制造业	3 289 746
286	新疆生产建设兵团第八师天山铝业有限公司	新疆生产建设兵团	有色金属冶炼和压延加工业	3 258 702

（二）发展要素保障不足

一是公平待遇难落实。西北地区民营企业虽然为地区经济发展、社会进步做出了重大贡献，但在发展要素资源分配时，依然难以享受公正公平的国民待遇。多地民营企业反映政府在招投标时歧视民营企业，将大部分项目给了国有企业。在土地供应上，有些政府部门优先保障大型企业和招商项目用地，中小企业由于投资强度低、投资规模小、达不到环保要求等原因，在申请用地指标时困难重重，导致出现已供建设用地大量闲置，而不少拟建项目却存在无地可用的窘境。二是原材料成本上升。近年来，随着各省（区）用地指标趋紧，以及工业用电、用气和土地、砂石、钢材、农副产品等能源及原材料价格上涨等原因，企业生产成本不断升高，一定程度上抵消了政策红利，民营企业逐渐失去低成本优势，生存和发展面临严峻挑战。特别是新冠肺炎疫情暴发以来，工业用电量、铁路货运量和工业贷款余额等先行指标走低，对重点产品企业经营能力造成较大负面影响，企业效益下滑明显。三是融资难问题依然严峻。从银行方面看，在经济下行的大背景下，各银行针对民营企业的压贷、抽贷、惜贷现象依然存在，主要表现为压低抵押物估值、提高授信条件、延长授信时间等。从企业方面看，部分企业因行业特点，本身缺少有形资产等抵押物，而订单、农产品抵押或质押又不为多数金融机构认可，因此无法取得贷款。从信贷市场看，政府性融资担保机构对小微企业融资的支持力度较小，而民间担保公司则存在收费高、担保力度低等问题，进一步加剧了企业融资难问题。2020 年前三季度，西北某省新增贷款 1 434 亿元，其中，中小微民营企业贷款仅为 321.95 亿元，占 22.5%。

（三）政策落实不到位

2020 年，为克服新冠肺炎疫情带来的不利影响，西北地区各省（区）相继出台了多项政策措施，如《陕西省人民政府关于坚决打赢疫情防控阻击战促进经济平稳健康发展的意见》《甘肃省人民政府办公厅关于应对新冠肺炎疫情支持中小微企业平稳健康发展的若干措施》《宁夏回族自治区党委人民政府关于营造更好发展环境支持民营企业高质量发展的实施意见》《青海省人民政府应对新冠肺炎疫情支持中小微企业发展和推动重大项目开复工的政策措施》《新疆维吾尔自治区关于应对新冠肺炎疫情支持中小微企业复工复产健康发展的十六条措施的通知》等。但从调研了解的情况看，民营企业政策获得感并不强，政策出台的多，落地的少。造成政策难落实和落实难的原因有以下几方面：一是政策制定不够精准。一些部门在出台政策时，没有充分考虑区域、行业及企业防范化解疫情风险能力，有差别、有针对性地制定政策，导致政策指导性偏低。二是政策文件冗长繁杂。某单位整理的《某省对冲疫情影响助力民营企业发展政策汇编》共统计 92 项相关政策措施，字数超过 20 万。其中部分优惠政策文件很长，实质性内容却写得比较简单，涉及的部门也较多，导致很多企业“看不完、看不懂、吃不透”。三是惠企政策落地存在障碍。不少优惠政策被设置了种种条件和限制，审批程序烦琐且耗时过长，即使申报成功，企业能享受的优惠也是有限的，因此很多企业直接选择放弃申报。在执行层面上，由于尚未建立政府部门服务民营企业监督考核机制和问责措施，部分职能部门仍有不作为、慢作为现象，导致部分惠企政策在落地过程中“打折扣”甚至“空转”。

（四）科技创新能力不足

受历史和现实条件限制，西北地区民营企业科技创新能力整体偏弱。究其原因，一方面是受地理位置和经济发展水平的制约，西北地区对外来优秀创新型企业的吸引力较小，而外来资金、技术的匮乏以及与外来优秀创新型企业及人才交流的不足，导致本地区科技企业及技术人员缺乏创新意识和开展创新活动的主动性。同时，西北地区创新型企业整体研发能力较弱且尚未形成完备的科技创新体系，进一步制约了创新型企业的成长以及创新能力的提高。另一方面是科技成果转化率有待提升。西北地区本身在基础研究方面比较薄弱，原始创新少、积累不足，同时受产学研融合体系不完善、国家重大科技创新平台建设滞后等因素制约，民营企业科技创新缺乏有效平台，科研优势并未完全转化为生产优势和市场优势，导致科技成果转化不畅。

（五）人才短缺问题突出

企业人才短缺主要表现在三个方面：一是高层次、高技术的人才难招、难留。随着转型升级速度加快，民营企业对高层次、高技术人才的需求越来越迫切，而西北地区的富余劳动力在基本素质、就业观念和就业能力等方面难以满足现代企业生产经营的要求，劳动者素质与企业用工需求不匹配的矛盾日益凸显。调研数据显示，某省专业技术人才总量仅为总人口的 2.6%，高层次人才仅占专业技术人才的 0.8%，超 40% 的企业缺高级技工。二是员工离职率高。随着知识经济的蓬勃发展，工作岗位、工作方式逐渐多元化，加之部分员工自带生产资料，人才对企业的依赖性及忠诚度不断下降，离职率越来越高，不仅增加了企业经营成本，也给企业发展带来不利影响。同时，部分企业为降低用工成本，人为削减员工福利、下调薪酬待遇，甚至招聘合同外员工、短期工，进一步加剧了人才流失。三是三、四线城市年轻劳动力匮乏。三、四线城市由于岗位供给有限，教育、医疗等生活配套设施不完备，很难吸引劳动力尤其是年轻劳动力流入。

三、2021 年西北地区民营经济展望及建议

（一）2021 年西北地区民营经济发展形势预期

2021 年是“十四五”开局之年，是我国现代化建设进程中具有特殊重要性的一年。从国际看，当今世界正经历百年未有之大变局，新一轮科技革命和产业变革深入发展，国际力量对比深刻调整，和平与发展仍然是时代主题，同时国际环境日趋复杂，不稳定性不确定性明显增加，新冠肺炎疫情影响广泛深远，经济全球化遭遇逆流，世界进入动荡变革期。从国内看，我国正处在转变发展方式、优化经济结构、转换增长动力的攻关期，已转向高质量发展阶段，制度优势显著，治理效能提升，经济长期向好，物质基础雄厚，人力资源丰富，市场空间广阔，发展韧性强劲，社会大局稳定，继续发展具有多方面优势和条件。当前，西北地区民营经济发展面临许多困难和挑战，

但同时也迎来了前所未有的机遇。一是党中央充分肯定民营经济的重要作用，千方百计为民营企业排忧解难，围绕优化营商环境、支持民营企业改革发展、加强要素市场化配置、完善社会主义市场经济体制等，先后制定颁布了多个重要政策文件，及时澄清了社会上关于是否坚持改革、改革的方向如何等许多模糊认识，在平等待遇、产权保护、市场准入等涉及民营企业发展的多个方面迈出了实质性步伐，为民营企业实现长期健康发展提供了政策保障和制度支撑。二是新时代推进西部大开发新格局逐渐形成，深度融入“一带一路”建设历史机遇进一步凸显，黄河流域生态保护和高质量发展迎来最佳窗口期，乡村振兴战略进入扎实推进阶段，都为西北地区民营经济提供了广阔的发展空间。三是西北地区正处在从工业化中期向后期跨越的关键时期，处在创新驱动与投资拉动并重的阶段，发展动力加快转换，发展空间拓展优化，发展路径更加清晰。

（二）对策建议

1. 大力拓展民营经济发展空间

一是鼓励民营企业参与国有企业混合所有制改革。鼓励民营企业通过出资入股、收购股权、股权置换等多种形式参与国有企业的改制重组、合资经营和混合所有制改革，推动多种所有制经济深度融合发展，打造一批体制新、机制活、市场竞争优势明显的混合所有制企业。二是支持民营企业参与国家重大战略。要引导民营企业将自身发展与当地产业结构调整结合起来，积极参与“一带一路”倡议、新时代西部大开发、乡村振兴、黄河流域生态保护与高质量发展、智能制造“2025”等国家和地区重大战略布局，以技术改造、新兴产业发展为重点，使企业向科技型、外向型、规模型方向转化，推动产业结构实现整体提升。三是引导民营企业“内部挖潜”。鼓励支持现有企业拓展市场、提高效益，助推企业提高产能、增加产值，向产业配套和链条延伸要产值，向技术创新和产品升级要突破。把商标品牌战略作为助推民营经济发展的“引擎”，积极指导企业实施商标战略，通过引进、消化、吸收和创新，开发具有自主知识产权的新产品、新技术，提高产品的核心竞争力，形成具有高附加值的新一代品牌产品。

2. 持续优化营商环境

一是要维护公平竞争的市场秩序。有序清理废除现存妨碍统一市场和公平竞争的各种规定做法，使放宽市场准入真正落到实处，确保民营企业在土地使用、财政支持、税收优惠方面与国有、外资企业享有平等待遇。加强市场监管，尊重产权保护、契约自由等市场经济原则，对扰乱市场秩序、干扰企业公平竞争的行为要重点处理、坚决打击。二是要拓宽融资渠道。引导商业银行加大金融创新力度，建立完善符合民营企业特点的信贷管理制度和风险控制制度，创新适用民营企业的各种金融产品，减少企业贷款中间环节，延长授信期限，降低企业资金压力和风险。鼓励民营企业或者行业商会自主组织成立融资担保机构，相关部门要对融资中的评估、审计、保险、登记等环节加以督导和规范，逐步建立起政府引导、市场主导的融资担保体系。三是持续减轻企业负担。积极借鉴国内有关省份在减税降费方面的先进经验和做法，进一步挖掘降本减负空间。在确保当前社保政策应享尽享的基础上，采取有力措施，确保企业社保缴费实际负担有实质性下降。四是要加强对民营经济发展及民营企业运行情况的监测和分析。建议尚未开展民营经济数据分析与统计工作的省（区）市尽快建立民营经济发展专项统计平台，定期公布各产业、各行业企业的开办、运行、税收、法务和注销情况，促进产业与信息融合发展，不断满足企业的差异化需求。

3. 扎实推动惠企政策落地落实

一是优化政策设计。在制定涉企政策时，要多方面、多渠道听取企业家、商协会代表意见，针对不同类型、不同领域、不同行业企业精准施策。对已出台的各项政策措施，有关部门应根据实际进行补充、完善和调整，并适时制定下发明确、清晰、可操作性强的实施细则，形成全面覆盖、纵横衔接、相互配套的政策体系。二是建立多层次的政策信息服务平台。充分利用大数据、云计算等信息化手段，加快政府部门政策信息公开和推送。鼓励市场化、社会化的信息服务平台加快发展，为民营企业提供多元化、全方位的信息咨询服务，帮助企业及时吃透政策。三是加强督查考评力度。建议将各项惠企纾困政策落实情况纳入年终考评范围，作为对各级各部门目标责任考核的重要依据。组织开展专项督查及第三方评估，及时发现政策执行中的问题和困难，推进各项政策措施落地落实。

4. 全面构建科技支撑体系

一是加大“双创”扶持力度。加大对“专精特新”企业、瞪羚企业、独角兽企业的支持力度，鼓励各类创新创业基地和孵化器加快建设，引导各类创业创新主体集聚发展。二是要建立面向民营企业自主创新的技术中介服务体系。大力培育面向民营企业自主创新的技术诊疗、咨询、培训、项目评定、科技人才、项目投资、技术转让、知识产权、无形资产评定等技术中介组织，为民营企业提供“一条龙”的技术创新服务。在设置之初可以考虑政府出资加市场化运作的模式，随后政府逐步退出，最终实现完全意义上的市场化运作。三是要进一步深化产学研合作，促进科技创新成果产业化。建立捆绑式的科研项目基金资助机制，要求申请项目资金的高校科研院所必须与企业联合展开科研活动，推动双方建立“一对一”长期稳定的技术依托关系。同时要建立以市场为导向的科技成果定价机制，提高职务科技成果转化收益比例，鼓励就地转移转化，促进产学研协同转化。

5. 强化民营企业人才储备

一是完善人才引进机制。相关部门要主动对接高端装备制造、新材料新能源、生物医药等战略性新兴产业企业，进一步完善人才需求信息的收集、整理和发布工作机制，为人才提供多项选择。鼓励高校、科研院所选派人才到民营企业挂职，引导民营企业采取咨询讲学、短期聘用、技术承包、合作研究等方式，灵活引进所需人才。二是完善人才激励机制。深入企业了解人才认定方面的空白区域，结合实际制定相关人才认定标准，并对引进的高层次人才及有突出贡献的人才在住房、医疗、科研、配偶就业、子女就学等方面给予优惠待遇。在国家级和省级人才选拔表彰时，对民营企业专门设定推荐和入选比例，确保民营企业人才在全省高层次人才总量中占有一定比重。三是完善人才培养机制。以培育重点产业创新链工程人才为重点，推动省内人才培养基地不断革新培养体系、丰富培养资源。指导企业建立后备型人才培养机制，鼓励企业从基层逐步培养后备人才、实施员工素质提升培训和成长计划。四是要加速企业家队伍“转型升级”。依托西北地区及国内知名高校、企业和专业培训机构，以培育企业家精神为重点，突出抓好诚信经营、战略思维、资本运作、风险决策、国际视野和自主创新能力的培训，帮助企业家提升现代企业管理水平和市场开拓能力。

课题组：

陕西省工商联　赵昌奎　尚　潇　李作栋　董　青

甘肃省工商联　张明霞　陈　晓　刘富贵　刘　虹　马文婷

宁夏回族自治区工商联　王岳强　纪泽东

青海省工商联　罗顺邦　祁　琰　李有财

新疆维吾尔自治区工商联　徐文俊　徐　扬

新疆生产建设兵团工商联　李自学　赵忠华

2021 年福建省民营经济发展报告

摘要：在福建省委、省政府的重视支持下，福建省民营经济实现平稳发展，市场地位更加稳固、创新动能更加充沛、民间投资更加活跃、龙头引领更加明显、梯度构成更加合理、社会贡献更加突出。但是存在综合成本大幅上涨、要素保障不够充分、创新驱动有待增强、出口增长存在变数、绿色转型步伐不快等问题。面对新冠肺炎疫情的冲击和复杂严峻的国内外环境，应强化资源要素保障，营造公平公正的法治环境，充分发挥民营企业创新主体作用，努力建设更高水平开放型民营经济，引导民营企业把握绿色转型机遇，全方位推进福建高质量发展超越。

福建是民营经济大省，民营经济是福建的特色所在、活力所在、优势所在。2020 年以来，福建省委、省政府高度重视民营经济发展，陆续出台进一步支持中小企业发展 10 条、支持民营企业加快改革发展与转型升级 27 条等惠企政策，促进福建民营企业发展呈现规模稳健扩展、质量持续改善、结构稳步优化的良好态势。

一、福建省民营经济发展的主要情况和特点

民营企业是福建经济发展的重要力量、科技创新的重要主体、对外开放合作的开路先锋，展现了履行社会责任的担当，提供了全省 70% 的 GDP、70% 的税收、70% 的科技成果、80% 以上的就业岗位、90% 以上的企业数，是全方位推进福建高质量发展超越的重要力量。

（一）市场地位更加稳固

2020 年全省民营经济增加值突破 3 万亿元，同比增长 4.3%，占全省

GDP 的比重近 70%；民营企业进出口 7 084.5 亿元，增长 9.6%，占全省货物贸易进出口总值的 50.5%，比重较 2019 年提升 1.9 个百分点，继续保持外贸主体领军地位。2021 年上半年全省规模以上民营工业增加值同比增长 16.1%，对规模以上工业同比增长贡献率达 66.0%；民营企业进出口 4 630.1 亿元，增长 57.1%，占同期福建省外贸进出口总值的 53.8%。截至 2021 年 6 月，全省实有市场主体 618.1 万户，同比增长 29.7%；其中私营企业 153.5 万家，同比增长 10.5%，个体工商户 450.1 万户，同比增长 39.1%。

（二）创新动能更加充沛

民营企业行业分布广泛，覆盖一、二、三产业，仅民营工业企业就涉及 38 个行业。民营企业已成为福建科技创新的核心力量，贡献了 70% 以上的科技成果、95% 以上的高新技术企业。近年来，福建实施的 100 个国家级、省级科技重大专项和 300 多个区域项目中，民营企业牵头或参与承担的项目占 70% 以上。2020 年全省新认定国家级企业中心 7 家、省级 113 家，创历史新高。国家级、省级技术中心中民营企业占比分别为 80.6%、89.1%。智能制造加速推进，4.7 万家企业上云上平台，已有 17 个省级工业互联网示范平台、107 个工业互联网应用标杆企业。

（三）民间投资更加活跃

2020 年福建省民间投资增长 1.0%，占固定资产投资的比重为 57.8%。2021 年 1—6 月福建省民间投资同比增长 14.8%，占全部固定资产投资的比重为 58.2%，对全部固定资产投资的贡献率为 64.5%，继续发挥拉动全省投资增长的重要引擎作用。分行业看，民间投资主要集中在房地产开发和制造业投资，其中房地产开发民间投资增长 14.3%，占民间投资的比重为 44.6%，制造业民间投资增长 15.1%，占民间投资的比重为 36.2%。在 2021 年召开的福建省民营经济发展大会上，民营企业产业项目集中签约，50 个民营企业产业项目进行了现场签约，计划总投资 2 140 亿元。签约项目中，制造业项目 40 个、总投资 1 741 亿元，投资额 100 亿元以上的有 8 个。

（四）龙头引领更加明显

21 家企业上榜 2020 中国民营企业 500 强，上榜企业数连续三年位居全国第 6 位。2021 年福建民营企业 100 强户均营业收入 266.1 亿元，营业收入超过 100 亿元的民营企业 37 家，其中阳光龙净、青拓集团突破千亿元大关。百强民营企业的营业收入和利润水平稳中有升，发展质量持续改善；营业收入总额 18 559.24 亿元，同比增长 19.6%；平均销售净利率为 5.56%，平均资产净利率为 3.88%，总资产周转率为 69.74%。龙头骨干企业积极发挥引领作用，2020 年宁德时代动力电池装机量达 34GWh，连续四年稳居全球第一，带动地区锂电新能源产业集群发展。厦门弘信创业工场开创产业链“协同发展”模式，孵化创新型中小企业上千家，打造了国内柔性电子领域首家创新联合体。

（五）梯度构成更加合理

福建省建立“个转企、小升规、规改股、股上市”企业梯度培育机制，截至 2020 年年底，全省共扶持 2.66 万户个体工商户转型升级为企业。2020 年新增 1 540 家规模以上工业企业，新增登记股份有限公司 916 家，新增 14 家境内外上市企业。截至 2020 年年底，全省上市民营企业 89 家，占比 58.94%，总市值 1.61 万亿元，占全省上市公司总量的 52.34%，传统制造业民营上市公司占比达 65.17%。以民营企业为主体，福建的纺织鞋服、食品、冶金、建材、工艺美术等产业集群享誉全国，动力电池、汽车玻璃、石材、锦纶等产品稳居头部。目前全省共有“国家级”“专精特新”“小巨人”企业 117 家。

（六）社会贡献更加突出

民营企业为增加税收、解决就业、提升居民收入做出了积极贡献。2020 年全省民营涉税市场主体 238.2 万户，占全部涉税市场主体的比重为 98.82%；民营经济税收 3 378.27 亿元，占全部税收比重为 79.78%，民营经济占全部高技术产业税收超过 94%。在 2020 年民营企业招聘月中，3 188 家民营企业参加，共提供岗位信息数 9.57 万个。全省城镇私营单位就业人员年平均工资 5.86 万元，名义增长 2.6%。2020 年，面对疫情，福建广大民营企业家迅速转产防疫物资、加快复工复产、纷纷慷慨解囊，全省 6 000 多家企业、商会累计捐款捐物 19 亿元以上。2021 年，在河南暴雨带来的灾情面前，福耀集团、安踏集团、鸿星尔克等广大闽商迅速伸出援手，截至 2021 年 7 月底已捐款捐物 8.02 亿元。在“千企帮千村”精准扶贫行动中，全省共有 1 483 家民营企业和商会组织结对帮扶 1 554 个村，累计投入帮扶资金 10.87 亿元，惠及 6.7 万贫困人口。福建省“万企兴万村”行动已部署，得到广大企业家积极响应。

二、民营经济发展存在的主要问题

一方面，当前变异新冠病毒仍在扩散，全球结构性通胀预期强烈，美国及其盟友对中国在创新链、供应链、资金链、人才链等方面的脱钩打压愈演愈烈，民营经济发展遭遇严峻考验。另一方面，受疫情蔓延和“逆全球化”浪潮影响，国有企业“出海”受阻，以政策信贷、项目审批、企业规模等方面的优势，加大国内市场竞争，对民营企业造成冲击。面对内外发展压力，福建民营企业发展的主要困难有以下几方面。

（一）综合成本大幅上涨

受跨境疫情动态差异带来的供求错配等多重因素影响，中国大宗商品价格指数（CCPI）近一年涨幅达 30%。以钢铁、铜、铝、煤炭、石油为主的工业原材料价格屡创新高，对福建钢铁、化工、纺织、化纤等原材料投入密集型行业影响较大。受中美贸易摩擦及疫情影响，芯片原材料晶圆价格涨幅最高超过 20%，芯片企业利润摊薄、减产停产、抬价惜售，芯片特别是中高端芯片减供迟供，价格普遍上涨 3~10 倍。在国内有效需求仍不足的前提下，汽车、手机等销售可能因“缺芯”进一步走弱，福建不少民营企业作为配套制造商、经销商，发展压力较大。原材料高涨，中小微企业给生意也做不起，不敢接的订单可能都流向头部企业。大宗商品价格轮番上涨，但上半年居民消费价格同比上涨仅 0.5%，说明疫情导致消费市场萎缩、价格难以向下游产品传导，企业竞争激烈、利润微薄。

（二）要素保障不够充分

用工方面，企业技能型人才、一线工人紧缺。中小企业急需的技术型、应用型人才缺乏引进支持措施，造成这类人才外流，到福建就业创业的理工科大学生、大专生总体数量不多。企业柔性引进的高层次人才，由于未落户等限制，难以进入人才奖励体系。一些山区企业劳动力短缺，多招收55岁以上的员工，但他们因年龄限制无法参与工伤保险，隐性增加企业风险。用地方面，一方面闲置厂房在增加，另一方面新增项目供地不足，土地供需矛盾依旧突出。资金方面，金融机构出于风险考量的放贷规模和进度，对非上市科技型企业，专利技术大多只作为辅助征信证明，与民营企业的资金需求尚有较大差距。一些地方财力有限，研发加计扣除等财税奖补政策落实较慢。部分企业反映涉政府部门和国有企业应收账款数额较大、还款期拖长，造成企业现金流紧张。

（三）创新驱动有待增强

福建省民营科技型龙头企业偏少，具有自主知识产权的关键技术和核心技术储备不足，虽有创新意愿但难以承担风险大、投入高、周期长的创新任务。2020年年底，全省民营高新技术企业不到6 000家。2020年，福建GDP总量位居全国第7，但R&D经费投入强度低于全国平均水平，不仅不如京沪粤苏浙这些发达省份，也不如中西部的陕西、湖北、安徽、湖南、四川等地。除个别龙头企业建立的科创实验室、技术中心外，缺乏面向中小微企业的行业公共技术研发或创新服务的一体化平台。知识产权价值评估体系还不够完善，增信增贷作用有限，缺乏提供维权监控、协同保护、金融服务、展示交易等全链条服务的知识产权公共服务平台。一些科技企业核心技术外泄的立案、举证维权难度较大。

（四）出口增长存在变数

当前出口企业身上有三座大山，汇率升值、原材料涨价、海运费用飙升。世界货运指数显示，近来散货运费涨了 2 倍，集装箱运费涨了 6 倍。运价上涨有三个原因，美国的消费者需求和企业需求旺盛，货柜短缺，以及由于疫情管控集装箱运输时间、在港口等待时间大大延长，运输效率严重下降。由于原材料价格上涨、海运费用高涨，加上汇率大幅波动，企业利润萎缩，多数生产出口企业流动资金缺口加大。下半年发达经济体、新兴经济体产能有望恢复，海外需求放缓，外贸订单可能回落，出口企业面临新的挑战。

（五）绿色转型步伐不快

相当一部分民营企业还没有将碳达峰、碳中和纳入企业环境责任目标规划和行动方案。参与环保投入、环保慈善投入的企业比例较低。相关民营企业在环保设施建设、废弃物排放、技术创新、淘汰落后产能、低碳生产等方面实行的措施不到位，降碳减排效益不明显。福建省还没有出台碳达峰、碳中和专项行动方案，各级政府及相关部门对碳达峰、碳中和的组织管理、协调机制还不完善，对民营企业参与碳达峰、碳中和的培训宣传、表彰激励、社会监督力度不够大。

三、关于促进福建省民营经济平稳健康发展的建议

应全面贯彻落实习近平总书记对福建工作提出的“四个更大”要求和四项重点任务，深化落实福建省民营企业发展大会精神，紧扣“十四五”规划实施，以供给侧结构性改革为主线，以创新为主体，以项目带动为抓手，加快推动民营经济由传统要素驱动向创新驱动跃升，助力全方位推进福建高质量发展超越。

（一）强化要素保障缓解成本压力

引导金融机构对民营企业贷款实行差别化政策，对开办 10 年以上、财务报表经专业机构审查良好、信用评级较高的民营企业，适当降低抵押门槛，给予优先放贷、优惠利率。根据我国老龄化和企业用工现状，放宽工伤保险

年龄限制。平稳调整最低工资标准，对吸纳当地就业困难人员的，可按规定享受岗位补贴和社会保险费补贴。促进闲置土地依法依规回收利用，推进产业与物流、商务、研发等配套功能兼容的混合用地，鼓励二次开发、提升土地利用效率。

（二）营造公平公正的法治环境

回应民营企业“要公平不要优惠”的呼声，进一步消除政府采购、资质准入等方面对民营企业的隐形壁垒。全面开放民间资本投资领域，落实落细“非禁即入”，支持民营企业参与盘活政府性存量资产，在项目引进上给予本省国企、民企同等准入竞争环境，充分享受政策红利。推动地方法院加大知识产权案件审理力度，公安机关建立健全知识产权保护专业机构，增强企业在知识产权保护方面的获得感。加强审计监督，主动摸排，继续深入开展民营企业账款清欠工作。完善民营企业家创新创业容错机制，对创新创业失败的企业家要慎重失信惩治，加快推动企业破产重整，助力创业者东山再起。

（三）充分发挥民营企业创新主体作用

建设产业创新服务综合体，搭建企业与高校院所、科研机构的桥梁纽带，让企业进一步明白创新要走什么路、找什么人、能获什么政策，增强创新的信心。切实提高创新资源配置水平。在福州、厦门、泉州等地试点成立科技创新委员会，将高新区承担的科技行政管理和服务职责，以及科协承担的科研成果评审和科技创新奖评定组织工作等职责划入创新委员会。及时跟进完善新一代信息技术、重大装备制造、新材料等重点领域标准、计量、检测认证等产业基础技术体系，支持大数据、人工智能等新技术软件及应用软件纳入信息技术应用创新产业产品目录。应面向企业开放各类科技（企业）技术创新公共服务平台、高校技术中心设备、相关互联网平台接口等资源。建设覆盖战略性新兴产业主要领域的中试共享机制和市场化的中试利益分配机制，推广厦门大学嘉庚实验室、泉州清源创新实验室等经验，为企业科技创新提供雄厚研发力量、中试场地和优质测试平台。

（四）努力建设更高水平开放型民营经济

建议国家层面尽快启动对相关大型海运企业的反垄断调查，严厉打击船公司和一些货代企业操纵舱位、班次行为。尽快制定班轮登记注册制度，要求船公司申请航线班次，降低民营出口企业运输成本，确保外贸进出口业和国际航运业正常有序运行。发挥福建侨务大省优势，密切联系异地闽籍商协会，加强与“海上丝绸之路”“一带一路”沿线国家和地区的科技交流合作，带领更多企业“走出去”、人才集聚进来。

（五）引导民营企业把握绿色转型机遇

完善绿色低碳政策供给，出台金融支持碳达峰、碳中和指导意见，建立信贷支持绿色低碳发展的正面清单，支持省级“零碳”试点单位和低碳工业园区的低碳项目，引导符合条件企业发行碳中和债等绿色债务融资工具。充分利用福建生态优越的条件，重点打造林业碳汇等品牌，为民营企业参与碳交易提供便捷平台。指导各地按照碳承载力谋划经济产业发展，避免运动式“减碳”，降低民营企业成本负担和经营风险。开展由政府部门、民营企业、社会团体等代表广泛参与的对话论坛，建立民营企业环境责任实践研究基地和示范基地，引导民营企业适应环保新形势，加大节能技术、设备和产品应用，高标超前推动绿色转型，在落实“双碳”发展目标中抓住新的产业机遇。

课题组：

福建省工商联　陈　飚　林贤文　陈素平　董静怡

2020 年广西壮族自治区民营经济发展报告

摘要：2020 年，面对严峻复杂的国际局势、艰巨繁重的国内改革发展稳定任务特别是新冠肺炎疫情的严重冲击，广西民营企业以习近平新时代中国特色社会主义思想为指导，全面贯彻落实自治区党委、政府决策部署，积极投身疫情阻击战和脱贫攻坚战，并利用疫情推动转型升级和提质增效，进一步提升了企业的适应力和竞争力，经济恢复加快，总体呈现稳步向好的态势。但是，在新冠肺炎疫情的冲击下，2020 年广西民营企业发展更为艰难，主要表现为：传统经营模式降低了市场应对和竞争能力，企业对研发创新、数字化改造等工作重视不够，转型难度大；投资意愿不强，融资主要满足于生存性资金需求。为此，本文从贯彻国家科技强国战略部署，加快科技创新步伐的角度，从民营企业最迫切需要解决的问题出发，提出对新时代民营经济发展进行科学谋划和精准扶持，包括：鼓励创新，着力培育“专精特新”“小巨人”企业；强化引导，以新商机提升企业投资意愿；稳定政策，扩大民营经济发展基本盘。

一、2020 年广西民营经济主要经济指标完成情况

截至 2020 年年底，广西共有私营企业 83.7 万户、注册资本（金）46 911.4 亿元，同比分别增长 13.1%、19.7%。广西实有个体工商户 273.2 万户、资金数额 2 516.4 亿元，同比分别增长 26.8% 和 10.2%。广西共有农民专业合作社 6.1 万户，出资总额 1 027.1 万元，分别增长 3.4% 和 9.2%。

2020 年，广西民营规上工业增加值同比增长 0.8%，增速比全部规模以上工业增加值增速低 0.4 个百分点，占全部规模以上工业增加值的 48.3%。民营规模以上工业增加值中总量排前三的行业：木材加工和木、竹、藤、棕、

草制品业增长 5.8%，非金属矿物制品业增长 9.3%，有色金属冶炼和压延加工业增长 25.4%。

2020 年，广西民营投资同比下降 6.0%，增速低于全区固定资产投资 10.2 个百分点，占全区固定资产投资的比重为 45.7%。

2020 年，广西民营企业进出口贸易额 3 226.6 亿元，同比增长 7.6%，占全区进出口贸易总额的 66.4%。其中，出口 2 708.2 亿元，同比增长 5.1%；进口 997.3 亿元，同比增长 12.3%。

二、2020 年广西民营经济的主要特点

（一）民营市场主体数量强势增长

2020 年，面对突如其来的新冠肺炎疫情，广西认真贯彻落实党中央关于做好“六稳”工作、落实“六保”任务的指示精神，着力减轻企业负担、优化营商环境、解决企业突出问题，很好地激发了大众创业、万众创新的热情，私营企业、个体工商户和农民专业合作社数量分别增长了 13.1%、26.8% 和 3.4%，为全区战胜风险挑战，赢得发展主动提供了有力支撑（见表 1）。

表 1　2016—2020 年广西民营市场主体数量增长情况

年份	私营企业（万户）	增长（%）	个体工商户（万户）	增长（%）	农民专业合作社（万户）	增长（%）
2016	51.5	18.2	154.4	3.2	—	—
2017	59.8	16.1	168.9	9.4	—	—
2018	67.4	12.7	191.6	13.5	5.4	14.3
2019	74.0	9.8	215.4	12.4	5.9	8.0
2020	83.7	13.1	273.2	26.8	6.1	3.4

（二）民营企业的外贸主力军地位持续增强

2020 年，广西民营企业进出口贸易在新冠肺炎疫情冲击下，一季度和上半年同比分别下降 3.3% 和 2.5%。进入三季度，随着我国抗疫取得重大战略成果，复工复产成效逐步显现，全区民营企业进出口贸易实现了由负转正，

指标回暖趋势明显（见图 1）。

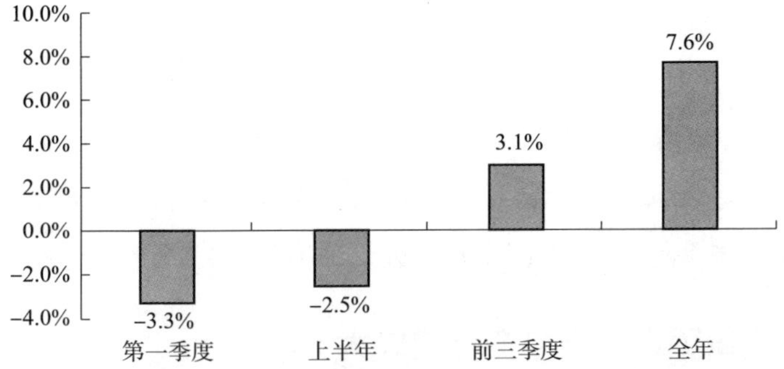

图 1　2020 年广西民营企业进出口贸易季度增长情况

从对全区贡献情况看，2020 年广西民营企业进出口额增速为 7.6%，是全区增速的 2.15 倍，占全区比重达到 66.4%，连续 5 年实现占比增加，对广西外贸增长的贡献率达 137.2%，民营企业作为全区外贸主力军的地位进一步增强（见图 2）。

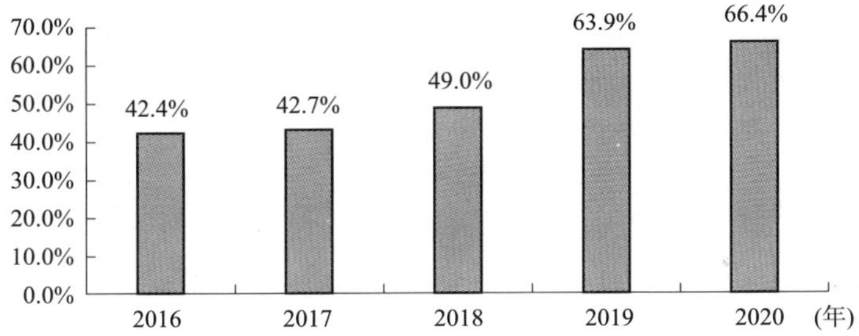

图 2　2016—2020 年民营企业进出口贸易占广西比重情况

（三）民营企业创新转型取得新成效

2020 年，广西一些民营企业以抗击疫情为契机，着眼未来产业发展的特点和趋势，积极推进数字化转型，运用新一代信息技术弥补经营损失、推动复工复产、缓解裁员压力、精准控制库存、保障生产生活，大幅提升了管理效能、作业效率，有效降低了企业运营成本。例如，皇氏乳业集团构建了乳业全流程大数据服务平台，并积极拓展线上线下业务，为企业在新冠肺炎疫情中快速恢复生产销售起到了关键作用。2020 年 2 月底，该公司复工率就已达到 95%，产能利用率在 90% 以上，在全区“三月三暖心生活节”活动的前 3 天，皇氏新鲜屋线下门店依托支付宝平台，销量达到平日的 4 倍。又如，桂林福达集团生产设施智能化改造后，车、船用曲轴等产品性能高度稳定，获得奔驰、宝马、沃尔沃等众多知名企业青睐，产品订单已经排到2030年。根据广西工商联发布的“2020广西最具竞争力民营企业榜单”，南丹南方、洋浦南华、梧州神冠等15家营业收入在全国细分行业中排名前三的企业入选；同时，由于拥有市场认可的研发创新能力，博世科环保、清鹿新材料、北海星石炭材料等16家企业的核心技术入选“2020广西最具潜力民营企业榜单”。

（四）民营固定资产投资降幅较大

2020年，广西民营固定资产投资同比下降6.0%，降幅比前三季度扩大0.4个百分点，增速低于全区固定资产投资10.2个百分点；占全区固定资产投资比重为45.7%，比前三季度回落1.6个百分点，比2019年低5个百分点（见图3、图4）。

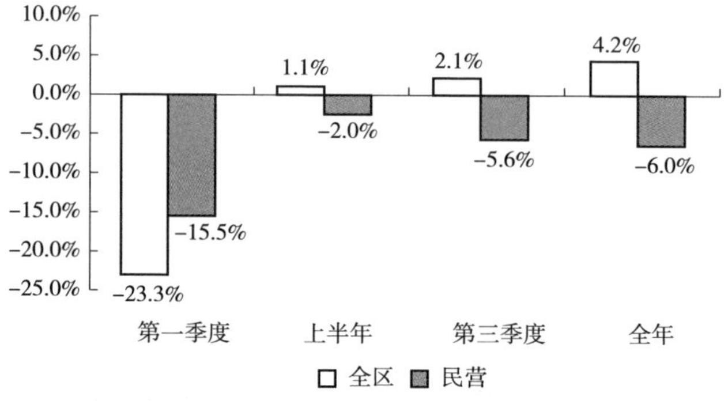

图3　2020年广西民营企业投资增长情况

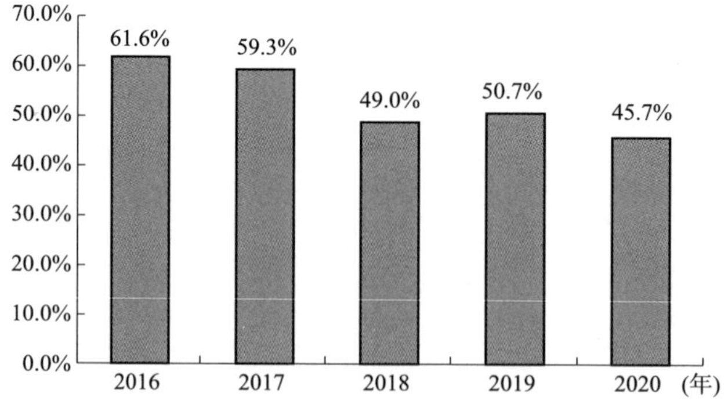

图4　2016—2020年民间投资占广西投资比重情况

从行业看，全区19个行业中，有12个行业负增长，占行业面的63.2%，其中9个行业两位数负增长。特别是占民营投资比重60%左右的房地产投资下降 4.6%，降幅比前三季度扩大 2.9 个百分点，对民营投资下拉作用明显。此外，消费领域投资降幅较大，其中批发和零售业、住宿和餐饮业投资分别下降 49.5% 和 36.8%，新冠肺炎疫情严重冲击了消费企业投资信心。从投资项目规模看，5 000 万元及以上项目民营投资比上年增长 7.1%，比前三季度提高 1.8 个百分点，成为全区民营投资的重要支撑。然而，500 万 ~ 5 000 万元项目投资同比下降 37.6%，比全部民营投资低 31.6 个百分点。这些情况表明广西很多中小微企业应对风险挑战能力较弱，特别是企业数字化程度低，遇到新冠肺炎疫情等对市场影响巨大的“黑天鹅”事件，更多的企业只能被动防御，主动应变和抢抓机遇的能力亟待提升。

（五）民营工业恢复滞后

2020 年，广西民营规模以上工业增加值同比增长 0.8%，比前三季度提升 4.7 个百分点，累计增加值增速首次实现正增长，但增速较全区低 0.4 个百分点；总量占全区规模以上工业增加值的比重为 48.3%，较前三季度提升 2.1 个百分点，但比 2019 年回落 6.4 个百分点（见图 5、图 6、图 7）。

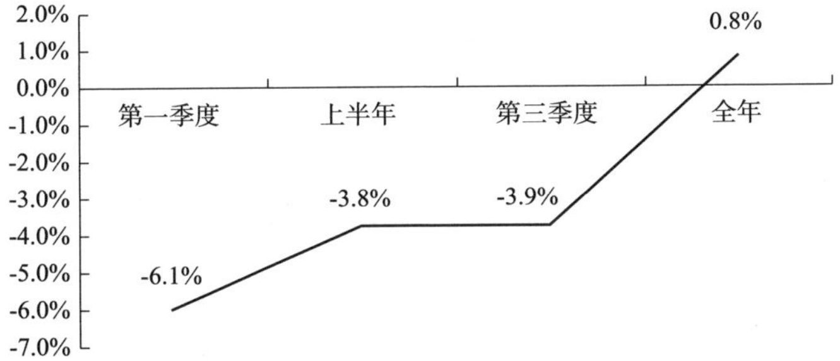

图 5　2020 年广西民营规模以上工业增加值季度增长情况

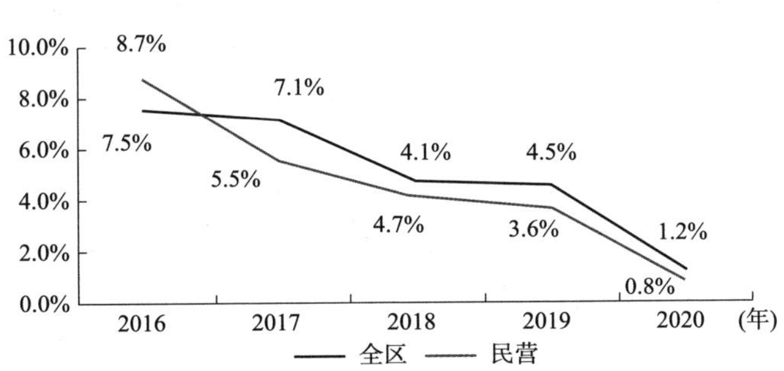

图 6　2016—2020 年广西规模以上工业增速变化对比

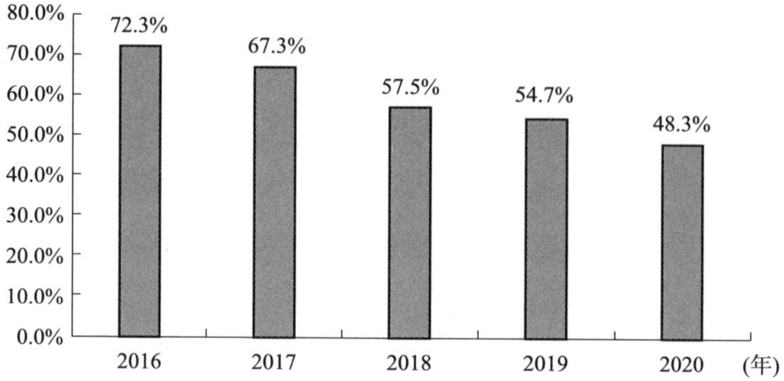

图 7　2016—2020 年广西规模以上非公工业增加值占比

从行业看，42 个大类行业中，31 个行业增加值增速下降，下降面达 73.8%（见图 8）。其中，汽车制造业、化学原料和化学制品制造业、农副食品加工业、医药制造业等重点行业下降明显，降幅分别为 22.5%、9.9%、7.0% 和 7.4%。

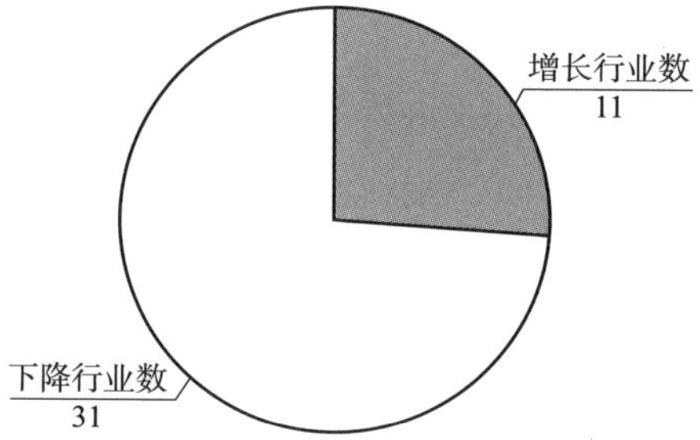

图 8　2020 年广西民营规模以上工业行业增长情况

三、当前广西民营企业的所期所盼

2020 年，为扎实做好“六稳”工作，全面落实“六保”任务，广西壮族自治区党委、政府出台了多项优惠政策支持企业全面复工复产，取得了较好成效。调查显示，企业认为 2021 年多项优惠政策应该得以延续或加强，以帮助企业更好地应对新形势、取得新发展。其中，最需要的政策主要集中在以下几方面。

对受疫情影响较大的困难行业企业年度亏损的延长转结，延期缴纳税款（占 12.6%），给予专项纾困资金支持（占 10.0%），对纳入中央疫情防控重点保障企业名单的中小企业给予贴息支持和税收优惠（占 9.4%），对符合条件的企业给予吸纳就业补贴、稳岗补贴、职工技能培训补贴（占 8.3%），免征中小微企业养老、失业和工伤保险单位缴费（占 7.6%），阶段性缓缴或适当返还社会保险费（占 7.2%），放宽小微企业、个体工商户登记经营场所限制（占 7.1%）（见图 9）。

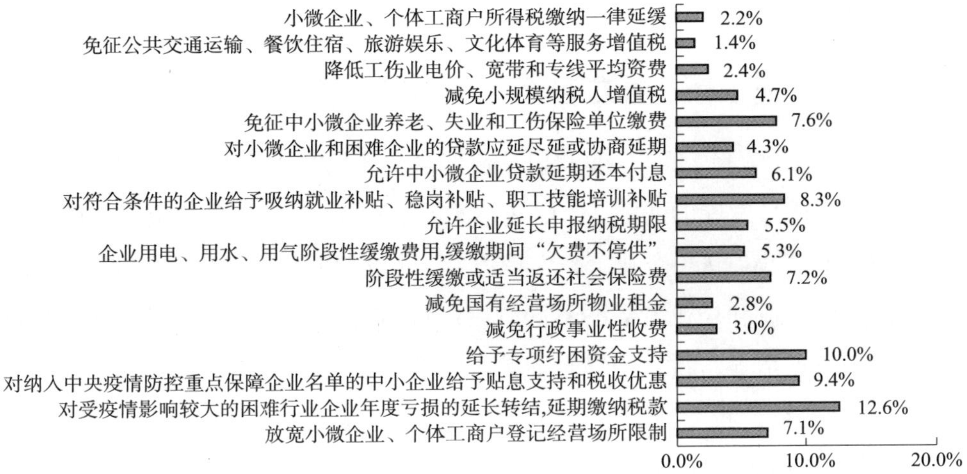

图 9　企业认为最需要的政策

四、广西民营经济面临的主要问题和工作建议

在新冠肺炎疫情的冲击下，2020 年民营企业发展更为艰难。究其原因，主要表现在以下两个方面：一是传统经营模式降低了市场应对和竞争能力。从调研情况看，广西大量民营企业，特别是中小微企业对研发创新、数字化改造等适应数字经济时代要求的工作重视不够，仅有 5% 的企业愿意将资金投向科技研发，导致在遇到新冠肺炎疫情这类“黑天鹅”事件，产业链、供应链安全受到严重影响时，企业调整空间小，转型难度大，加上合同违约、订单减少、原材料供给困难等一系列问题增加，企业生存空间受到压制，发展难度大增。二是投资意愿不强。问卷调查显示，2021 年一季度投资意愿有增长的企业只占二成。另外从企业融资的主要用途看，用于日常运营流动资金需求的占比最高，为 36.7%；用于扩大生产规模的占比为 23.0%；用于技术设备改造升级的占比为 10.5%，用于投资新项目的占比为 8.0%。说明企业对发展和扩张的投资需求降低，融资主要满足于生存性资金需求。

一方面企业要提升市场竞争力就必须增加投资，加快转型升级，而另一方面企业投资创新的意愿和能力不强，形成恶性循环，更制约了企业发展。

为此，建议政府重点从贯彻国家科技强国战略部署，加快科技创新步伐的角度，从民营企业最迫切需要解决的问题出发，对新时代民营经济发展进行科学谋划和精准扶持。具体建议如下：

（一）鼓励创新，着力培育“专精特新”“小巨人”企业

要切实落实财政部、工业和信息化部联合印发的《关于支持“专精特新”中小企业高质量发展的通知》（财建〔2021〕2号）要求，尽快出台广西支持“专精特新”“小巨人”企业工作实施方案，建立广西科技型中小企业培育库，根据产业、行业和企业发展的不同阶段制订培育计划，筛选挖掘一批培育对象，实施重点指导帮扶，引导企业苦练内功，加大研发投入，促进企业转型升级，加快培育一批专注于细分市场、聚焦主业、创新能力强、成长性好的“专精特新”“小巨人”企业，助推广西经济高质量发展。

（二）强化引导，以新商机提升企业投资意愿

建议自治区充分利用广西正在开展“五网”基础设施建设和“三企入桂项目落实、行企助力转型升级”行动的有利时机，及时公布项目合作相关信息，积极引导民营企业参与全区的“新基建”和重大产业项目合作，以新的商机提升民营企业的投资意愿，激发民营企业投资热情。

（三）稳定政策，扩大民营经济发展基本盘

建议针对企业的期盼保持政策的连续性，对即将到期的政策应延续到2021年年底，帮助企业对冲疫情影响。如2020年广西出台的《深入推进“稳企贷”助力中小微企业发展若干措施》中规定的“对2020年6月1日—12月31日期间到期的普惠小微贷款本金和存续的普惠小微贷款应付利息，还本付息可延期至2021年3月31日，期间免收罚息”。建议将这类政策延长至2021年年底，帮助中小企业加快恢复发展，提高营业收入，增长企业的比重，扩大民营经济发展基本盘。

撰稿人：

广西壮族自治区工商业联合会研究室副主任　陈　立

2021 年海南省民营经济发展报告

摘要：2021 年，海南省深入贯彻落实促进民营经济发展的各项政策措施，着力优化民营经济发展环境，推动民营经济持续稳固恢复，新增市场主体持续活跃，税收收入保持较快增长，为完成全年经济发展目标、实现“十四五”良好开局、助力海南自贸港建设发挥了积极作用。同时海南民营经济也存在发展相对滞后、发展层次水平较低、发展环境有待进一步优化等问题，针对以上问题提出进一步促进民营经济发展的对策建议。

2021 年，在海南省委、省政府的正确领导下，全省上下深入贯彻落实促进民营经济发展的各项政策措施，着力营造民营经济发展环境，有效激发民营企业内生动力，海南省民营经济持续稳固恢复，新增市场主体持续活跃，税收收入保持较快增长，为完成全年经济发展目标，实现“十四五”良好开局发挥积极作用。

一、全省民营经济发展基本情况

（一）民营新增市场主体同比增长 54.0%

2021 年，海南省新设立民营市场主体 47.33 万户，占全省新设立市场主体的 96.7%，同比增长 54.0%，比 2019 年增长 106.5%，两年平均增长 43.7%。新设立民营企业 15.75 万户，占全省新设立企业数 90.7%，同比增长 12.7%，比 2019 年增长 129.7%，两年平均增长 51.6%（见图 1）。

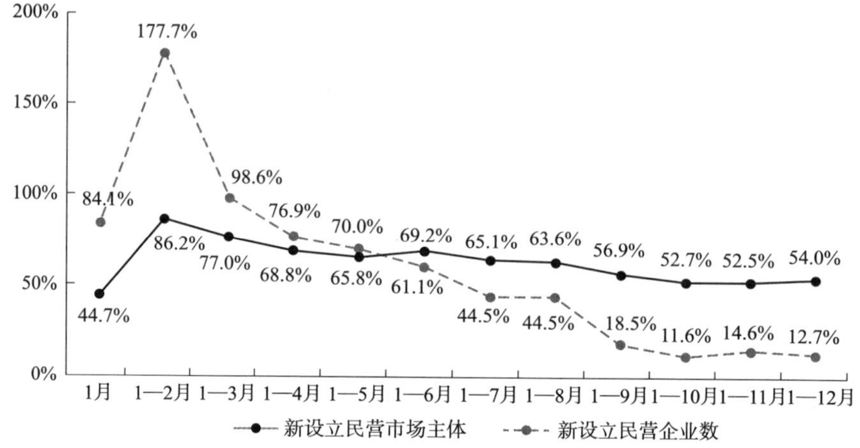

图 1　2021 年海南省民营新增市场主体增长情况

（二）民间投资同比下降 1.9%

2021 年海南省民间投资同比下降 1.9%，低于全省固定资产投资总额增速 12.1 个百分点，占全省固定资产投资总额 42.7%，比 2019 年增长 0.15%，两年平均增长 0.07%（见图 2）。其中第一产业民间投资占比 2.2%，同比下降 10.9%；第二产业民间投资占比 13.7%，同比增长 47.4%；第三产业民间投资占比 84.6%，同比下降 4.9%。

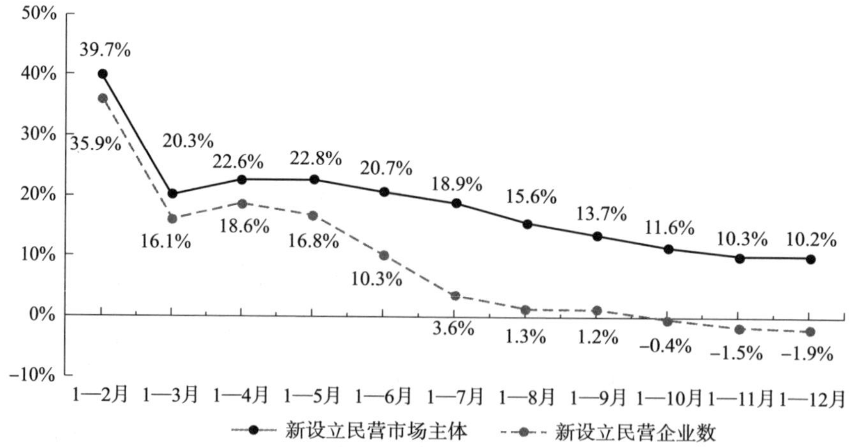

图 2　2021 年海南省民间投资增长情况

（三）民营经济税收收入同比增长 22.2%

2021 年海南省民营经济实现税收收入 1 210.90 亿元，占全省税收收入的 82.8%，同比增长 22.2%，比前三季度回落 8.5 个百分点，比 2019 年增长 9.7%，两年平均增长 4.7%（见图 3）。其中，内资企业税收收入 943.62 亿元，同比增长 39.9%；港、澳、台商投资企业税收收入 216.11 亿元，同比增长 11.6%；外商投资企业税收收入 45.94 亿元，同比下降 16.1%；个体经营企业税收收入 5.24 亿元，同比下降 92.3%。

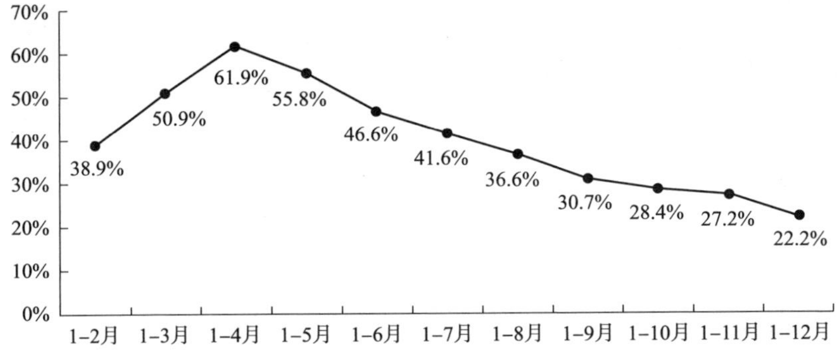

图 3　2021 年海南省民营经济税收收入增速情况

（四）民营经济增加值同比增长 11.8%

2021 年，海南省民营经济实现增加值 4 496.89 亿元，占全省同期 GDP 的 69.4%，同比增长 11.8%，增速比前三季度回落 1.5 个百分点，比 2019 年增长 13.8%，两年平均增长 6.7%，拉动全省经济增长 8.1 个百分点。其中第一产业实现增加值 1 235.80 亿元，同比增长 3.9%，比 2019 年增长 6.0%，两年平均增长 3.0%；第二产业实现增加值 931.32 亿元，同比增长 8.4%，比 2019 年增长 8.5%，两年平均增长 4.2%；第三产业实现增加值 2 329.78 亿元，同比增长 17.7%，比 2019 年增长 20.5%，两年平均增长 9.8%。

分行业看，增加值增长最快的是批发零售业，增加值增长 44.4%，拉动民营经济增加值增长 5.7 个百分点；增加值增速超过 10% 的是工业、租赁和商务服务业、住宿餐饮业，分别增长 11.9%、11.7% 和 11.0%，三个行业共同拉动民营经济增加值增长 2.2 个百分点；信息传输、软件和信息技术服务业，房地产业增加值增长均为 9.0%，两个行业共同拉动民营经济增加值增长 1.3 个百分点；农林牧渔业增加值增长 4.1%，拉动民营经济增加值增长 1.2 个百分点；其他行业共同拉动民营经济增加值增长 0.4 个百分点（见表 1）。

表 1　2021 年海南省民营经济增加值情况

	总量（亿元）	增长（%）	拉动力（百分点）
民营经济增加值	4 496.89	11.8	8.1
农林牧渔业	1 278.12	4.1	1.2
工业	485.39	11.9	1.2
建筑业	451.39	5.4	0.6
批发和零售业	735.77	44.4	5.7
交通运输、仓储和邮政业	203.49	7.3	0.3
住宿餐饮业	254.19	11.0	0.6
金融业	113.52	3.6	0.1
房地产业	509.29	9.0	1.1
其他服务业	465.73	8.8	1.0
信息传输、软件和信息技术服务业	51.98	9.0	0.2
租赁和商务服务业	73.80	11.7	0.4
其他行业	339.95	6.9	0.4
第一产业	1 235.80	3.9	1.1
第二产业	931.31	8.4	1.7
第三产业	2 329.78	17.7	9.0

二、海南省民营经济发展存在的问题

（一）民营经济发展相对滞后

2021 年，海南省民营经济发展稳步恢复，民营经济增速跑赢整体经济，为全省完成全年经济发展目标任务，实现“十四五”良好开局发挥积极作用。但是，受国内散发疫情持续影响，经济恢复基础尚未牢固，民营经济发展面临诸多困难和挑战。

1. 恢复滞后

2021 年，民营经济增加值比 2019 年增长 13.8%，两年平均增长 6.7%，低于全省 GDP 两年平均增速（7.3%）0.6 个百分点，民营经济恢复总体滞后于全省经济。

2. 投资减速

2021 年，民间投资同比下降 1.9%，低于全省固定资产投资增速（10.2%）12.1 个百分点，民间投资占全省固定资产投资总额的比重为 42.7%，比 2020 年回落 5.3 个百分点，民间投资增长乏力，发展后劲不足。从资金到位情况看，民间投资到位资金增速（6.4%）低于全省固定资产总额到位资金增速（14.7%）8.3 个百分点，民间投资国内贷款资金同比增长 1.2%，低于全省固定资产投资总额国内贷款资金增速（41.1%）39.9 个百分点，民间投资自筹资金同比降低 8.6%，低于全省固定资产投资总额自筹资金增速（1.8%）10.4 个百分点。

3. 增速放缓

从行业发展看，由于去年低基数效应逐步减弱，叠加散发疫情影响，各重点行业均呈高开低走，恢复态势明显放缓，尤其是与旅游相关的航空运输业、住宿餐饮业仍未恢复到疫情前水平，企业生产经营面临较大压力。

4. 速度回落

新兴服务业增长速度呈高位回落，2021 年海南省民营规模以上信息传输、软件和信息技术服务业企业共实现营业收入 180.87 亿元，同比增长 13.5%，比前三季度回落 7.9 个百分点，民营规模以上租赁和商务服务业企业共实现营业收入 576.16 亿元，比前三季度回落 9.6 个百分点，回落态势明显。

（二）民营经济发展水平层次较低

总体来看，海南省民营企业的产业层次较低，规模普遍偏小，传统产业占比大，科技创新能力不强，发展后劲不足。

1. 民营企业规模偏小

2021 年 8 月，海南省工商联发布了全省民营企业百强榜单，入围门槛为 2.38 亿元，比去年 2.73 亿元下降了 12.8%，全国工商联发布的 2021 年中国民营企业 500 强中，海南无一家上榜，排名首位的为海南逸盛石化有限公司，年营业收入 180.88 亿元，离全国工商联评选的民营企业 500 强入围门槛

235.01 亿元相距甚远。

2. 产业结构层次较低

在民营经济结构中，农林牧渔业增加值占比达 28.4%，高于全省经济农林牧渔业增加值占比（20.1%）8.3 个百分点，而第三产业增加值占比为 51.8%, 低于全省经济第三产业增加值占比（61.5%）近 10 个百分点。其中批发零售业、房地产业、建筑业等传统行业占比均超过 10%，而信息技术和商务服务业等行业合计占比仅为 2.7%，现代服务业发展明显不足。

3. 科技创新能力不强

2021 年全国工商联发布的民营企业研发投入 500 强企业覆盖了 26 个省份，仅有的 5 个无企业上榜省份就有海南，从去年海南省发布的民营企业研发投入 50 强的统计数据来看，50 强企业投入研发费用总计 27.37 亿元，占比企业营收总额 3.6%。海南省民营企业高新技术企业数量不多、实际研发经费投入不足，创新主体的作用发挥不明显、多数科技企业创新层次偏低、处于低端的产业链的问题仍然比较突出。

4. 协同发展水平不够

从市场主体分布情况来看，受地区经济发展不平衡影响，全省民营市场主体主要集中在海口和三亚，约占全省总量的七成，其他市县民营经济规模小，市场主体少，而且大多从事传统行业，发展质量不高。尤其是中部山区几个市县民营企业“小、散、弱”突出，大多是规模不大的农业企业和转型举步维艰的房地产企业。

（三）民营经济发展环境有待进一步优化

随着自贸港建设的加速推进，省委、省政府始终把打造优质营商环境作为提升海南竞争力的“金饭碗”，从《中华人民共和国海南自由贸易港法》的颁布到《海南自由贸易港优化营商环境条例》出台，从营商环境专班成立到“查堵点、破难题、促发展”活动开展，通过出台一系列法律政策和开展一系列专项活动，有力地促进了海南省营商环境的改善。但营商环境优化毕竟不是朝夕之功，与江苏、浙江、上海等民营经济发达省份相比，还有很大差距，企业普遍认为“感受到了政策春风，但没感觉到政策温暖”，营商环境的改善任重道远。主要存在6个方面的障碍：

1. 观念障碍

民营企业家是我们自己人，但在党政机关和社会上仍有相当一部分人对民营经济和民营企业家存在认识偏差，存有“公高私低”“公优私劣”“公好私差”的观念，导致一些领域仍存在不同程度的歧视性限制和隐形障碍。

2. 政策障碍

个别涉企政策存在“一刀切”现象，有的缺乏稳定性和连续性，各类政策之间在个别条款上存在不协调、相互矛盾的问题，为企业长期发展带来困扰。有些优惠政策没有做到企企平等，使岛内本土民营企业信心受挫。例如，高新技术等行业获得财政资金支持的门槛比较高，经过烦琐的申报程序最终能获得扶持资金的中小民营企业凤毛麟角。

3. 素质障碍

有些基层干部素质偏低，履职担当能力不强，不熟悉专业知识、法律法规及相关政策，工作执行效率低，无法真正将自贸港政策优势充分发挥出来。此外个别干部对民营企业敬而远之，应付差事，推诿扯皮，怕犯错误，慢作为、不作为、怕担当等问题一定程度存在。

4. 成本障碍

由于原材料、用地、房租、物流成本持续上涨，用工成本刚性上升，企业利润空间被大大压缩，民营企业综合经营成本居高不下，再加上基础设施不完备，工业用地、用电及环保成本普遍高于国内其他城市，人才引进与配套服务欠缺，企业实际税费负担依然偏重等，民营企业生存压力较大，负担较重。

5. 融资障碍

民营企业融资仍存在许多瓶颈，尚未形成政府、银行、基金、保险、担保等机构紧密协作的机制，社会信用体系建设缓慢，信贷产品种类少，信贷优惠政策宣传力度不够。

6. 服务障碍

有的部门为企业服务的意识较差，典型的是以会议落实会议，以文件传达文件，空喊口号，空腹表态，从而造成“问题在下边，堵点在上边”。同时，上面千条线，下面一根针，各个部门和各个条线，叠加开会、重复学习等，导致基层疲于应付。

三、推动海南省民营经济发展的意见建议

民营经济始终是海南经济社会发展不可或缺的重要支撑，也是自贸港建设的重要推动力量。在国内外环境复杂多变，新冠肺炎疫情持续影响，尤其是我国经济发展面临需求收缩、供给冲击、预期转弱三重压力的大环境下，海南省民营经济要实现高质量健康发展，必须要在提振民营经济人士发展信心、加大优化营商环境力度、加快民营企业转型升级等方面精准发力。

（一）着力推动民营经济高质量健康发展

1. 全力推动民营企业转型升级

一是提升转型升级能力。制定出台《海南省促进民营企业转型升级的指导意见》，分层分类，按梯次推进民营企业转型升级、集体“迈坎”，确保民营经济在减速区间提质增效，实现高质量发展。实施“新时代民营企业家转型升级培育工程”，开展全省民营企业家代表轮训工作，帮助企业找准适合的转型升级之路。二是推动管理升级。建立民营企业家学院，开展完善法人治理、优化股权结构、建立合伙人制度、创业投资退出机制等培训，推动建立现代企业制度。三是全力打造“专精特新”小巨人。海南省民营企业绝大多数都是中小企业，要引导企业走“专精特新”高质量发展的新路子。通过打造一批“专精特新”小巨人，在海南形成一支在技术、市场、产业、管理等方面具有持续竞争力的中小企业群体，不断夯实自贸港产业基础和人才基础，推动海南自贸港高质量发展行稳致远。具体而言：旅游企业要加强创新，主动融入乡村振兴，学习借鉴国内外知名旅游项目的设计定位和经营理念，聚焦项目，做精做美；外贸企业要立足内循环、打通外循环，充分利用好自贸港原产地规则，积极稳健地连接内陆；高科技企业要注重研发和创新，打造包括核心技术、核心能力、核心产品和核心业务在内的核心竞争力；工业企业要发扬工匠精神，不断做实做强主业，并积极适应新发展阶段要求，

加快产业升级；传统产业要勇于开拓创新，努力向战略性新兴产业转型，从而增强企业的生存力、发展力、竞争力、持续力。

2. 保全支柱产业和重点企业

要重点扶强扶优，稳住支柱，稳住就业，保障社会稳定，防范化解风险。一是稳住支柱和基本盘。做好支柱产业保全工作，加强对全省支柱产业、优势产业中民营企业兼并重组的设计和引导，保住支柱产业优势；鼓励大型国有企业、行业领军企业为其配套的民营企业、中小企业开展产业链担保融资，尽快支付中小企业的应付账款，甚至给予预付订单资金，推动优质产业集群发展。二是扶强扶优重点企业。抓紧对各支柱产业企业发展情况进行调查摸底和分析研判，采取点对点个性化扶持的办法，支持技术先进、市场前景和发展潜力较好的企业加快发展。着重扶持热带高效农业、高新技术产业、现代旅游业等行业龙头企业和配套产业链关键环节企业，促进优势企业发展壮大。

3. 积极助推民营企业开拓市场

要引导海南省民营企业积极参与"一带一路"倡议，主动对接粤港澳大湾区建设战略，通过"走出去"开拓市场。一是鼓励和支持民营企业充分利用国际国内两个市场、两种资源，不断增强市场竞争力。二是充分利用各类经贸合作交流平台，鼓励行业协会等组织参展参会，帮助中小企业开拓国内外市场。三是发挥大型龙头企业带动作用，整合产业链上下游企业形成战略联盟，推动企业集群式"走出去"，引导和鼓励一批省级特色产业集群建立商务网站，支持产业集群与行业网站互联互通，助推企业开拓市场。

（二）持续优化民营经济发展环境

要按照自贸港打造法治化、国际化、便利化一流营商环境的目标，不断为民营经济发展创造更优条件。

1. 大力加强营商软环境建设

一是打造高效便利的政务服务环境。创建全省统一的民营经济一站式综合服务平台，建立民营企业实时参与反馈的监督机制和充分体现民营企业获得感的政策落实考核体系，倒逼各级各部门真正树立服务意识，提升服务能力。二是进一步建立健全民营经济发展软环境评价体系，由“市场主体说了算”，通过第三方开展评价工作，公开发布各市县营商环境指数，持续推动解决各地营商环境改善不均衡的问题。三是加大司法维权援助，建立涉企维权个案销账制度，通过司法公正营造民营经济公平有序发展环境。四是加快构建诚信体系，清理查处企业反映突出的拖欠资金、与民争利、强行废除协议等问题，同时加大对民营企业违规违法行为的监管查处，通过双向信用评价等增强政企间信任。五是加大政府职能转移，引导商会走向前台发挥更大作用，围绕“3+1”产业组建一批行业商会和商会联盟，有序承接政府转移职能，深度参与社会治理。六是要重视和发挥本土企业家作用，营造企业家健康成长环境，形成全社会尊重企业家、关心企业家、支持企业家的良好氛围。建议设立“自贸港企业家日”，从社会层面对企业家的社会地位和贡献予以肯定和确认，进一步激发本土企业家的再创业热情和原生力量，在海南自贸港建设中建新功、立新业。七是发布海南省民营企业投资指南，筛选出一批适合民营企业投资的产业项目，激发民间投资积极性。

2. 着力破解融资难投资难问题

一是建立分类支持体系，对高科技、初创型企业，由政府设立引导基金；对成长型企业，用好产业投资基金，加大信用贷款力度，引导政策性银行给予中长期低息支持；对成熟型企业，指导发行债券、上市融资、寻求金融租赁等；对前景良好、暂时困难企业，由政府设立纾困基金，积极争取续贷政策。二是运用大数据、人工智能等现代支持工具，解决好金融机构和企业间信息不对称、地位不对等问题，重构信用评价体系，推动更大规模信用贷款。三是开展金融领域供给侧改革试点，改变“靠行政手段”施压贷款做法，瞄准企业“痛点”，突破银行“难点”，探索建立海南中小企业银行，大力培育民营银行，专门为民营企业提供金融服务。用好定向降准释放出的长期资金，切实增援中小微企业，更好服务实体经济。

3. 尽快补齐硬件配套设施短板

一是要加快路网、电网、光网、气网和水网的建设，为企业投资发展提供良好的基础条件。二是要大力发展物流行业和电商产业，建立大中型物流基地，鼓励发展冷链物流业，加快航空物流和港口物流的软硬件建设。三是要加快园区配套建设，海南省重点园区以不到全省 2% 的土地面积贡献了全省 15.3% 的 GDP、20% 固定资产投资、35.7% 税收收入、51.9% 进出口额、52.7% 实际利用外资，园区在海南经济社会发展中发挥了“主力军”作用。各级政府要进一步加强园区周边的交通、通信、学校和医院等相关配套的建设，为企业提供更加优质的发展环境。

（三）全面加强民营经济领域党建工作

要切实落实习近平总书记关于民营经济工作的重要指示批示精神，坚持和加强民营经济领域党的领导，推动海南省民营经济健康发展。

1. 完善制度保障

建立关于加强民营经济领域党建工作专门制度，制定出台相关实施意见，积极引领非公经济组织党组织发挥政治引领和监督作用，进一步促进“两个健康”。

2. 加强政治引领

加强民营经济人士思想政治引导，通过举办分层次、分行业、多轮次、广覆盖的民营经济人士理想信念教育和素质能力培训班，使广大民营经济人士正确看待当前经济形势和企业发展面临的困难，紧跟党中央步伐，坚定发展信心，积极练好内功，做强做实主业，增强自身实力和抗风险能力，在新时代改革发展的大潮中实现更大发展。

课题组：

海南省工商联调研宣教处处长 翟慧玲

海南省工商联调研宣教处副处长 李梦人

海南省工商联调研宣教处三级调研员 饶 斌

行　业　报　告

2021年中国房地产市场报告

摘要：2021年全国商品房销售金额与面积均创新高。其中，销售面积合计17.9亿平方米，增长1.9%，销售金额18.2万亿元，增长4.8%。从2021年的单月成交数据来看，2021年成交之所以能达到“双18”，主要是上半年市场较热，销售面积与金额高速增长。下半年随着调控政策逐渐生效，暴雷房企数量增加等，需求逐渐观望，市场开始下行。我们认为，市场已持续低迷6个月，后续地方或将在“房住不炒”和“满足合理的住房需求”两大主旨下，因城施策，适度纠偏过于严格的调控政策，保障居民合理的住房需求有效释放。然而，市场的低迷还有一部分原因是居民观望情绪浓厚，这需要预期调节，才能推动此类需求释放。

从土地购置、新开工、施工和开发投资数据来看，资金拮据下，不仅使土地投资力度减弱，也使得工程投资力度减弱，即新开工面积和施工面积节奏放缓，因此造成了开发投资同比负增长，累计开发投资同比增速放缓4.4%。

2021年开发企业到位资金增速回落至4.2%，创6年新低。从构成来看，2021年国内贷款和利用外资同比负增长；自筹资金、定金及预收款和个人按揭贷款同比正增长，但是从年初到年末增速不断收窄，全年增速分别是3.2%、11.1%和8.0%。由于2021年调控政策的主旋律是从供应端敦促商品房供应主体降杠杆，因此，房企或主动或被动地降杠杆，并且房地产开发企业到位资金中，定金及预收款和个人按揭贷款等经营性资金的占比较 2020 年提升；国内贷款和自筹资金等筹资性资金占比下降。

一、2021 年成交创新高，其中 12 月成交仍然低迷

2021 年全国商品房销售金额与面积均创新高，其中，销售面积合计 17.9 亿平方米，增长 1.9%，销售金额 18.2 万亿元，增长 4.8%（见图 1、图 2）。

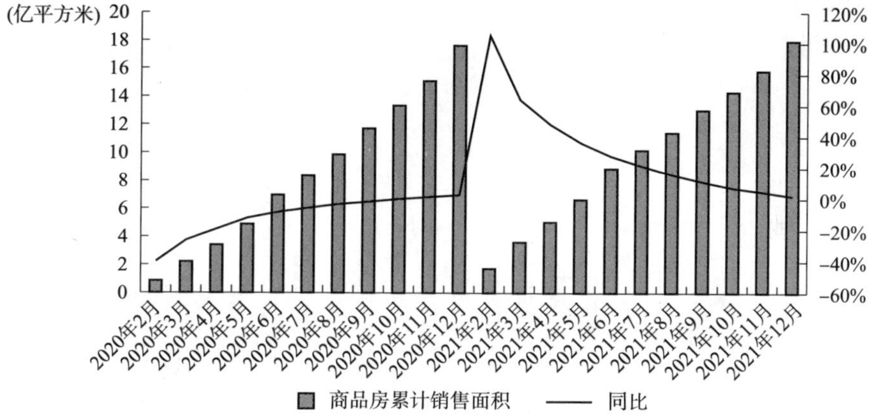

图 1　2020 年 2 月至 2021 年 12 月全国商品房累计销售面积及增速

资料来源：亿翰智库、国家统计局。

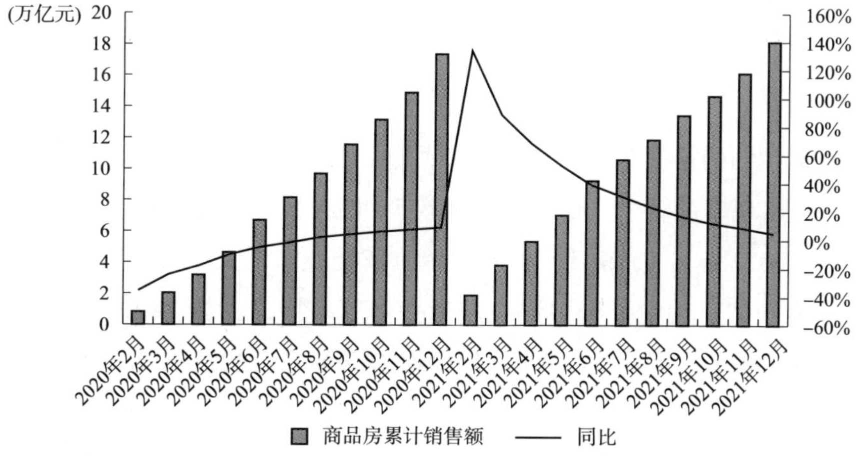

图 2　2020 年 2 月至 2021 年 12 月全国商品房累计销售额及增速

资料来源：亿翰智库、国家统计局。

从2021年的单月成交数据来看，2021年成交之所以能达到“双18”，主要是上半年市场较热，销售面积与金额高速增长。其中，1月至6月，销售面积与销售金额单月同比均为正。下半年起，随着调控政策逐渐生效，暴雷房企数量增加等，需求逐渐观望，市场开始转向。7月起，单月销售面积与金额同比由正转负，带动了累计销售面积与金额同比增速不断放缓。例如，12月商品房销售面积为2.1亿平方米，同比下降15.6%；销售金额2.0万亿元，同比下降17.8%，使得1—12月销售面积增速收窄至1.9%，金额增速收窄至4.8%（见图3）。

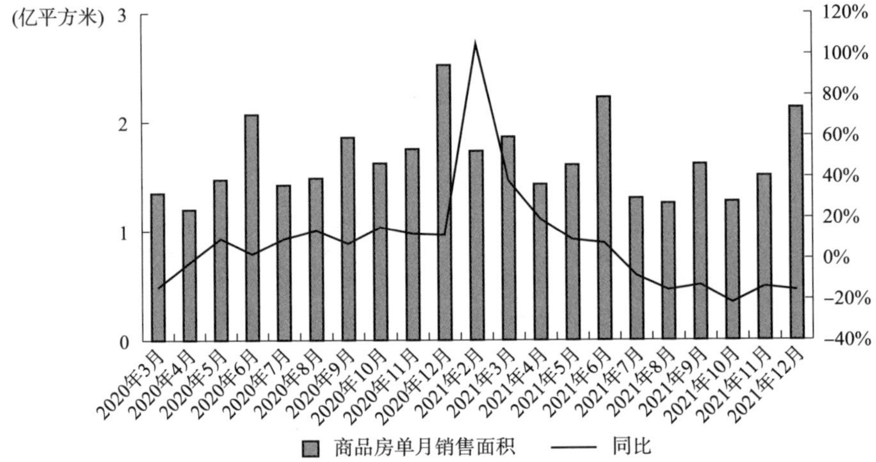

图3　2020年3月至2021年12月全国商品房单月销售面积及增速

资料来源：亿翰智库、国家统计局。

根据我们的持续观察，2021年9月起，各部门各会议再提及房地产时，态度已经出现略微转变，比如提及“政策纠偏”“保障购房者合理的住房需求”等。2022年1月16日，国家发展改革委发布《关于做好近期促进消费工作的通知》，其中提到促进住房消费健康发展，支持商品房市场更好满足购房者的合理住房需求。此外，根据市场消息，2022年1月部分银行在个人按揭贷款方面的放贷周期开始缩短，部分城市房地产贷款利率也出现下行。

我们认为，市场已持续低迷6个月，后续地方或将在“房住不炒”和“满足合理的住房需求”两大主旨下，因城施策，适度纠偏过于严格的调控政策，保障居民合理的住房需求有效释放。然而，市场的低迷还有一部分原因是暴雷房企增加，导致居民担忧购房后开发商不能按时交房，进而造成利益损失，因而持续观望。

二、2021 年新开工面积下降 11.4%，开发投资同比收窄至 4.4%

（一）全年土地购置面积降而成交价款增，单月两者均翘尾

2021 年 1—12 月土地购置面积合计 21 590 万平方米，同比下降 15.5%，降幅较 11 月末扩大 4.3 个百分点。土地成交价款为 17 756 亿元，同比增长 2.8%（见图 4）。

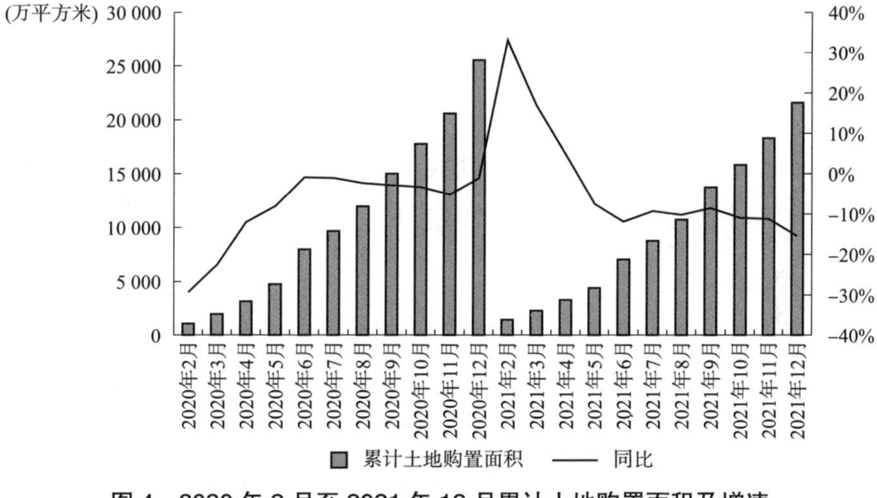

图 4 2020 年 2 月至 2021 年 12 月累计土地购置面积及增速

资料来源：亿翰智库、国家统计局。

其中，2021 年 12 月土地购置面积为 3 303 万平方米，土地成交价款为 3 237 亿元。从历史统计数据来看，由于年末部分城市加大土地供应以提高供地计划完成率，因此土地供应增加，导致土地购置面积和土地成交价款均处于年内最高位，2022 年也不例外，12 月土地购置面积和成交价款处于全年最高水平（见图 5）。

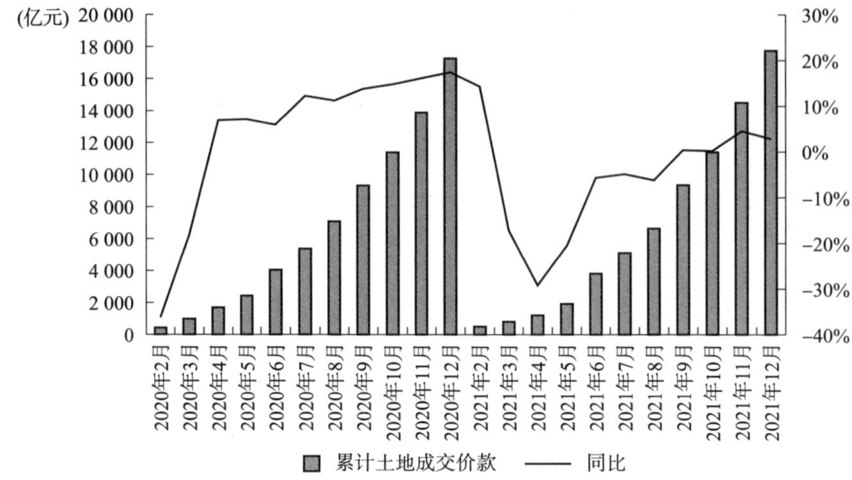

图 5　2020 年 2 月至 2021 年 12 月累计土地成交价款及增速

资料来源：亿翰智库、国家统计局。

但是 2021 年 12 月土地购置面积和土地成交价款同比有不同程度的下降。2021 年 12 月土地购置面积较 2018 年、2019 年和 2020 年同期分别下降 13.4%，19.5% 和 33.2%。2021 年 12 月土地成交价款同比也为负数，同比下降 4.2%。不过由于土地出让的楼面价长期来看呈上行趋势，因此 2021 年 12 月土地成交价款较 2018 年和 2019 年同期增长 37.4% 和 17.8%（见图 6）。

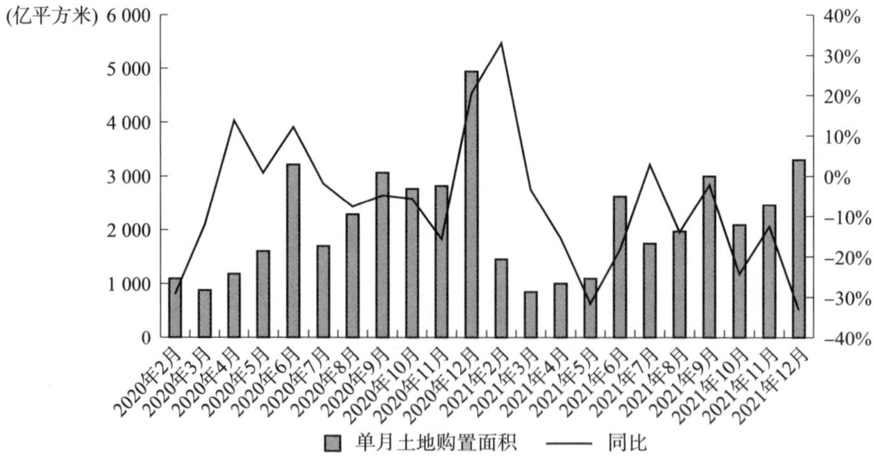

图 6　2020 年 2 月至 2021 年 12 月单月土地购置面积及增速

资料来源：亿翰智库、国家统计局。

（二）新开工与施工维持慢节奏，全年竣工面积同比增长 11.2%

从新开工、施工和竣工数据来看，2021 年 12 月施工节奏仍然偏慢，2021 年下半年土地市场投资力度减弱和资金拮据或是制约新开工和施工的主要原因。

新开工方面，2021 年 12 月新开工面积为 1.6 亿平方米，同比下降 31.2%；全年新开工面积 19.9 亿平方米，同比下降 11.4%。两者降幅均高于 11 月。从全年数据来看，单月新开工面积和累计新开工面积分别自 4 月和 7 月起，持续负增长（见图 7）。

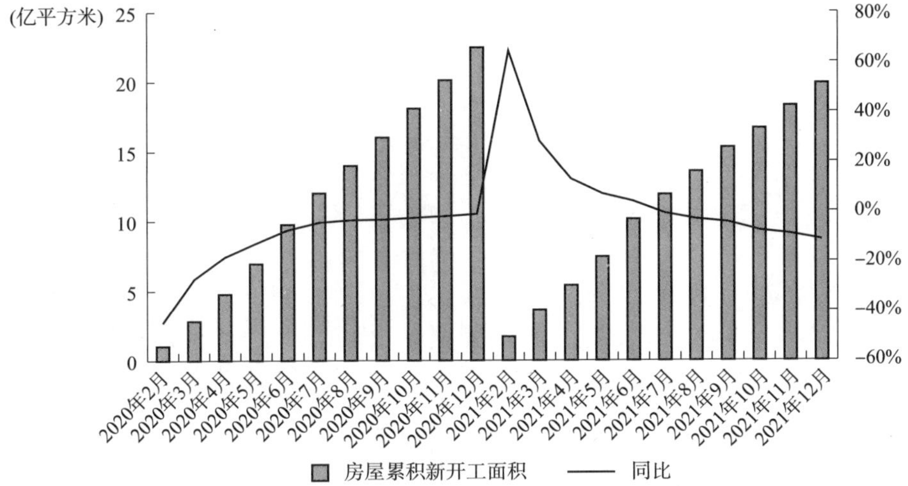

图 7　2020 年 2 月至 2021 年 12 月房屋累计新开工面积及增速

资料来源：亿翰智库、国家统计局。

施工方面，2021 年 12 月新增施工面积 1.6 亿平方米，环比下降 6.3%，同比下降 35.3%；全年累计施工面积 97.5 亿平方米，同比增长 5.2%，与 1—2 月的 11.0% 相比，增速不断下行收窄至全年的 5.2%（见图 8）。

竣工方面，2021 年 12 月新增竣工面积 3.3 亿平方米，同比增长 1.9%，环比增长 184.9%；全年竣工面积 10.1 亿平方米，同比增长 11.2%。值得关注的是，2021 年竣工面积较 2020 年增加 1.0 亿平方米，高于同期销售面积增量 0.3 亿平方米；且竣工面积增速为 11.2%，高于销售面积增速 1.9%（见图 9）。

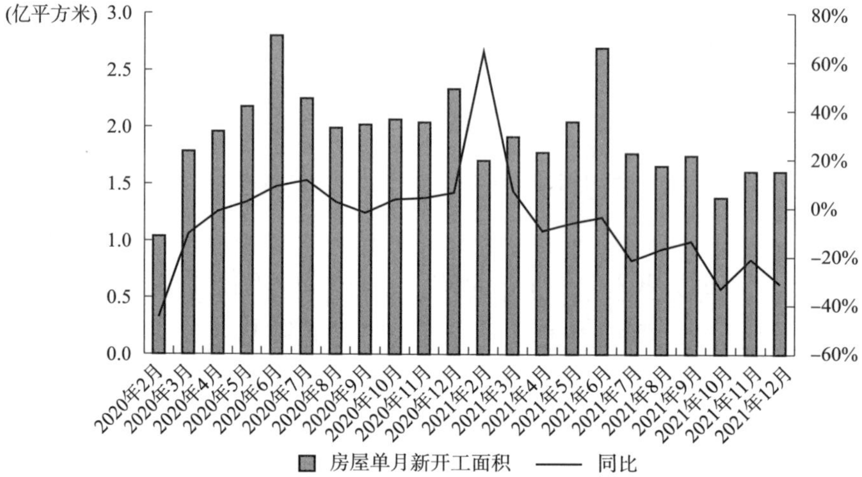

图 8　2020 年 2 月至 2021 年 12 月房屋单月新开工面积及增速

资料来源：亿翰智库、国家统计局。

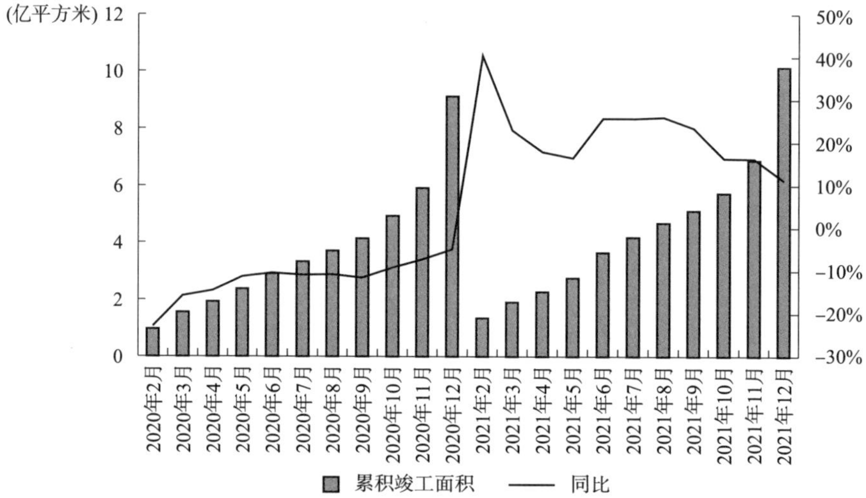

图 9　2020 年 2 月至 2021 年 12 月房屋累计竣工面积及增速

资料来源：亿翰智库、国家统计局。

我们认为，12 月新开工与施工同比数据说明了行业新开工与施工节奏较慢。一方面可能是 2021 年下半年房企投资力度减弱。另一方面可能是资金仍然相对拮据。在资金有限且预期流入有限的情况下，房企更倾向于将有限的资金分配于即将竣工的项目。一是将有助于公司结转利润，二是项目竣工还可以解冻受监管的预售资金。相反，如果此时将资金用于项目新开工，那么农历新年期间，农民工返乡过年等将影响施工进度，导致新开工到预售的周期拉长，降低资金使用效率等。

（三）12 月开发投资同比下降 13.9%，全年增速降至 4.4%

2021 年 1—12 月房地产开发投资合计 14.8 万亿元，同比放缓至 4.4%。2021 年 12 月单月新增房地产开发投资 1.0 万亿元，处于全年最低水平，环比下降 16.9%，同比降至 –13.9%（见图 10、图 11）。

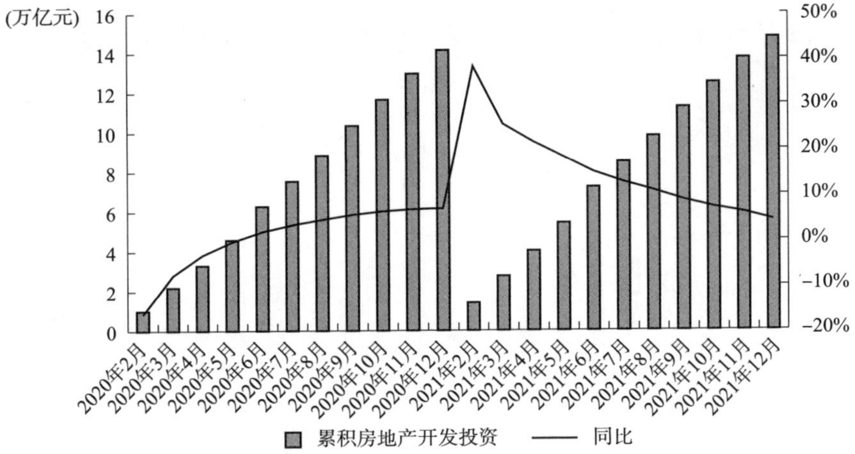

图 10　2020 年 2 月至 2021 年 12 月房地产开发投资额累计值及增速

资料来源：亿翰智库、国家统计局。

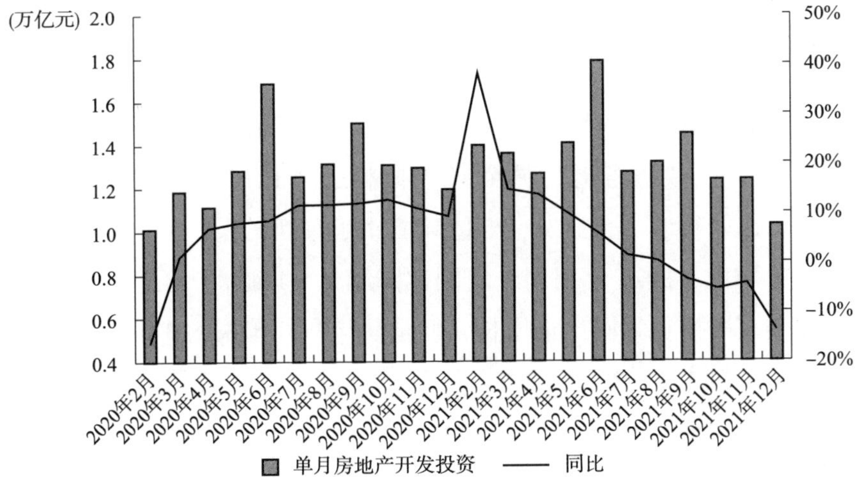

图 11　2020 年 2 月至 2021 年 12 月单月房地产开发投资额及增速

资料来源：亿翰智库、国家统计局。

正如前文所述，资金拮据下，不仅使土地投资力度减弱，也使得工程投资力度减弱，即新开工面积和施工面积节奏放缓，因此造成了开发投资同比负增长，累计开发投资同比增速放缓。

三、2021 年开发企业到位资金增速回落至 4.2%，创六年新低

2021 年 1—12 月房地产开发企业到位资金合计 20.1 万亿元，同比增长 4.2%；12 月新增到位资金 1.8 万亿元，同比下降 19.3%（见图 12）。

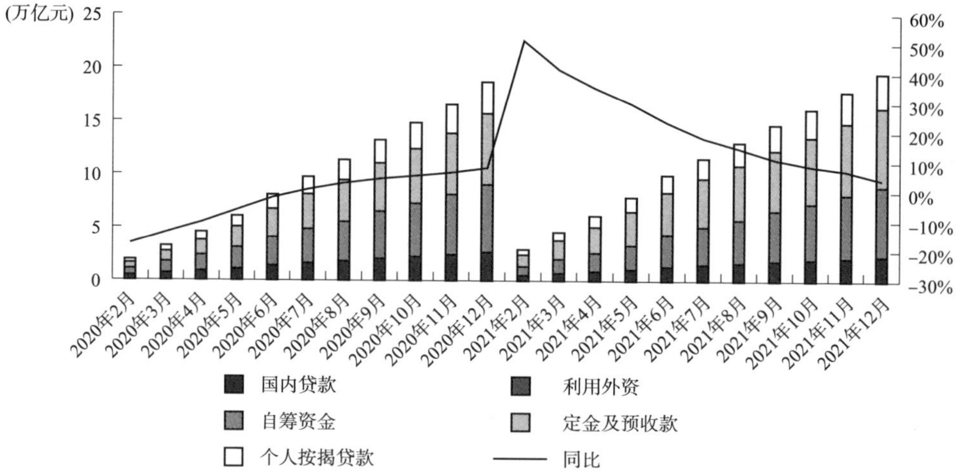

图 12　2020 年 2 月至 2021 年 12 月房地产开发企业累计到位资金及增速

资料来源：亿翰智库、国家统计局。

从到位资金的构成来看，2021 年国内贷款和利用外资同比负增长，其中，国内贷款自 6 月开始负增长，截至 12 月降幅达到了 12.7%。由于外资使用受政策影响，比如房地产企业发行外债只能用于置换未来一年内到期的中长期境外债务，因此，2021 年利用外资同比降幅达 -44.1%。自筹资金、定金及预收款和个人按揭贷款同比正增长，但是从年初到年末增速不断收窄，全年增速分别是 3.2%、11.1% 和 8.0%。

由于 2021 年调控政策的主旋律是从供应端敦促商品房供应主体降杠杆，因此，房企或主动或被动地降杠杆。房地产开发企业到位资金中，定金及预收款和个人按揭贷款等经营性资金的占比较 2020 年提升；国内贷款和自筹

资金等筹资性资金占比下降。

2021 年 1—12 月，房地产开发企业到位资金具体情况如下：国内贷款 23 296 亿元，同比为 –12.7%；利用外资 107 亿元，同比为 –44.1%；自筹资金 65 428 亿元，同比为 3.2%；定金及预收款 73 946 亿元，同比为 11.0%；个人按揭贷款 32 388 亿元，同比为 8.0%。

课题组：

全国工商联房地产商会党委常务副书记、秘书长　赵正挺

全国工商联房地产商会副秘书长　秦　晶

全国工商联房地产商会总工、标委会主任　赵凤山

全国工商联房地产商会企业研究分会执行秘书长　于小雨

2020—2021 年中国新能源产业发展报告

摘要：2020 年，全球经济形势和能源格局深刻调整。在我国能源结构加速向清洁低碳化转型的大背景下，我国新能源产业保持快速发展势头，新能源装机容量及发电量持续增长，新能源利用形势逐渐转好，为我国能源结构优化及经济稳定发展提供了重要保障。但随着我国新能源开发规模的增长，高比例新能源应用还将面临并网消纳、电力系统灵活性及安全性风险、土地税等非技术成本较高、关键材料和核心技术存在短板、企业融资环境偏紧、部分新能源领域商业化推广任重道远等困难与挑战。展望未来，为实现中国新能源中长期稳健发展，还需进一步完善配套政策，促进产业协调发展；加快构建以储能为核心的多能互补新能源体系；规范税收标准，尽快形成适应平价时代的新能源政策体系；强化科技攻关、关键技术突破；拓宽融资渠道，构建融资平台；建立多元服务体系，加强市场预期引导。

2020 年以来，新冠肺炎疫情影响深远，百年未有之大变局加速演进。从全球趋势看，世界能源全面加快转型，能源体系和发展模式正在进入非化石能源主导的崭新阶段，新能源和信息技术紧密融合，呈现出明显的低碳化、智能化、多元化、多极化趋势。

从国内看，我国正加快构建以清洁低碳、安全高效为核心的现代能源体系。2020 年 9 月，习近平主席宣布我国碳达峰、碳中和等一系列中长期目标和愿景。碳中和目标的实现过程，是我国能源革命逐步迈向深入的过程。加速推动能源领域深度变革，构建以新能源为主体的新型电力系统，走出能源转型升级的“中国模式”，不仅是解决我国能源安全和生态环保问题的重要举措，更是我国对全球生态环境及人类社会可持续发展的责任与担当。在我国能源结构加速向清洁低碳化转型的大背景下，我国新能源产业保持快速发展势头，为推动能源结构调整、保护生态环境和培育新产业、新经济、新业态，发挥了重要作用。

一、我国新能源产业发展现状

近年来，我国新能源开发利用取得明显成效，水电、风电、太阳能发电等能源种类累计装机规模均居世界首位。新能源在能源结构中占比不断提升，能源结构朝着清洁化、优质化方向发展，为我国经济快速发展提供了重要保障。2021 年，全部商品化新能源占全国一次能源消费量的 14.3%，同比上年提高约 0.5 个百分点，相比 2011 年提高约 6.6 个百分点。

新能源装机持续增长。截至 2021 年年底，我国可再生能源发电装机达到 10.63 亿千瓦，占总发电装机容量的 44.8%。其中，水电装机 3.91 亿千瓦（其中抽水蓄能 0.36 亿千瓦）、风电装机 3.28 亿千瓦、光伏发电装机 3.06 亿千瓦、生物质发电装机 3 798 万千瓦，分别占全国总发电装机容量的 16.5%、13.8%、12.9% 和 1.6%。2021 年，我国可再生能源新增装机 1.34 亿千瓦，占全国新增发电装机的 76.1%。2021 年，水电新增 2 349 万千瓦、风电新增 4 757 万千瓦、光伏发电新增 5 488 万千瓦、生物质发电新增 808 万千瓦，分别占全国新增装机的 13.3%、27%、31.1% 和 4.6%。（见图 1）

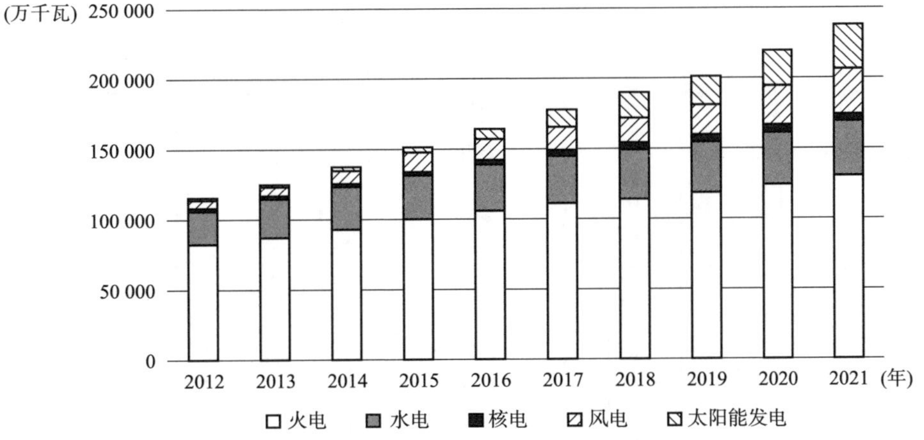

图 1　2012—2021 年我国电力装机结构

从装机增速看，2021 年，风电和太阳能发电装机以超过 15% 的速度大幅增长，太阳能发电同比增长 20.9%，风电同比增长 16.6%。核电同比增长

6.8%。水电同比增长 5.6%。火电同比增长 4.1%，其中，煤电同比增长 2.8%，占总发电装机容量的比重同比下降 2.3 个百分点。（见图 2）

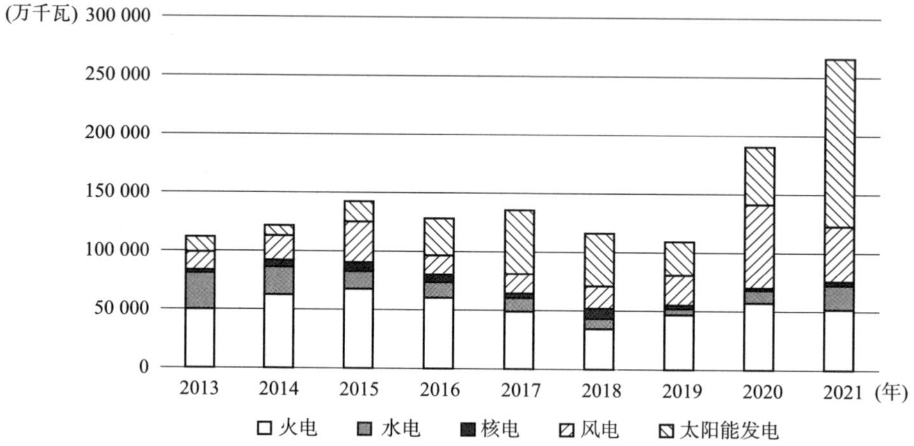

图 2　2013—2021 年新能源装机增长情况

新能源发电量持续增长。2021 年，我国可再生能源发电量达 2.48 万亿千瓦时，占全国总发电量的 29.6%，其中，水电发电量为 13 401 亿千瓦时，在全部发电量中的占比为 16.0%，同比上年降低 1.8 个百分点；风电、光伏发电、生物质发电量分别为 6 526 亿千瓦时、3 259 亿千瓦时、1 637 亿千瓦时，在全部发电量中所占比重分别达到 7.8%、3.9%、2.0%，同比上年分别提高 1.7 个、0.5 个、0.2 个百分点。（见图 3）

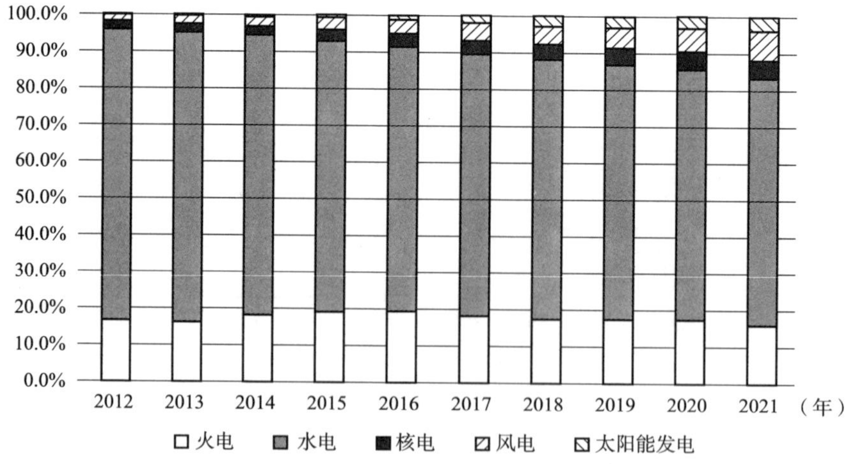

图 3　2012—2021 年我国发电量结构

新能源利用形势逐渐转好。近年来，我国新能源发电利用率和资源利用率不断提升，弃风和弃光问题得到较大改善。全国新能源消纳监测预警中心数据显示，2021 年，青海、河北、甘肃、宁夏、内蒙古、新疆、黑龙江、山西、陕西、河南、山东、江西 12 个省（区）新能源装机占比超过 30%，青海、河北、宁夏、甘肃 4 个省（区）新能源发电量占比超过 20%，局部地区已经形成了高比例新能源电力系统。2021 年全年，全国 11 个省市风光利用率达到 100%。全国弃风电量 206 亿千瓦时，风电利用率 96.9%，同比提升 0.4 个百分点；弃光电量 67.8 亿千瓦时，光伏发电利用率 98.2%，同比提升 1.0 个百分点。从全国来看，弃风、弃光率均处于较低水平。（见图 4）

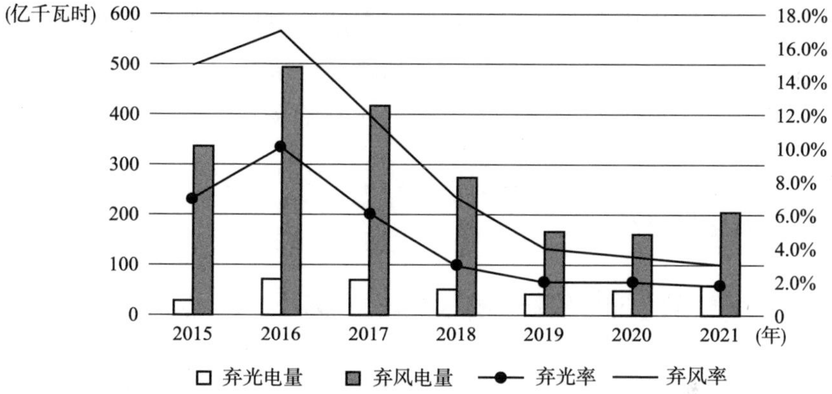

图 4　风电和光伏弃电量及弃电量变化

二、我国高比例新能源应用存在的风险与挑战

随着我国新能源开发规模增加，特别是在“十四五”以后新能源摆脱补贴依赖进入全面市场化、普遍化、高比例发展阶段，新能源大规模、高比例、高质量、市场化发展将面临系列风险与挑战。

（一）新能源大规模开发面临并网消纳制约

风电、光伏为主的新能源具有随机性、波动性和间歇性强特征。在“双碳”目标下，未来十年风、光、生物质等新能源发电装机要在“十三五”基础上实现倍增，应对更高比例新能源消纳，电网现阶段已经开始发力，譬如新建抽水蓄能为代表的电力储电、建设更加智能的数字电网等，但当前电网消纳新能源的能力仍然有限。由新能源引发的日内新增功率波动将超过 5 亿千瓦，电力供需在空间和时间上的平衡难度将大幅增加，电力系统安全稳定运行面临较大挑战。当前灵活性不足的问题在电源侧、电网侧、负荷侧都有所显现，特别是在西部、北部等资源富集地区，新能源的大规模发展与电力系统消纳能力的矛盾尤为突出。

（二）电力系统灵活性及安全性面临挑战

支撑高比例新能源并网，提高电网运行安全性和可靠性，电力系统灵活调节能力至关重要，直接关系电力系统平衡安全全局、决定新能源消纳利用水平。在碳达峰、碳中和目标下，我国电源结构由可控连续出力的煤电装机占主导向不确定性强、可控出力较弱的新能源发电装机占主导转变，电网运行更加复杂，电力系统对调频、调峰资源的需求将大大增加，电力系统在供需平衡、系统调节、稳定特性、配网运行、控制保护等方面都将发生显著变化，将面临一系列新的挑战。

（三）新能源土地税等非技术成本较高

当前新能源产业链各环节均被征收各项税费，其中光伏行业的土地税问题尤为突出。企业反映各地对光伏电站耕地占用税及土地使用税征收标准不统一，地区差异明显，导致部分地区企业的投资收益大幅下滑甚至亏损，严重影响电站投资及产业发展积极性。据全国工商联新能源商会开展的《中国光伏发电行业税收政策研究》课题调研显示，光伏企业的税负主要包括 25% 的企业所得税、13% 的增值税及其附加，还有海域使用费、土地使用税、印花税、房产税等多项税费。当前，仅从光伏发电端来看，企业每千瓦时电负担的税费达到 8 分到 1 毛，高达上网电价的 19% 到 22%，超过发电成本的 40%，如再考虑社保因素，税费将更多。在我国光伏发电总体成本不断下降的情况下，以税费为代表的非技术成本占比持续升高。据统计，2021 年非技术成本占到地面光伏电站投资成本的 14% 左右，客观上制约了光伏产业更高比例的发展及全面实现平价上网。

（四）关键材料和核心技术还存在短板

当前，我国新能源部分细分领域与国际先进水平还存在一定差距。海上风电方面，国内在10兆瓦及以上功率风机整机设计及组装、大型叶片等关键零部件制造、海上风电智能化运维等方面研发能力和工程技术力量不足，与国际先进技术水平还存在较大差距。氢能方面，关键材料及设备零部件要求苛刻、工艺复杂、成本高昂，并且不同国家、不同部门之间的技术差距明显，而我国绿氢发展还处于初步起步阶段，各类技术还在不断完善改进中，这也直接导致了绿氢成本高昂。在优势领域中，也存在部分关键专用零部件依赖进口、缺乏原创技术等方面的短板。我国陆上风电技术整体已达到国际先进水平，但少部分关键零部件如主轴轴承、风机大叶片用的高性能碳纤维等仍依赖进口；我国光伏发电产业化技术领先全球，但发射极钝化和背面接触（PERC）电池技术、异质结电池技术、叠瓦技术等均起源于国外，存在潜在的知识产权风险；部分原材料如银电极用的银粉等仍依赖进口。

（五）新能源企业融资环境偏紧

目前，相当一部分民营新能源企业融资环境偏紧，国家支持政策较为不足。一方面，融资渠道较少。由于新能源企业上市门槛较高以及我国债券市场发展相对滞后，大型投资机构对PRE-种子期和种子期的初创企业投资热情普遍较低，多数企业直接融资渠道受阻。在间接融资方面，一般银行商业贷款对抵押、担保要求较高，尤其是非上市民营企业获得银行授信有限，大多数新能源中小型企业很难得到银行贷款，只能靠自身积累，甚至靠借高利贷、集资来解决资金周转困难。另一方面，融资成本偏高。相对于发达国家而言，我国民营新能源企业的融资成本普遍偏高。据统计，我国光伏企业的平均融资成本在8%左右，部分企业甚至达到10%。以太阳能光热供暖行业为例，目前针对清洁供暖的地方政策支持主要是面向煤改电、煤改气的技术方案，支持资金也向电能替代和燃气替代技术方案倾斜，且额度仅能满足常规清洁能源改造。太阳能光热供暖项目由于需要企业垫付较高的资金成本，导致项目验收率较低，严重影响了项目的正常实施和后期运维质量。

（六）部分新能源领域商业化推广任重道远

新能源产业是我国重点布局的战略性新兴产业，尽管当前具有较高的市场热度，但光热发电、氢能等在绿色清洁、提高能源利用效率等方面优势突出的产业领域，当前利用成本仍然较高，实现商业化有待时日，相关企业在经营发展中面临重重困难。以我国光热发电产业为例，光热发电以其技术优势在新型电力系统建设过程中获得了一定生存空间，但当前产业还处于商业化示范阶段，未形成规模效应，发电成本较高。光热电站的经济性与电站规模紧密相关，成本的削减还需更大程度的规模化生产、应用及政策支持。2020 年 1 月 22 日，财政部、国家发改委、国家能源局联合发布的《关于促进非水可再生能源发电健康发展的若干意见》提出，新增光热项目不再纳入中央财政补贴范围，光热发电实现无补贴的商业化运营任重道远。

三、中国新能源实现中长期稳健发展的政策建议

第一，完善配套政策，促进产业协调发展。建议根据我国新能源发展规划目标，技术类型和特点，应用前景和获利能力，因地制宜、统筹规划，研究制定相关推广政策，逐步建立完善的配套服务体系，增强政策的前瞻性、连续性和指导性，以优越的政策环境推动新能源各行业协调发展。同时，对新能源存量和增量市场规划并举，多做探索，在支持技术创新、产品创新方面，给予配套政策支持。

第二，加快构建以储能为核心的多能互补新能源体系。创新多种能源互补供应模式，大力发展分布式能源和以电力为核心的综合能源服务，促进新能源发电与供热、供气等能源品种协同发展。加强储能与源网荷协调规划研究，明确储能发展规模和布局，完善储能参与电力市场的市场化成本疏导机制和价格机制，积极探索共享储能运营模式，鼓励建设共享储能，促进电源侧、电网侧和用户侧的储能项目落地，发挥储能在电力系统安全稳定运行的支撑作用。加快推进风光水火储一体化及源网荷储一体化，积极探索可再生能源制氢消纳新模式，推动电力与其他能源互联互通，实现多能源系统间协同消纳。推进电力系统与互联网、人工智能、大数据等新兴技术的深度融合，

创新能源服务新业态。

第三，规范税收标准，尽快形成适应平价时代的新能源政策体系。建议由国家政府部门牵头对民营新能源企业税费问题展开集中调研，对涉及民营新能源企业的税收政策进行梳理，规范地方新能源发电企业土地使用税等税收标准。与此同时，制定鼓励新能源技术创新和管理的政策措施，重点降低新能源发展中的非技术成本。深入研究平价时代的市场交易模式、市场规则等，完善提升新能源利用水平的相关政策。

第四，强化科技攻关，关键技术突破。大力实施创新驱动发展战略，通过技术创新引领新能源产业升级。不断加强创新体系建设，开展前瞻性、系统性、战略性储能关键技术研发，推动部分领域实现重大突破，为新型电力系统构建提供关键储能技术支撑。着眼于补齐短板，加快推动关键共性技术、前沿引领技术、颠覆性技术创新，夯实产业发展技术基础，以“揭榜挂帅”方式调动企业、高校及科研院所等各方面力量，更加有效地促进科技创新成果转化应用。

第五，拓宽融资渠道，构建融资平台。建立多层次融资支持体系，切实解决民营新能源企业融资难题。（1）降低民营企业上市门槛，鼓励其在主板市场筹资、允许 SPAC 类型企业上市等。充分利用创业板、中小板市场，为民营新能源企业开辟融资渠道。（2）政府通过多方面引导，促进银行完善信贷担保制度，对新能源产业给予较为宽松的贷款条件和优惠的贷款利率，引导银行将优秀的新能源企业纳入信贷额度分配重点支持范围。（3）政府鼓励行业组织牵头成立新能源产业投资基金，为民营新能源企业特别是中小企业提供融资平台。（4）探索政府出资、政府基金、低息资金、用户出资、资源置换等多种资金保障模式，切实降低新能源企业资金压力，提高企业的生存、创新能力。

第六，建立多元服务体系，加强市场预期引导。建立高效的政府、市场、企业沟通平台，推动官产学研合作，构建支持新能源产业发展的多元服务体系。加大行业商协会、中介组织、智库建设，为企业提供市场化、专业化的政策咨询、项目评估、技术研发、工程建设、投融资、行业标准、知识产权、人才培养等服务。建立行业信息监测体系，健全产业风险预警防控体系和应急预案机制。加强行业政策研究。建立新能源产品和技术标准体系，加强对新能源产品、设备的检测和认证，推动行业水平提升，提升绿色能源附加值。建立行业金融支持系统，促进新能源技术转化，支持新能源项目融资，提高新能源企业风险防范能力。

课题组：

全国工商联新能源商会党支部书记、秘书长　曾少军

全国工商联新能源商会党支部副书记、助理秘书长兼研究咨询部主任　李　睿

全国工商联新能源商会研究咨询部副主任　于绘锦

2021 年中国珠宝行业现状及发展趋势报告

摘要：中国黄金珠宝市场规模连续 10 年居全球第一，是全球最重要的、最有潜力的消费市场。年零售总额从 1984 年的 1.6 亿元人民币，已经快速发展到 2021 年的 7 641.74 亿元人民币。2021 年黄金珠宝门店继续保持快速增长，资本化步伐强劲，珠宝市场多元化发展。消费群体全覆盖，国潮产品兴起展现中国传统文化复兴印记，珠宝智能化、数字化经济发展飞速。在我国全社会大类消费品中增速第一，行业呈现大变革高质量发展，对带动就业、增加税收、社会稳定发挥重要作用。

全联金银珠宝业商会经过对本行业全面深入的调研，在综合研判和分析所掌握的第一数据资料的基础上，形成 2021 中国珠宝行业现状及发展趋势报告。

一、中国珠宝行业发展现状综述

（一）疫情前 2019 年总体情况回顾

根据 Euromonitor 的数据，2019 年中国内地黄金珠宝市场总销售额达到 7 072.29 亿元，国家统计局限额以上珠宝零售企业金银珠宝类零售额为 2 606 亿元，2016—2019 年 CAGR 达到 5.4%，2019 年中国内地黄金珠宝人均消费额为 73.37 美元，与日本、英国的人均消费相接近，但与美国的 222.07 美元相比，中国内地人均黄金珠宝消费水平仅为美国的 1/3。2019 年，我国黄金珠宝销售 92.3% 的份额来源于线下的专卖店、百货专柜等，远远高于电商平台 7.7% 的占比，到 2019 年，线下仍然是黄金珠宝销售的主要渠道。

（二）2020 年总体情况回顾

Euromonitor 数据显示：2020 年受疫情影响，我国全年的黄金珠宝销售额下滑 13.97% 至 6 084.77 亿元，国家统计局数据显示：2020 年限额以上珠宝零售企业金银珠宝类零售额为 2 376 亿元，同比下降了 4.7%。线上珠宝销售规模逐渐扩大，约占消费额的 10.5%。2020 年“双 11”期间网购再创新高，黄金品类脱颖而出。2020 年全球奢侈品销售出现创纪录的下滑，大致回到 2006 年的水平。2020 年起受疫情封锁限制及全球经济不确定性增强等因素影响，钻石珠宝行业压力加速显现，全球钻石珠宝市场需求大幅下滑。

（三）2021 年行业总体情况

2021 年年初以来，随着疫情防控见效，递延的婚庆刚需得以释放，叠加疫情后产生的恢复性消费，珠宝市场呈现“V” 字反弹。Euromonitor 数据显示，中国珠宝市场 2021 年规模有望达 7 641.7 亿元，同比增长 18.1%。

国家统计局数据显示：2021 年限额以上单位金银珠宝类商品零售总额为 3 041 亿元，而 2018 年、2019 年、2020 年这一数据分别为 2 758 亿元、2 606 亿元、2 376 亿元，限额以上单位金银珠宝零售总额首次突破 3 000 亿元大关，比疫情前的 2019 年还多 400 多亿元。2021 年限额以上单位金银珠宝类商品零售同比增长 29.8%，增幅位列所有商品类别第一名，较 2019 年增长 16.7%。显示出金银珠宝零售业较强的持续增长能力。但从每月累积增长比例可以看出，后期增速在逐渐下滑。

近日，国际咨询机构贝恩公司发布了《2021 年中国奢侈品市场报告》，报告预测：2021 年全球个人奢侈品市场有望达到 2.05 万亿元，同比增长有望超 28%。报告指出，2021 年中国内地奢侈品消费市场规模同比增长 36% 至 4 710 亿元，较 2019 年实现翻番。

（四）珠宝上市公司情况

2021 年可以算是珠宝企业奔赴上市的大年，在新消费赛道火热的前提下，中国黄金、曼卡龙珠宝、莱百股份、DR 等珠宝企业均通过 IPO 登陆二级市场。

2021 年老铺黄金、梦金园冲击 IPO，虽未能成功过会，但企业上市的步伐强劲。

1. 企业阵营

2021 年，A 股珠宝上市公司阵容出现较大变化，东方金钰、刚泰控股、秋林集团等企业先后退市，曼卡龙、中国黄金、莱百股份、迪阿股份等企业正式登陆 A 股资本市场。目前，A 股珠宝上市公司共有 15 家。

2. 终端渠道

A 股珠宝上市公司已出现显著分化。最新一期上市公司年报数据显示，老凤祥、周大生网点数量超过 4 000 家、豫园股份及中国黄金网点数量超过 3 000 家，近年的拓店速度显著高于行业整体水平；多家区域品牌企业在近年难以实现对既有势力范围的突破，同时受到来自全国性品牌的竞争压力，终端网点数量增长较慢，甚至处于逐年减少的状态。A 股珠宝企业自营店呈连续净减少趋势，更倾向选择加盟模式进行扩张，优质的加盟商、省代等地方商业伙伴成为品牌积极布局的重要资源。

3. 业绩概况

整体营收恢复至疫前水平，新上市企业增速更快。2021 年上半年样本企业平均营业收入增幅低于黄金珠宝类商品社会零售总额增幅，规模处于头部的企业成长速度更快，疫情前马太效应早已显现，疫情后出现加剧态势（见图 1）。

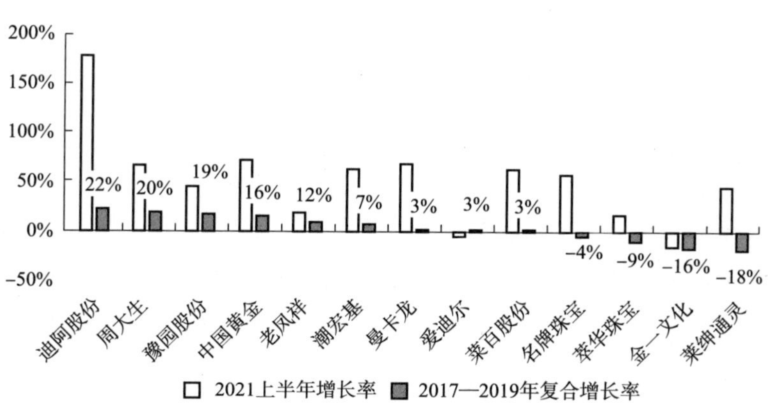

图 1 疫情前后样本企业营收增长率对比

4. 净利润方面

2021 年上半年样本公司平均净利润为 3.03 亿元，同比增长 133.5%，新上市的 4 家公司平均净利润 3.43 亿元，同比增长 182.1%。

5. 净资产收益率

体现规模及特色竞争力，加权净资产收益率位列前茅的企业包括老凤祥、周大生、中国黄金、莱百股份，迪阿股份、曼卡龙、明牌，体现出规模和特色成为珠宝品牌实现红海突围的主要竞争力来源。

6. 产品升级

2021 年黄金类产品的升级主要体现为古法金、5G 黄金、3D 硬金等产品的组合升级。多家品牌已开始发力针对不同消费情景或工艺推出带有自身品牌印记的 IP 系列产品，并取得了不错的市场反响。

7. 港股珠宝企业

本地消费方面，2021 年上半年珠宝钟表及名贵礼物零售额增长较快，但规模较 2019 年同期水平仍有很大差距；业绩方面，港资三大品牌多年深耕内地市场，受到的负面影响较小、恢复也更加迅速，其中周大福呈现“一枝独秀”的姿态，随着内地“渠道下沉”战略深化，终端网点数量快速攀升 5 000 家以上，营收规模进一步增长，创下历史新高；品牌矩阵建设方面，周大福、周生生、六福不断推出新品牌，进一步扩张其品牌矩阵。全渠道建设情况，周大福、周生生作为国内珠宝行业率先践行“全渠道零售”模式的领军者，通过全渠道实现了对门店的赋能，极大程度抵消了近年来线下门店客流持续下降带来的不利影响，形成了业绩的有效支撑。

（五）黄金市场情况

中国黄金协会发布了我国黄金生产和消费最近数据。数据显示，2021 年，全国黄金实际消费量 1 120.90 吨，与 2020 年同期相比增长 36.53%，较 2019 年同期增长 11.78%。其中，黄金首饰 711.29 吨，较 2020 年同期增长 44.99%，较 2019 年同期增长 5.18%；金条及金币 312.86 吨，较 2020 年同期增长 26.87%，较 2019 年同期增长 38.56%。

2021 年上半年，金价先跌后涨，2021 年 1 月 4 日是金价最高点，为

1 942.79 美元 / 盎司，下半年特别是 8 月以来金价在全年处于相对低位震荡。金价走势和对金价上行预期进一步推动黄金珠宝消费需求，从而带动金银珠宝行业实现全年较快增长。2021 年 12 月底，伦敦现货黄金定盘价为 1 820.10 美元 / 盎司，较 2020 年同期的 1 891.10 美元 / 盎司下降 3.75%。2021 年上海黄金交易所 AU9999 黄金全年加权平均价格为 373.66 元 / 克，较 2020 年同期的 388.13 元 / 克下降 3.73%。2021 年受大宗商品巨幅波动和美联储货币紧缩预期的影响，黄金价格在经历高位盘整后暂时出现小幅回落。但主权债务危机阴影依旧笼罩全球，新冠肺炎疫情仍在全球范围内普遍存在。同时，地缘政治紧张局势加剧，黄金避险保值功能进一步加强，全球央行黄金储备总量持续买入，这些因素都为黄金价格提供了有力的支撑。

2021 年，在我国统筹经济发展和疫情防控工作的显著成效下，我国经济发展势头良好，国内黄金消费总体保持恢复态势，并实现同比较快增长，主要原因为：

1. 消费者对黄金的认知逐渐发生了转变

人们认知到了黄金不仅具有产品属性，还具备金融属性。黄金作为流通在全球的货币，避险属性是其特征之一，于是黄金成了许多人的保值首选。

2. 近两年的金价居于高位且较为稳定

在一定程度上刺激了消费者的购买欲望，使得黄金消费量得到了增长。

3. 黄金珠宝零售市场的不断规范和完善

随着各种新工艺、新技术的突破，黄金的附加价值越来越突出，而在 2021 年，黄金珠宝零售市场又发生了新的变化，许多品牌逐步将“按件销售”改为了“按克销售”，顺应消费者的需求，使金饰的价格透明化，赢得了消费者的信任。

4. 企业紧跟消费者的需求不断进行创新

近两年随着古法金的兴起，体现出了我国的文化自信以及文化软实力在不断提升。许多企业顺应消费者的需求转变，在黄金首饰的工艺与设计上不断进行创新，在首饰设计中加入许多中国优秀的传统文化元素，采用新潮的设计，使黄金首饰变得丰富多样，更趋于全民化的方向发展。

（六）钻石市场情况

1. 成品钻情况

2020 年通过上海钻石交易所海关报关的一般贸易项下成品钻进口量为 278.7 万克拉，较去年同比增长 95.5%，较 2019 年同期增长 67.3%。成品钻进口总额为 29.24 亿美元，较去年同期增长 105.3%，较 2019 年同期增长 58%。

2021 年 1—12 月，上海钻石交易所总累计交易量 771.79 万克拉，同比增长 90.2%，较 2019 年同期增长 81.8%。钻石交易额 70.76 亿美元，较去年同比增长 81.3%，较 2019 年同期增长 67.1%。

主要原因一是全球经济缓慢复苏，国内疫情防控措施有效，钻石市场呈现恢复性增长势头；二是根据 RAPAPORT 报价显示，所有规格型号钻石价格均出现数次上调，买家持乐观态度；三是国外疫情反复，主要钻石矿厂毛坯供应减少；芝士毛坯价格持续上升；四是海关缉私部门持续开展专项行动，有效促进合法钻石进口。

2. 钻石珠宝首饰情况

中国钻石婚戒渗透持续，低线市场具备提升空间。从城市级别来看，一线城市钻戒饰品渗透率较高，达到 61%，其他城市钻石渗透率均未超过 50%，具备较大的增长空间与上升动力。

消费升级抵消结婚基数下滑影响。随着人均可支配收入水平的提升，人们在挑选钻戒时更加关注产品颜色与净度，对价格的敏感性降低，最终体现在客单价的提升。

消费场景转移，非婚消费占比提升。自 2013 年开始，我国年登记结婚对数逐年下滑，截至 2020 年，我国结婚登记数为 814.3 万对，虽然结婚率下滑对我国钻石珠宝消费量产生了一定影响，但随着年轻女性消费者经济独立性日益提高，“悦己消费”得到快速发展。非婚场景，诸如自购、送礼，等等，钻石饰品的定位也逐渐由婚姻饰品向日常佩戴饰品转移。

（七）铂金市场情况

2021 年 12 月 31 日伦敦铂金期货价格为 968.8 美元 / 盎司，全年价格出现震荡，全年铂金总供应量将达到252吨，同比增长19%，主要原因是疫情导致的矿山运营得以恢复。2021年首饰用铂金将继续呈下降趋势，市场逐渐被不断工艺创新快速变化的K金、5D、5G所挤占。汽车工业市场、铂金条市场虽然同比都有增长，但总体2021年铂金供应量盈余达24吨，供应过剩可能导致未来铂金价格进一步调整。

国际铂金协会（PGI）两年一度的贵金属首饰消费调查显示，铂金在婚庆市场中的极强韧性。铂金是新人挑选对戒和钻戒的首选材质，也是新娘钻戒的首选材质，铂金能胜任多样化的婚戒设计需求。男性自购市场成新蓝海，占据铂金市场份额23%，竞争力仅次于婚庆市场。女性自购市场仍是红海，内外部环境挑战重重，黄金持续领跑，K金、5G黄金市场份额不断施压铂金；另外其他外部消费品类正在转移女性对贵金属首饰的注意力。国际铂金协会（PGI）正对细分市场继续深耕开发，携手行业伙伴推出更多符合年轻消费者多元佩戴需求和情感同频的首饰，使各个细分市场成为铂金首饰的新增长点，驱动行业发展。

（八）白银市场情况

2021年，美联储货币政策的转向预期与疫情反复成为白银价格走势的核心影响逻辑，而美债收益率和美元指数则是核心驱动。白银价格从30美元/盎司的高位振荡下行，一度跌至21.4美元/盎司的低位。2022年诸风险点依然扰动白银价格。疫情反复或将持续，美联储货币政策转向如期推进。供应链瓶颈问题和通胀问题或将缓解。全球经济景气程度下滑，经济走弱难以避免。白银价格2022年走势基于黄金价格走势的判断叠加综合影响因素下，整体震荡偏强。基于经济走势与疫情反复对白银价格的拖累，预计白银价格走势将弱于黄金价格。

（九）翡翠玉石市场情况

线上销售额规模增速持续。12月10日，对庄翡翠联合中国珠宝玉石首饰行业协会发布《2021中国翡翠行业消费白皮书》。在直播出现之前，传统的线下市场实体交易一直是翡翠行业主要的交易模式，消费者需要通过各大商场专柜、品牌店、旅游市场、展销会、拍卖会进行购买，商家也严重依赖各大批发市场、公盘进行货品采购。反观近两年备受看好的线上市场，因直播的独特优势和各大平台及资本的入局，受疫情影响较小。2021 年翡翠线上 GMV 总额高达 2 500 亿元。

翡翠消费群体比例发生变化。近两成消费者为“95 后”。25~44 岁是购买翡翠的主要年龄段，但以“95 后”为代表的年轻消费群体正在迅速崛起，消费占比不断增加，该年龄阶段的消费者越来越愿意为时尚和艺术体验买单。

翡翠行业规模持续扩大，经营主体不断涌现。佩戴类翡翠最为畅销，翠绿冰种最受欢迎，2020—2021 年翡翠各款式销售占比中，佩戴类翡翠占比超过九成，其中手镯和吊坠挂件最为畅销。冰种翡翠成为近两年最受欢迎种水，消费者偏爱绿 / 晴色，近两年销售占比超过六成。

玉石生产形成规模化、产业化。在国内珠宝玉石的生产方面，目前我国已形成包括深圳罗湖、广州番禺等在内的 20 个珠宝玉石特色产业基地。通过建立产业集群，使诸多相关企业通过资源共享降低全行业的成本，提高行业的运作效率。2021 年受国际国内市场环境趋稳，新冠肺炎疫情缓解，网上销售力度加大等因素影响，玉石价格及销量均有所回升。

（十）彩色宝石市场情况

彩色宝石饰品在多元化消费趋势下也受到越来越多的关注，红宝石、蓝宝石以及祖母绿等贵重宝石类饰品价格稳定上涨，碧玺、尖晶石、海蓝宝石以及摩根石等半宝石类饰品在国际大牌的推动下也逐步受到了消费者的青睐。

2021 年红宝石、蓝宝石价格因为疫情影响供应出现短缺，价格持续上涨，销售也稳步上升。彩色宝石在中国有巨大的市场潜力，消费者既喜欢有色宝石的颜色，个性时尚的款式设计，也喜欢宝石所蕴含的寓意。

（十一）珍珠市场情况

珍珠分为海水珍珠和淡水珍珠。中国是全球最大的淡水珍珠生产国，素称“中国珍珠之都”的浙江省诸暨市山下湖镇拥有全球最大的淡水珍珠交易市场，占世界淡水珍珠总产量的 73%，全中国淡水珍珠总产量的 80%。浙江省珍珠行业协会数据显示：2019 年全中国珍珠产量为 120 万公斤，到 2020 年下降到 100 万公斤，2021 年为 80 万公斤，珍珠产量呈逐年下降趋势。2017 年至今，珍珠价格逐年上涨，主要原因是珍珠产量大幅下跌，市场缺货供不应求，2021 年珍珠的价格又上了一个高峰，目前市场收购价已达到 500 元 / 斤。我国每年出口淡水珍珠 400~500 吨，占国际市场淡水珍珠产量的 90% 以上。

我国珍珠市场格局基本形成了具有一定规模的 5 个产地中心市场。海水珍珠市场占有三席，分别是海南海口、广东湛江和广西北海的中心市场。产地中心市场是由珍珠产地的具备一定实力的珍珠养殖大户和珍珠企业集聚化合作发展起来，形成了养殖、加工、销售一体化发展的产业市场中心。淡水珍珠市场占有两席，分别是浙江诸暨山下湖和江苏渭塘的淡水珍珠中心市场。

2020 年起受疫情影响，众多商户触网电商，电商直播刷新珍珠销售模式，成为珍珠产业创新发展的一个亮点。2021 年珍珠占珠宝首饰总体销售额的 4% 左右，市场规模约 300 亿元。珍珠行业应提高设计水平，创立强势品牌，将珍珠文化有机导入，进一步布局婚庆市场，拓宽市场份额。

（十二）培育钻石市场情况

培育钻石正在逐步走入世界珠宝消费市场的舞台中央，消费者的意识悄然发生改变，对培育钻石的认可程度越来越高。今年 5 月，央视对培育钻石进行了报道，并在微博发起了一次为期一周的投票活动，参与投票的结果显示：超过 50% 的人表示会购买培育钻石。

2018 年是培育钻石发展的关键之年。这一年，FTC 更改钻石定义，培育钻石也是钻石。这一年，施华洛世奇推出培育钻石品牌“Diama”；戴比尔斯在这一年推出培育钻石品牌“Lightbox”。潘多拉 2021 年 5 月宣布：弃用天然钻石，只卖培育钻石；顶级奢侈品品牌路易 · 威登（LV）宣布推出培育钻石首饰系列；知名珠宝品牌卡地亚也表示未来可能使用培育钻石作为珠宝首饰。

2021 年 8 月 12 日，豫园珠宝推出了自有培育钻石品牌“露璨（LUSANT）”，于线上天猫旗舰店开启试运营。这是国内头部企业推出的首个培育钻石品牌，标志着继国际珠宝巨头戴比尔斯、施华洛世奇、潘多拉之后，国内珠宝巨头也开始入局培育钻石领域。2021年周大福旗下培育钻石品牌天猫 cama 旗舰店悄然开启，开始低调谨慎的市场测试。

今年培育钻石基本都是供不应求、满产满销的状态，各家重点都放在扩充产能方面。当前培育钻石销售基本盘仍在欧美市场，印度几乎占据全球培育钻石中游打磨环节的全部份额。相较于培育钻石上游满产满销，火热扩张的态势，触及终端消费的珠宝零售商似乎更趋于理性冷静。目前，中国培育钻石零售市场占比不足10%，品牌线下门店数量目前处于较低水平，消费者认知有限。

（十三）网络销售情况

截至2021年6月，中国互联网用户达到了10.11亿，互联网普及率高达71.6%。中国已经连续多年保持全球最大、最具活力的网络零售市场。2020年珠宝线上销售总额超过1 500亿元人民币，2021年预计超过1 800亿元人民币，约占整个珠宝零售总额的28%。世纪疫情在一定程度上加速了互联网+珠宝经济的发展，在一定程度上也改变了人们对珠宝的消费理念和消费方式。

随着5G、人工智能与区块链等新技术的发展，直播带货成为主流，在线新经济已经成为核心竞争力。尤其是发生新冠肺炎疫情后，各大珠宝商都纷纷加入了珠宝直播。

电商市场中低端市场竞争激烈，高端市场仍待填补。从各品牌线上销售数据分布看，大部分珠宝品牌线上产品均价集中于0~2 000元价格带，主要为金饰、银饰、铂金与K金时尚首饰。

除了淘宝、抖音、快手等本来就有珠宝直播外，腾讯、小红书、京东、微拍堂等也纷纷开通了珠宝直播。甚至一些大品牌、珠宝产业基地也和直播平台合作建立起珠宝直播产业链。直播对团队的专业性要求越来越高。由于珠宝玉石行业是一个特殊的行业，专业性很强，懂珠宝又懂直播运营的人才极度缺乏。对于珠宝直播来说，产品优势异常重要，但以廉价为噱头吸引消费者会导致各个直播间互相压价，不讲究质量，偷工减料，服务较差，给消费者带来不好的消费体验；珠宝直播行业一直存在着退货率高、退货难的问题。几乎所有人都把 GMV 和成交混为一谈，电商直播中的珠宝首饰类目，天猫淘宝达到 20%~30% 的退货退款率，而抖音快手的退货退款率基本都在 50% 左右，类似戒指和翡翠手镯之类需要精准手围尺码的非标品，在直播间达到 70% 以上的退货退款率更是不足为奇。因为珠宝属于非标品，有自己行业的特殊性，良莠不齐，存在缺乏监管、实物不符、克数不准、证书造假等问题。

珠宝直播产业的迅猛发展，既需要顺应时代潮流，也离不开各大直播平台、电商企业及经营者的诚信自律。当整个产业团结，多维度、全方位地建立起自律规范，才能保证珠宝电商产业在新时代中高歌猛进。

纵观 2021 年，人口红利不断衰减、流量成本继续高涨、新品频繁上市、库存堆积如山、线下珠宝零售业承压、传统渠道体系发生剧变，挑战也越发加深；2021 年，私域正进入红利期，品牌重新开始回归用户，为珠宝零售行业提供了一种新的可能性。2021 年珠宝首饰行业内卷严重，不管是渠道内卷还是价格内卷，内卷式竞争让珠宝行业倍感压力，时刻警醒从业者升级迭代的紧迫性和必要性。全球疫情对中国珠宝消费者实际购买力及购买意愿、购买选择产生一定影响，珠宝消费开始更加理性。当下，珠宝行业主流消费人群不断迭代，伴随着珠宝市场竞争日益激烈，珠宝企业、品牌间的博弈不断加剧，产品、渠道、获客、商业模式同质化严重，叠加疫情影响、资本博弈、直播带货风起云涌……珠宝行业正在经历一场巨大变革，行业“洗牌”势不可当。

二、中国珠宝行业未来发展趋势

随着“加快构建以国内大循环为主体、国内国际双循环相互促进的新发展格局”这一战略的持续推进，以及共同富裕远景目标的逐步实现，中国市场的消费潜力将进一步释放，中国珠宝产业必将迎来更广阔的发展空间。

中国珠宝市场每年零售总额从 1984 年的 1.6 亿元人民币，快速发展到 2021 年的 7 400 亿元人民币，现已成为全球最重要的、最有潜力的消费市场。现今，中国已经实现了全面建成小康社会的第一个百年奋斗目标，正在迈向全面建成社会主义现代化强国的第二个百年奋斗目标。这两个百年目标，正是中国珠宝产业持续稳中向好的重要基石，也是 14 亿人不断用珠宝装点美好生活的重要动力。

根据中国 2035 年远景规划，人均国内生产总值将达到中等发达国家水平，中等收入群体显著扩大。中国中等收入人群规模从目前的 4 亿人左右，将增加到 8 亿 ~9 亿人。这就意味着，中国珠宝零售市场规模，将从现有的 7 000 多亿元人民币，至少增加到 1.2 万亿元人民币，珠宝行业必将迎来空前的发展。这些新变化，一定为中国珠宝市场进一步繁荣注入新的活力，也会为世界珠宝产业进一步发展带来新的机遇。纵观未来，我国珠宝行业发展主要呈现以下趋势：

（一）黄金饰品销售有望持续走旺

黄金饰品在国内珠宝首饰市场占据 60.1% 的份额。黄金首饰多重属性巩固市场份额，需求富有弹性。由于中国传统文化对黄金珠宝的崇尚以及黄金自身的欣赏 + 投资属性，作为高端耐用的贵金属消费品，文化属性叠加工艺美感，黄金在中国珠宝市场具有极高的市场地位。古法金利用传统錾金、浮雕、镂刻等手工工艺，结合现代机械加工，产品更富层次感，客单价更高。作为传统文化的价值产物，古法金近年来市场地位稳步提升。我国经济发展逐渐呈现滞涨态势，黄金避险效应将继续推动金价上行，同时制作工艺升级提升黄金的消费属性，非婚庆场景消费逐渐增加，未来一段时间预计黄金消费仍将保持旺盛的态势。

（二）行业集中度提高成为主流趋势

2021 年年底，中国珠宝行业集中度 R5（市场前 5 名品牌的市场占比）为 25%。各大珠宝企业在长期发展中逐步形成品牌，带来长期稳定与高黏性，在市场占有率的争夺中优势显著，格局头部化趋势明显。近年来，消费者品牌意识不断增强，消费者更加注重珠宝首饰设计、工艺、款式及品牌价值，不再被宣传语中的“千足金”等字样所吸引而更加注重产品品质，促使小型珠宝企业向大型珠宝企业靠拢发展，珠宝首饰行业的集中度提高成为主流趋势。

对比之下，部分区域品牌或无品牌的小型珠宝企业在规模、资金、成本等方面处于劣势，加之其本身在品牌运营管理、产品营销设计、企业经营运作上能力欠缺，在消费者越来越重视品牌的情况下，将不得不选择依靠品牌知名度较大的珠宝品牌发展，进一步促使行业集中度的提升，全国性珠宝品牌获得蓬勃的发展契机。

（三）三、四线城市将成为珠宝行业重要消费市场

近些年，中国城镇化的脚步逐渐加快，城镇化率持续增长。乡村地区的居民逐渐向附近的三、四线城市搬迁、定居，向三、四线城市稳定地输送着新的活力，未来三、四线城市存在广阔的市场空间，呈现出巨大的增长潜力。伴随着珠宝首饰消费市场的下沉趋势，三、四线城市将成为未来珠宝企业业绩增长的主要市场。

据波士顿咨询公司《中国消费者调查报告》，在 2016 年至 2021 年的 5 年间，中国 46% 的个人消费增长将由三线及以下城市贡献。布局三、四线珠宝首饰终端渠道，成为珠宝企业拓宽业绩版图、扩大品牌影响、提升公司实力的重要战略选择。

（四）渠道实力将长期作为企业核心竞争力

2021 年周大福、老凤祥、周大生、中国黄金和豫园珠宝这 5 家企业门店数量就达到 1.8 万家，占到全中国门店总量的五分之一强。行业龙头依托显著的渠道先发优势，后进入者难以撼动其地位。随着开店扩张，中国珠宝龙头品牌市占率逐步提升，行业趋于集中，在这个过程中，龙头通过渠道网络构筑壁垒，逐步建立起品牌影响力。珠宝行业内部竞争较大，激烈的市场竞争使得珠宝企业销售渠道的建设和控制至关重要。优质的实体渠道具有一定的稀缺性，掌控优质的实体渠道对于珠宝企业至关重要，更能体现出企业的核心竞争力。

（五）品牌与设计能力将成为行业发展的新驱动

随着消费者人口结构的变化和人均收入的提升，中产阶层和富裕人群逐

渐成为消费的主力军，主流消费观念也随之悄然改变。与传统消费者相比，新兴的消费群体更加注重珠宝首饰产品的设计、工艺、款式及品牌价值，希望能满足自己展示品位与个性的需求。上述变化要求珠宝企业通过建立品牌和产品设计优势来扩大客户群体和市场影响力、增加顾客忠诚度，并通过注重提高产品的装饰价值，满足消费者体现审美、个性的需求，以寻求更高的品牌溢价和设计溢价。

目前，中国珠宝相关专利总量约 60 000 多件，外观设计占 90% 以上，款式设计从材质应用、工艺创新、一款多戴等方面，体现了较高的专业性和较大的丰富性，在文化内涵上也增添了更多时尚与时代的人文表达。

（六）产品力将是品牌间竞争的基础所在

对珠宝零售商而言，企业的核心竞争力就是如何为客户准备高质量的产品，因此产品力是关键，除了产品本身质量过硬，客户更加追求极致的性价比。很多情况下，品类管理也将为销售助力。另外在服务力上，通过技术赋能、品牌营销，能够让消费者更精准地买到自己心仪的东西。新产品包括新的材质、新的工艺、新的款式、新的文化。珠宝行业在技术工艺的创新中，消费活力被不断激发，市场需求将继续扩大。

从产品和品牌而言，单薄的品牌形象、高度同质化的产品必然难以从激烈的竞争中实现突围。一方面，企业需要通过不同品牌、不同系列去覆盖更多的细分市场，另一方面则需要打造带有自身品牌印记的产品来塑造、强化品牌形象，从而获取品牌溢价。港资三大牌企业已经在多品牌、自有 IP 建设方面践行多年，并形成引领效应，而内资品牌企业近年来也加大了投入，将逐渐缩小与领跑者之间的距离。IP 背后是受认可的核心价值观、引人入胜的故事和讨人喜欢的形象，它承载着人们共同的喜好和记忆，IP 带来的流量能创造巨大的商业价值。它的意义在于从根本上实现与竞争对手错位、差异化经营。

（七）文化自信推动珠宝行业“国潮”兴起

近年来，随着中国经济的腾飞和综合国力的持续增强，中国人民展现出全方面的民族自信。古典文化、民国风韵、历史记忆，这些本土文化在不同程度上被再一次深入解读，融入创新设计理念，进行个性化表达，由此孕育出的“国潮”珠宝首饰，受到越来越多消费者的追捧。在我国黄金、珍珠和玉石一直占有极为重要的地位。历史悠久、文化深邃，特别是贵重、柔润与和美的物质属性与文化属性的完美融合，让广大消费者对它们产成了独特的亲和力与吸引力。中国珠宝市场将继续刮起“国潮”风，古老文化融入了现代潮流，年轻时尚演绎着传统经典。珠宝产业作为一种文化的载体，将更加深入人民生活、连接广大的消费市场，并借此契机弘扬“中国特色、中国风格、中国气派”，担负起“传承中华文化基因，展现中华审美风范”的社会责任。

（八）资本化趋势助力长远发展

近年来国内资本市场改革不断深化、资本市场结构不断完善，为珠宝产业的资本化发展提供了新的机遇；而近两年新一轮珠宝企业集中上市、冲刺IPO的浪潮也标志着珠宝产业资本化窗口的再度开启。资本、平台、模式、服务、品牌、渠道、私域，无一处不重构，拥抱资本成了珠宝企业对冲经营风险、更长远发展的理想选择。

从IPO来看，能够成功登陆A股的珠宝企业需要在规模、产品特色、营销创新这三个方面有侧重突出的地方；企业并购方面，头部企业通过并购来实现延伸产业链、扩充品牌矩阵的步伐仍会继续。创投环节，时尚饰品、培育钻石以及围绕珠宝产业提供技术服务的服务商也迎来快速发展机遇。曼卡龙、中国黄金、莱百股份及迪阿股份等企业的成功上市标志着珠宝产业新一轮资本化窗口的开启，从这一新起点出发，未来珠宝产业的产融结合之路有着无限广阔的发展前景。

（九）智能化、数字化为珠宝行业赋能

在产业加速变化的过程中，数字化技术的全渠道发展趋势明显，线上发展空间较大。越来越多珠宝品牌开始，转而投向抖音、快手、小红书、微信视频号等新的营销渠道，并以短视频种草、联名跨界、直播带货、话题营销等新的媒介沟通方式深入年轻群体，抖音、小红书成为消费者获取珠宝首饰

产品信息的第一渠道。尤其在后疫情时代，抖音直播成为足不出户就能营销的重要阵地，珠宝行业稀缺性和高单客价也让其从中受益。尤其在直播带货行业，直播商品体量占据绝对优势。年轻女性是抖音珠宝视频的主力军，新一线城市更喜欢饰品内容。

经历新冠肺炎疫情后，数字化已成为珠宝产业最明确的转型方向。具体的发展方向包括：（1）供应链的数字化转型，即打造数字化供应链提高企业对市场的响应速度和整体运营效率，并形成核心数字资产；（2）直播电商及相关业态，尽管目前很多品牌已开展直播电商业务并投入大量人力财力，但珠宝品牌对于直播电商的应用仍处于探索阶段，存在目标定位不清晰、原有产品体系与新渠道水土不服等问题；（3）全渠道营销模式，既解决了线上渠道缺乏安全感的问题，也解决了线下渠道在时间和空间上受到限制、便利性低的问题。在实体店客流日益下降的时代里，全渠道模式将是黄金珠宝品牌转型升级的必经之路。

网民数量高居全球第一，网络销售平台风起云涌，直播带货方兴未艾。区块链、大数据、人工智能、直播等都将对未来珠宝行业产生深远的影响。依靠数据基础，通过线上线下的双向发展，让企业内部流程和外部生态系统各个触点数字化。打破阻碍实体零售发展的时间和空间限制，降低运营成本，积累私域流量，形成完整的商业闭环。在珠宝行业，加工制造数控化，供应链数字化管理，珠宝检测数字化证书，珠宝市场流通数字化交易，必将成为推动行业高质量发展的新动能。

（十）珠宝市场呈现品类多元化发展态势

1. 黄金饰品占据了中国珠宝市场的“半壁江山”

3D、5G 黄金、5D 硬金以及古法金等特色品类的出现，使得黄金在珠宝首饰中的应用兼具广度和深度，极大地拓宽了消费场景，进一步点燃了消费热情。

2. 钻石饰品依然是时尚轻奢代表

钻石饰品作为日常佩戴的轻奢类产品已经成为悦己消费的代表，弥补了婚庆市场下滑的间隙，消费升级趋势下钻石婚戒加速下沉低线市场，客单价有提升趋势，2025年规模有望突破千亿元。

3. 彩色宝石市场攀升

彩色宝石价格稳步上涨，红宝石、蓝宝石、祖母绿越来越受到消费者青睐。

4. 玉石类饰品受益于直播电商的快速发展

得益于线上销售模式，玉石客户群体急剧扩大，带动整体市场规模快速增长。

5. 非主流时尚饰品快速成长

新的电商渠道、社交媒体吸引了消费者越来越多的注意力，资金、线下渠道规模方面不具备资源优势的小企业和新兴设计师们有了快速成长的机会，设计能力、营销能力、互联网基因是他们的核心竞争力。

6. 男性饰品、无性别饰品、宠物饰品、儿童饰品将逐步进入消费市场

（十一）培育钻石将逐渐兴起

培育钻石作为钻石消费的新兴选择，在品质、成本等方面优势明显，市场前景广阔。基于国内领先的毛坯生产能力，以及"国产情怀""环保可持续""科技感"等多重因素的加持，这一新的品类也在快速发展，并涌现出一些具有特色的零售品牌；中国是培育钻石的第一大生产国，产量占比全球一半，而消费占比仅有10%，目前渗透率和消费者认知度均极低。在目前结构性优质产品供不应求的背景下，预计供给端的龙头企业在未来3~5年内仍将维持高速增长。中金研报指出预计到2025年培育钻石终端市场规模有望超千亿元（对应毛坯出厂规模约354亿元），相对2020年有2倍增长空间。考虑到天然钻石开采规模呈现下滑态势，中金预计培育钻石渗透率将持续提升，至2025年达19.1%，至2030年实现29.1%。

（十二）创新将成为珠宝产业的主驱动力

中国正成为全球珠宝产业产品创新和产业数字化转型的重要实验基地。与此同时，珠宝首饰的消费驱动力由保值、增值向日常佩戴的转变，推动了珠宝首饰的用材及款式呈现出多元化的发展态势，珠宝与服饰、美妆等时尚产业的跨界合作精彩纷呈。"珠宝+互联网""珠宝+文创""珠宝+科技"

等新兴业态也逐步渗入产业链的各个环节，供应链数字化、材质工艺创新、原创 IP 设计以及全渠道创新营销等正成为新的行业变革风口。

（十三）消费群体演变趋势

1. 出生于 1996—2010 年的“Z 世代”

波士顿咨询公司（BCG）预计，2025 年“Z 世代”对全球奢侈品市场贡献率将超过 20%，他们将是未来时尚审美的主导者以及时尚产业消费的主要驱动力。“小众美”“二次元”“悦己主义”“颜值至上”“重体验、重社交”等都是这一部分消费群体的主要消费标签，他们在消费时更多地关注精神满足及个性表达。他们对民族文化高度自信，同时对外来文化表现出极强的包容；他们更倾向于“忠于自我”，除了关注产品本身以外也高度关注品牌背后传达的价值观及社会责任。“Z 世代”高度个性化的需求推动了消费场景的持续拓展以及市场的进一步分化，这一消费群体的喜好已成为所有品牌重点关注的方向。

2. 出生于 1980—1995 年的“千禧一代”

他们是我国“新中产阶级”的中坚力量，也是珠宝首饰消费的“中坚力量”，代表着当下主流的时尚态度。更加注重时尚感及材质工艺的品质，对高端品牌的热衷度显著高于大众品牌，愿意为品牌溢价买单，更看重消费背后的意义及情感表达。

3. 银发一族

主要是指年纪较长、处于低线级市场区域的消费群体。这一群体的时尚需求长期被产业端忽视，但如今正爆发出越来越强大的力量，成为潮流的蓝海市场。消费偏好方面，这一群体相对传统，“保值增值”是其消费珠宝首饰的主要驱动力，但是对于“年轻”“美观”以及“大气”的消费意愿正在不断上升，未来随着互联网的进一步普及也会使他们对时尚潮流更加敏感，有着巨大的发展空间。

（十四）原创、个性化趋势

随着新一代消费群体的崛起以及个体意识的不断增强，消费者开始将独特和创意作为重要的选择指标。拥有强辨识度的新兴原创珠宝品牌也开始拥有一席之地。定制也是满足人们彰显独特的重要手段，把自己的故事、阅历、想法等融入珠宝设计中，打造独一无二的专属珠宝成了越来越多消费者的选择。定制体现自我意识，满足人们彰显独特的需求。个体对独特性的追求是其自我意识觉醒的体现，定制则是满足消费者通过珠宝首饰表达个性的直接方式。随着制造技术的进步，未来定制可以选择的内容将越来越广泛，产品个性化的程度会越来越高，消费者对珠宝选择的主导权也会进一步提高。

据 Bain 贝恩咨询预测全球珠宝行业复苏有望持续至 2023 年中。在疫情影响下消费者线上化及本土化珠宝消费有望延续，行业机遇和挑战并存。预计 2025 年中国内地将成为全球最大奢侈品消费市场，占比为 25%~27%，而欧美占比将在 23%~25%。海南离岛免税购物、数字化转型和海外消费回流这三大因素将对内地奢侈品市场未来发展产生重要影响。

纵观国内国际，RCEP、双循环战略、“十四五”规划、2035 年远景规划都将助力我国黄金珠宝产业大发展。

（RCEP）区域全面经济伙伴关系协定已经生效，覆盖总人口数达 22 亿人，占世界的 30%，这一足以载入人类经济发展史的事件，对黄金珠宝市场当然也有着深远的影响。东南亚十国将迎来全新的贸易发展和资本流入空间，相应的黄金产品需求也将水涨船高，中国黄金珠宝产业在这一市场机遇中可以乘势出海、大有作为，将有望进一步助力中国在黄金定价上的话语权，把上海金的国际影响力大大推进一步。

国家提出了加快构建以国内大循环为主体，国内外双循环相互促进的双循环战略。其核心是对内扩大内需，对外提升产业链安全。其关键三大抓手：新基建、城市群、放开生育，将极大地促进我国黄金珠宝产业的发展。

“十四五”规划和 2035 年远景目标，蕴藏重要发展契机，“十四五”规划中“六新目标”、经济社会发展和改革开放的 12 个方面近 300 项重点任务，涵养了科技创新、产业发展、国内市场、深化改革、乡村振兴、区域发展、言论建设、绿色发展、对外开放、社会建设、安全发展、国防建设等重点领域，其中许多领域都能为珠宝行业的发展提供动能和发展机遇。

国家的政策方向是“共同富裕”“满足人民日益增长的对美好生活的需

求”。珠宝行业是在共同富裕的前提下，最能代表美好生活的产品载体之一。中国珠宝行业发展空间巨大，我国珠宝行业将进一步开放、与全球融合发展。当今世界经济深度融合是大势所趋，珠宝行业要共同努力提升中国珠宝行业的综合竞争能力和工艺技术水平，打造国人自己的世界级品牌，激发创作和设计能力，挖掘市场消费潜力，以全球化、高质量的服务与产品增强人民群众的幸福感与获得感，为全世界人民提供美丽的珠宝产品与服务。

课题组：

全国工商联金银珠宝业商会副会长、党支部书记　朱新伟

全国工商联金银珠宝业商会秘书长　黄　滢

全国工商联金银珠宝业商会副秘书长　何　媛

全国工商联金银珠宝业商会党支部副书记　杜立臣

2021 年中国民间文物艺术品行业发展报告

摘要：我国的民间文物艺术品行业在商品标的上主要分为民间文物即古玩艺术品和近现代创作的具备艺术收藏价值的产品。截至 2021 年，民间文物艺术品行业主要涵盖了古玩艺术品交易市场、文物商店、古玩店铺、拍卖与寄卖企业、会展博览企业、非遗文创企业、艺术品制作企业、文物保护机构、珠宝玉石企业、民间博物馆、鉴定评估机构等，新增了数字艺术品领域。2021 年随着新冠肺炎疫情防控工作常态化，整体市场活跃度有所恢复，上海、沈阳、北京成功举办了行业博览会。“电商经济”在民间文物艺术品行业迎来了稳定的发展，线上交易、线上鉴定、线上商城、新媒体电商等企业进入了有序经营的新开端。但是，现阶段行业仍然存在标准化程度低、商品流通受阻、收藏品销售导购制度不完善、“高价收购”诱导消费陷阱等诸多痛点。本文在分析上述问题的基础上，提出分类界定文物物权属性、精准定义文物概念、单独设立民间文物鉴定评估职称、加大行业标准化建设力度等建议。

一、2021 年行业总体概况

（一）调研分析评估

2020 年，全联民间文物艺术品商会派出调研组就北京、天津、上海、河北、河南、湖北、山东、江苏、江西、浙江、福建、广东 12 个省市开展了调研工作；辽宁省、吉林省、黑龙江省、山西省、陕西省的同业商会组织进行了行业数据汇总。

总计调研统计了市场型主体企业共计 104 个，手工艺制造企业 373 个，电商性质企业 72 个，古玩商铺 3 000 余家，拍卖企业 23 个，文物商店 36 个，其他民间文物艺术品行业服务企业 61 个。

2021 年度根据商会会员的实际反映及实际的观察研究，结合商会全国调研组的走访调研，我们对 2021 年度民间文物艺术品市场做出如下评估：

实体交易行情有所转暖，与 2020 年相比，2021 年度民间文物艺术品市场交易额平均回升幅度为 21%；摊位持续增加，与 2019 年相比，2021 年实体市场摊位数平均减少了 27%，部分地区的实体市场退租潮逐步缓解，北京、郑州、太原、西安、上海、杭州、广州等一线市场的回暖表现相对明显。

电商交易行情全年呈稳定增长态势，与 2020 年相比，9 月至 12 月之间出现了交易新潮，与 2020 年相比，2021 年交易额度上涨幅度 13%。

对未来市场信心上扬。根据走访调研显示，认为 2022 年市场继续上行发展的企业约占 45%，保持谨慎乐观看法的企业约占 14%。大约 22% 的企业认为市场下行压力会继续增大，约 19% 的企业认为与 2021 年度持平。

（二）地域分布与行业板块情况概况

全国的民间文物艺术品市场是具有地域属性、板块属性的市场。

1. 由地域属性特点主导的市场表现

随着 2021 年新冠肺炎疫情常态化趋势，总计调研市场型主体企业共计 104 个，由于持续受到新冠肺炎疫情冲击，主要几个文物回流市场受到了停滞性影响，不能及时开展艺术品进口和文物回流的业务，这些地区的市场向综合性赏玩市场转型，引入珠宝、茶叶、花卉、宠物等方向商户。市场的交易额普遍比去年恢复近 68%，市场摊位开业比率约 74%，整体表现趋向回暖。河南地区、苏州、宜兴、景德镇、东阳、中山等地区主要是传统工艺艺术品的生产地、集散地，随着传统文化热潮和新媒体电商的推动，这些地区的中低端价位的传统工艺艺术品市场行情持续利好。

2. 传统工艺艺术品板块

整体市场行情持续利好，总计调研的 373 个传统工艺制造企业 85% 主要分布于河南、江苏、浙江、江西、福建、广东等地区，这些地区是传统工艺艺术品的生产地、集散地。随着传统文化热潮和新媒体电商规范化的推动，这些地区所生产的传统工艺艺术品在中低端消费领域的市场行情高走，表现为对电商平台、新媒体平台的利用率由 2020 年调研时段的 34% 提升到 41%，2020 年总体交易额同比上一年度增长 6%，趋于良性稳定的增长态势。

3. 艺术品拍卖板块

2020 年，受新冠肺炎疫情影响，企业开展业务经营受阻，年度内开展文物艺术品专场拍卖活动的企业仅有 202 家，较 2019 年减少 32 家，相关从业人员也减至 3 459 人。全国文物艺术品拍卖行业应对有序，网络拍卖及网络竞投迅速普及，市场规模逆势增长 15.22%，共计成交 264.06 亿元，其中纯网络拍卖成交达 13.53 亿元。然而，截至 2021 年 5 月 15 日，全行业仅有 47.23% 的款项完成结算，为 2011 年以来的最低点。在全球文物艺术品拍卖市场下跌 30% 的背景下，中国市场（含港澳台）逆势增长并以 36% 的份额重回全球第一。行业效益持续走低，佣金收入减至 18.93 亿元，平均佣金率仅为 15.18%；主营业务利润率降至 30.31%，仅 15.07% 的企业实现盈利，从业人员人均创利 54.58 万元。全国文物拍卖企业创税 5.49 亿元，产业链支出减少至 4.36 亿元，慈善捐赠 413.61 万元。

4. 大众收藏板块

在本报告中，总计调研的古玩商铺共计 3 000 余家，个体工商户性质的古玩商铺占 78.3%，企业注册性质的古玩店铺占 20.5%，主要以从事钱币邮票、文玩珠串、中低端珠宝首饰、明清日用瓷、工艺文创产品的零售为主业。

5. 大众收藏板块

中低档收藏品走入寻常百姓家，这类商品交易额持续增长，销售单价 5 万元以下的商品占到销售市场份额的 95%。

（三）2021 年度行业亮点案例

1. 电商平台

抖音电商在公域流量平台开放了民间文物艺术品交易，主导文物拍卖、文物商店准入制度，规避了互联网平台无序销售、无法监管的弊端，成功地规避了法律风险、政策风险，同时企业入驻电商也促进了“依法纳税，员工纳保”的行业规范化经营。抖音电商在钱币交易板块上与上海中福古玩城结合，实现了电商经济与实体市场相结合，推动了实体经济发展，抖音电商钱币直播基地在质检上引入第三方担责制度，公博评级、华夏评级、闻德评级等国内自主头部评级品牌充分参与，给予消费者第三方质保，抖音电商的古玩直播基地制度是具有创新实践的成功案例。

2. 主题博览会

2021 年全年成功举办 4 次具有代表性的博览会，活跃了全国市场氛围：2021 年 1 月举办“中国（郑州）古玩艺术品博览会”、2021 年 4 月举办“中国（上海）古玩艺术品博览会”、2021 年 10 月举办“湖南文物交流会”，2021 年 10 月举办“北京·中国文物国际博览会国际文物艺术品博览会”。

3. 数字艺术品产业

深圳作为经济特区举办了 1 次行业论坛，就行业热点“数字文化产业”进行了产业化指引，论坛以“数字未来·文化先行·产业融合·生态共建”为主旨，发起成立了“龙华数字文化产业联盟”，引导“数字艺术品（NFT）”规范化落地经营。

二、行业痛点问题

（一）古玩行业标准化程度低，商品流通受阻

由于古玩艺术品属于标准化程度低的传统行业，对商品的质检认知标准不一致，很难在商品交易上实现标准化、统一化的流通，民间文物艺术品鉴定评估机构在出具的证书报告层面有相对的差距。以钱币评级为例：北京某机构鉴定的 64 分银元单枚售价为 1 800 元，国际某机构鉴定的 64 分银元单枚售价 3 800 元，江苏某评级公司的质检产品 90 分打折之后才能与北京某公司的 85 分同等售价。标准化程度低、质检标准不一致对商品的流通造成影响。

（二）收藏品销售导购制度有待完善

收藏品销售企业销售人员、导购人员缺乏完善系统的接待流程，在收藏品销售企业经常存在购销矛盾，导购人员为获得业绩提成夸大收藏品价值，违规承诺增值保值，违规承诺回购等行为，造成收藏品行业乱象。

（三）“高价收购”诱导消费陷阱值得警惕

古玩艺术品行业一些服务性质企业以拍卖、收购、展览为噱头，虚构交易实施引诱消费者出具鉴定费、图录费、参展费等销售费用，然后以消费者提供的古董艺术品不符合收购要求、无法拍卖、展览后无交易等借口拒绝向消费者退款。从而干扰了正常的文物鉴定企业、文物商店、拍卖公司的正常经营，严重透支行业信誉。

三、有关建议

（一）分类界定文物物权属性

民间文物与国有文物在所有权性质、保存方式、利用方式、管理方式上都有着明显不同的各自特点，是完全不同的两个领域。不能用国有文物管理的思路来管理民间文物，更不能用管理国有文物的政策来套管民间文物。民间文物是属于个人的，民间文物都是物权人祖上传承下来的，都是物权人通过家存、家用、家传、家庭亲友间互赠等方式流传下来的，按照《民法典》的法律逻辑，民间文物是属于民间物权人个人所有的，物权人理所当然拥有对自有民间文物的处置权和交易权。

即便是极少数属于国有文物管理范围的民间文物，也应该在承认民间文物个人所属权的前提下，制订符合市场规律的管理办法。

（二）精准定义文物概念

精准定义文物概念是解决民间文物市场管理的关键一环。民间文物市场发展的实践一再证明，文物概念宽泛模糊，既不利于经营者遵守文物经营管理法规，也不利于管理者有效实施文物管理行为。精准定义文物概念可从三方面入手：

一是改变现有的文物分类办法，用国有文物和民间文物分类法来重新定义文物概念，这样更符合文物管理标的物的中国国情。

二是把文物概念的描述具体化、法律条文化，具体精准到管理者、经营者都便于执行和操作的程度。

三是把现有民间文物概念范围中绝大多数不属于国家文物管理范围的部分，从文物的概念中剥离出来，继续使用历史上早已约定俗成的称谓“古玩”，以活跃民间文物市场（古玩市场），同时有利于恢复民间文物的本来面目和固有属性，便于国家文物管理机构腾出有限的精力做好国有文物的保护和利用业务。

（三）单独设立民间文物鉴定评估职称

民间文物职称获得者是研究服务于民间文物市场领域的，主要职能是鉴定真伪和评估价格，与国有文物系统原有研究员职称所具有的国有文物的研究保护利用职能属于完全不同的两个范畴。用原有的国有文博系统的职称在民间文物领域套用不符合实际也不科学。单独设立的民间文物职称，应把评审对象盯准三十年多年来民间文物市场发展实践中涌现出来的民间文物鉴定评估人才群体。制订和实施民间文物鉴定评估职称评审办法也应该吸收民间文物社团全程参与。

（四）加大行业标准化建设力度

进一步普及行业标准，利用好全国工商联体系“四级联动”机制，鼓励团体标准的通用，实现标准化提升对商品流通的促进。

针对行业乱象，从行业和商业主体角度出发，由全国领先的收藏品销售企业率先做出自律体系的典型案例，进行全国范围内的案例推广工作。同时在行政管理角度建议公安、文化、市场监督管理等部门联合执法，对行业的违法行为开展整顿工作。

课题组：

全国工商联民间文物艺术品商会创会会长　宋建文

全国工商联民间文物艺术品商会副秘书长　包蕴田

全国工商联民间文物艺术品商会数字经济部副主任　陈灵然

中国拍卖行业协会艺术品专业委员会秘书长　余锦生